科技文献检索与应用简明教程

曹可生　王绪绪　编著

科学出版社
北　京

内 容 简 介

本书是为本科生和硕士研究生快速、全面掌握文献信息检索方法而编。内容共分6章，按照“文献概述→文献的分类、中外数据库及著录格式→分类文献的检索方法→文献引用技巧”逻辑顺序编排。另外，为了便于作为教材使用，本书增加了学位论文的撰写规范和要求及图表绘制与处理技巧，且每一章后附有练习题，以便现学活用。本书介绍了较多的文科、理科专业数据库，能够方便不同学科的读者选择。同时也介绍了一些通用性强的文稿编辑和图表绘制软件，便于初学者使用。

本书内容专业适用面广、通用性强，且体现出文献查、学、用的特点，也可作为科研工作者文献检索、图表绘制、文稿排版的参考书。

图书在版编目（CIP）数据

科技文献检索与应用简明教程/曹可生，王绪绪编著. —北京：科学出版社，2017.12

ISBN 978-7-03-056174-9

Ⅰ. ①科…　Ⅱ. ①曹…　②王…　Ⅲ. ①科技情报-文献检索与利用-教材　Ⅳ. ①G254.97

中国版本图书馆CIP数据核字（2017）第317928号

责任编辑：杨　震　刘　冉　李丽娇 / 责任校对：王　瑞
责任印制：吴兆东 / 封面设计：北京图阅盛世

科学出版社 出版
北京东黄城根北街16号
邮政编码：100717
http://www.sciencep.com

中煤（北京）印务有限公司印刷

科学出版社发行　各地新华书店经销

*

2017年12月第　一　版　开本：720×1000　1/16
2026年 1 月第十次印刷　印张：14 1/4
字数：278 000

定价：45.00元

（如有印装质量问题，我社负责调换）

前　　言

文献检索与利用课程是我国高等院校本科生和硕士研究生普遍开设的一门基础课程，目的是培养学生掌握文献信息的获取途径、手段和方法，提高自学能力和未来从事科研的能力。文献检索是学生了解国内外研究动态、选择研究课题、设计研究方案、开展实验研究、进行数据分析所必须掌握的基本知识和技术，也与学生撰写学位论文、毕业设计、学术论文、专利和研究报告等科研训练内容紧密相关。

在网络和科学技术日新月异的今天，如何从巨量文献中快速获取有用的信息需要通过专门的知识、方法和路径。利用计算机通过各种网络数据库获取信息是目前最便捷的途径，然而其呈现多样、多变和实用化特点。目前虽然已有大量同类书籍或教材出版，但有些由于对象不同，并不适合直接作为本科生教学使用；有些由于技术手段不断升级和新数据库不断诞生，已经过时。这些都迫切需要针对性和实用性强的新教材，并且若再能将文献检索和科技论文写作有机地结合，则可达到良好的教学效果。

本书是作者在总结多年文献检索教学与计算机实际操作经验的基础上，针对现代科学新技术的发展需要和大数据信息化趋势，以全面提高学生独立地查、学、用文献的计算机操作技能为重点，以切实提高本科生、低年级研究生的科学素养为目的而编。

本书共分 6 章，第 1 章为文献概述；第 2 章讲述了数据库简介及文献著录格式；第 3 章介绍了文献检索；第 4 章叙述了论文写作规范；第 5 章和第 6 章分别介绍了图表的绘制与美化和图片的处理。每一章后附有习题，以便现学活用。因此，本书充分体现出文献查、学、用的特点，符合高校人才的培养目标与要求。

本书介绍了较多的文科、理科专业数据库，能够方便不同学科的读者选择。除了分子结构式软件对化学、药学专业侧重性较强外，所列文稿编辑和图表绘制软件适用性广，一些重要的软件操作技能与经验技巧都有涉猎。因此，本书内容专业适用面广，教、学灵活，具有很强的通用性。

在本书的写作过程中，编著者调研了大量国内高校图书馆的数据库利用情况和数据库源，参考了大量软件与工具的功能介绍、案例分析，结合实际操作和积累的经验，从中获得了许多启示和灵感，在此一并表示感谢。

由于编著者的学识和能力有限，加上时间仓促，本书难免存在不当或疏漏之处，恳请广大读者批评指正。联系电子邮件为 caokesheng@163.com 或 827096867@qq.com。

目　录

前言
第 1 章　文献概述……1
1.1　文献及其重要性……1
1.2　文献分类……2
1.3　期刊与论文评价……3
1.3.1　基本科学指标数据库……3
1.3.2　期刊引证报告……3
练习题……4
第 2 章　数据库简介及文献著录格式……5
2.1　期刊论文数据库……5
2.1.1　维普期刊资源整合服务平台……5
2.1.2　中国知网……5
2.1.3　万方数据知识服务平台……6
2.1.4　中国人民大学复印报刊资料全文数据库……6
2.1.5　Talor & Francis SSH & ST 数据库……6
2.1.6　ASP 数据库……7
2.1.7　BSP 数据库……7
2.1.8　Nature……7
2.1.9　Cell Press……9
2.1.10　Thieme 数据库……10
2.1.11　ACS 数据库……10
2.1.12　RSC 数据库……12
2.1.13　Elsevier 数据库……13
2.1.14　Wiley 数据库……13
2.1.15　Springer 数据库……14
2.1.16　APS 数据库……14
2.1.17　IOP 数据库……15
2.1.18　ACM 数据库……16
2.1.19　IEEE 数据库……17

2.1.20 Westlaw International 数据库 ······ 17
2.1.21 EI 数据库 ······ 17
2.1.22 SCI 数据库 ······ 18
2.1.23 Scopus 数据库 ······ 18
2.2 学位论文数据库 ······ 19
2.2.1 中国知网 ······ 19
2.2.2 万方数据知识服务平台 ······ 19
2.2.3 PQDT 数据库 ······ 19
2.2.4 DDS ······ 20
2.3 会议论文数据库 ······ 20
2.3.1 中国知网 ······ 20
2.3.2 万方数据知识服务平台 ······ 20
2.3.3 CPCI ······ 20
2.3.4 AIAA 数据库 ······ 21
2.3.5 其他数据库 ······ 21
2.4 专利 ······ 21
2.5 标准及其他文献 ······ 22
2.5.1 标准构成与分类 ······ 22
2.5.2 标准文献分类 ······ 24
2.5.3 其他文献 ······ 26
2.6 著录格式 ······ 26
练习题 ······ 31
第 3 章 文献检索 ······ 32
3.1 文献检索基本技能 ······ 32
3.2 论文检索 ······ 33
3.2.1 搜索引擎检索 ······ 33
3.2.2 数据库检索 ······ 37
3.3 专利检索 ······ 41
3.3.1 专利管理机构检索平台 ······ 41
3.3.2 中国知网 ······ 41
3.3.3 万方数据知识服务平台 ······ 41
3.4 标准检索 ······ 41
练习题 ······ 43

第 4 章　论文写作规范 ……45
4.1　标题部分……46
4.2　正文部分……53
4.3　参考文献……54
4.3.1　题录导入……55
4.3.2　著录格式修改……58
4.4　英文信息……61
4.5　文字编辑与排版……61
4.5.1　编辑与排版技巧……61
4.5.2　字符与单位……64
4.5.3　标点……68
4.5.4　标记……71
4.5.5　下划线……74
4.5.6　页面布局、插入、视图等菜单的功能……75
练习题……88
第 5 章　图表的绘制与美化 ……89
5.1　三线表……89
5.1.1　三线表的组成……89
5.1.2　简单三线表的绘制……89
5.1.3　复杂三线表的绘制……91
5.1.4　表格美化……93
5.2　数据图……96
5.2.1　数据列的生成与属性设置……97
5.2.2　图形模板的查阅与选用……107
5.2.3　坐标轴设置……118
5.2.4　图例与文本……123
5.2.5　图形输出……124
5.2.6　典型案例分析……126
5.3　流程图……139
5.4　示意图……143
5.4.1　PowerPoint……143
5.4.2　Visio……157
5.4.3　3ds Max……169
5.5　分子结构式与反应式图……184

5.5.1 菜单栏 …… 185
5.5.2 View 菜单——主工具栏 …… 186
5.5.3 File/Object 菜单——页面设置与对象排列 …… 190
5.5.4 File 菜单——文档与对象的属性设置 …… 192
5.5.5 File 菜单——特定文档格式的套用 …… 196
5.5.6 File 菜单——标尺与网格显示 …… 197
5.5.7 File 菜单——脚注添加 …… 199
5.5.8 View 菜单——显示比例调整 …… 199
5.5.9 View 菜单——文本输入与着色 …… 200
5.5.10 Object 菜单——对象连接与组合 …… 201
5.5.11 File 菜单——文档保存 …… 202
5.5.12 分子结构图导入 …… 202
练习题 …… 203
第 6 章 图片的处理 …… 204
6.1 屏幕截图 …… 204
6.1.1 Snipping Tool …… 204
6.1.2 Office 自带工具 …… 204
6.1.3 FastStone Capture …… 205
6.1.4 Snipaste …… 207
6.2 图片编辑 …… 207
6.2.1 区域裁剪 …… 207
6.2.2 白色背景 …… 215
6.2.3 透明背景 …… 216
6.2.4 标注与组合 …… 217
练习题 …… 220

第1章 文献概述

1.1 文献及其重要性

用文字、图形、符号、音频、视频等手段记录下来的人类的科技活动或科技知识称为文献。文献由信息及其载体组成，其载体具有存储和传递知识的功能。由于文献能够反映世界各国科学技术的先进水平，及时呈现国际重要科研成果和科研动向，因此成为科研人员研究新课题、推出新成果的重要情报源。

在网络和科学技术日新月异的今天，利用计算机获取信息的途径和技术手段呈现多样化和实用化的特点。以文献为检索对象，从已存储的文献库（印刷版、电子版、网络版）中查找包含所需要信息的文献过程，称为文献检索（document retrieval）。文献检索贯穿科学研究和技术研发的整个过程，从提出科学问题、确立研究课题、制订研究方案、解释实验现象、提出创新假说、总结研究发现到发表研究成果，都需要检索和参考文献。据美国国家科学基金会（National Science Foundation，NSF）统计，一个科研人员花费在查找和消化科技资料上的时间通常要占全部科研时间的51%，单纯花费在实验研究的时间占32%，而计划思考和书面总结（论文、专利和报告）所用时间分别仅占8%和9%。由这些统计数字可以看出，科研人员花费在科技文献和出版上的时间几乎占全部科研时间的60%，可见文献检索的重要性。培养学生的科学素养是本科阶段的主要内容，为此学生一般要参与实验、实践、实习、毕业设计和毕业论文等不同的科学实践过程，特别是在参与课题研究或毕业论文的过程中，必须查阅大量文献，设计研究方案，进行数据分析，然后在此基础上整理成一篇格式规范、逻辑明晰的研究总结或论文。对于研究生，科研技能的培养是主要内容，从选择课题、开题到撰写论文均需自己独立完成。因此，掌握文献及文献检索的途径和方法，学会使用文献信息资源开展课题和学术研究，学会综合分析和筛选信息，撰写研究论文和专利，是本科生和研究生必须具备的科学素养。我国非常重视高等学校本科生文献检索课程的开设，原国家教育委员会先后于1984年、1985年、1992年提出了指导性意见与教学要求，并于1996年成立全国文献检索课教学指导小组。1998年颁布的《普通高等学校本科专业目录和专业介绍》中，249种专业中有218种明确要求“掌握文献检索基本方法”。因此，文献检索与利用被普遍列为高等院校低年级的本科生和研究生的一门必修课程或重要选修课程。

1.2 文 献 分 类

文献有不同的分类方法。按载体，文献可分为印刷型、缩微型、机读型；按出版类型（文献源），可分为图书（books）、期刊杂志（periodicals，journal，magazine）、学术期刊论文（journal papers）、会议论文（conference papers）、学位论文（thesis或dissertation）、专利（patents）、技术标准（technical standards）、科技报告（technical reports）、技术档案（document）、产品样本（product sample）等；按语种，可分为中文文献和外文文献，后者包括英语、俄语、日语等；按性质，可分为一次文献、二次文献和三次文献。

一次文献习惯上称为原始文献，是以作者本人取得的成果为基本素材创作的论文、报告等，经公开发表或出版的文献，如期刊论文、学位论文、会议论文、科技报告、专利说明书和技术标准等。一次文献的内容具有新颖性、创造性和先进性，可以用来参考和借鉴。

二次文献是将分散、无序的一次文献，按照一定的方式进行加工成为便于存储、检索的系统，如目录、题录、文摘、索引等，具有汇集性、工具性、系统性等特点。例如，美国化学会于1907年创办的期刊《化学文摘》（*Chemical Abstracts*，CA），涉及学科领域广（包括物理、化学、生物、医学、药学等）、文献类型全、检索途径多、部卷庞大，报道了世界上150多个国家和地区、56种语言出版的16000多种学术期刊、学位论文、会议论文、科技报告、技术报告、资料汇编、书籍及视听资料，还报道了30个国家和地区以及2个国际组织的专利文献，收录的文献占世界化学化工文献总量的98%，可以通过科技信息网络（The Scientific & Technical Information Network，STN）或SciFinder在线检索系统来检索，后者无需学习命令语言，直接访问。

三次文献是根据二次文献提供的线索，选用一次文献的内容，进行分析、概括、综合研究和评价而编写出来的文献。它可进一步分为综述研究类和参考工具类两种类型，前者包括动态综述、学科总结、专题述评、进展报告等，后者包括年鉴、手册、大全等。三次文献源于一次文献，又高于一次文献，属于一种再创性文献。三次文献具有综合性、价值性和针对性的特点。

《自然：纳米技术》（*Nature Nanotechnology*）、《自然：通讯》（*Nature Communications*）、《先进材料》（*Advanced Materials*）、《美国化学会：纳米》（*ACS Nano*）、《纳米快报》（*Nano Letters*）、《德国应用化学》（*Angewandte Chemie*）等是世界著名的顶级期刊，主要发表原始研究和评论文章。英国皇家化学会的《化学会评论》（*Chemical Society Reviews*）、美国化学会的《化学评论》（*Chemical

Reviews）和《化学研究评述》（*Accounts of Chemical Research*）被公认为国际化学化工领域的三大综述期刊。

1.3　期刊与论文评价

1.3.1　基本科学指标数据库

基本科学指标（Essential Science Indicators，ESI）数据库是一个基于收录全球 10000 多种期刊的 Web of Science 核心合集数据库的文献评价分析工具。它由美国科学信息研究所（Institute for Scientific Information，ISI）于 2001 年推出，由引文排位（citation rankings）、高被引论文（most cited papers）、引文分析（citation analysis）和评论报道（commentary）四个部分组成，提供 ISI Web of Knowledge、ISI Document Solution 和 Science Watch 的链接。

Web of Science 核心合集数据库包括科学引文索引（Science Citation Index，SCI）和社会科学引文索引（Social Sciences Citation Index，SSCI），文献类型为原始研究论文（article）和综述（review）。ESI 以引文分析为基础，针对 22 个学科研究领域，通过计算论文数、引文数、篇均被引频次（average citations per paper）和单篇年均被引频次（averages）、平均年份（mean year）、标准共引阈值（normalized co-citation）、引文阈值等指标，分析国家、机构和期刊的论文产出和影响力；按研究领域对国家、机构、期刊和论文进行科研实力排名；发现自然科学和社会科学中的重大发展趋势；确定具体研究领域中的研究成果和影响力；评估潜在的合作机构，对比同行机构。这种基于论文产出和引文影响力深入分析的数据是政府机构、大学、企业、实验室、出版公司和基金会的决策者、管理者、情报分析人员和信息专家理想的分析资源。高影响力学术期刊的高被引论文是了解最具创新的科学研究图谱、体现世界一流科学研究的可靠指标之一，进入高被引榜单的学者无疑代表了在该领域的顶尖科研水平。

1.3.2　期刊引证报告

期刊引证报告（Journal Citation Reports，JCR）是一个提供基于引文数据统计信息的多学科期刊评价工具。通过对参考文献的标引和统计，JCR 可以在期刊层面衡量某项研究的影响力，显示出引用和被引期刊之间的相互关系，为研究人员和机构确定最重要、最有用和最有影响力的出版物。JCR 包括自然科学（natural science edition）和社会科学（social sciences edition）两个版本，其中，JCR-Science 涵盖来自 83 个国家和地区、约 2000 家出版机构的 8500 多种期刊，覆盖 170 多个学科领域；JCR-Social Sciences 涵盖来自 50 多个国家和地区、700 多家出版机构的 3000 多种期刊，覆盖近 60 个学科领域。

引文数据在期刊评价中的基本作用对评价新的期刊（即第 1 卷）和已有的期刊（即发行数年的期刊）有所不同。鉴于期刊第 1 卷没有引文历史，可以利用 ISI 的引文数据确定这本期刊的主要作者或编委会的成员以前发表在其他期刊上的论文被引用记录：这本期刊是否能吸引那些论文被证明有用且经常被研究社团引用的作者，以及这些作者本身是否对某个特定的研究领域有影响力。

影响因子（Impact Factor，IF）是 1972 年由尤金·加菲尔德（Eugene Garfield，1925—2017）提出的，现已成为国际通用的期刊学术水平和论文质量的评价指标。影响因子的计算方法是：期刊连续两年发表的论文被引用总次数除以论文总数，得到第三年的影响因子（篇均引用次数），且分母剔除了编辑评述、读者来信、更正信息、新闻、病例报告等。例如，《自然遗传学》（*Nature Genetics*）1998 年和 1999 年共发表 413 篇论文，被引用了 12766 次，引文数 12766 除以论文总数 413，就得到 2000 年 *Nature Genetics* 的影响因子为 30.910，表明该期刊在过去两年发表的论文篇均引用次数为 30。

需要说明的是，荷兰爱思唯尔科学（Elsevier Science）的 Scopus 数据库采用 CiteScore 工具统计连续 3 年论文得到第 4 年的篇均引用次数，且不剔除任何类型的文章。

另外，引文分析总是有上下文关系的，影响因子或被引频次是一个相对统计量，只有在与编辑内容相似的期刊相比时才有意义。例如，《临床肿瘤杂志》（*CA-A Cancer Journal for Clinicians*）是美国 Wiley 数据库代表美国癌症协会（American Cancer Society）出版的癌症诊断、治疗和预防类综述性学术期刊，自 2005 年以来一直是期刊引证报告排名最高的期刊，2017 年的影响因子为 187.040，曾于 2011 年达到 101.780 而成为全球第一个影响因子超过 100 的期刊。而《科学》（*Science*）是 1880 年由托马斯·爱迪生（Thomas Alva Edison）创办、自 1900 年以来由美国科学促进会（American Association for the Advancement of Science，AAAS）出版发行的综合性世界顶级自然科学期刊，它发表原始研究论文、综述及科技新闻，2011 年和 2017 年影响因子分别为 27.955 和 42.351。中国学术期刊比较有影响力的有《中国科学》《高等化学学报》《化学学报》等。

练 习 题

（1）列举几篇中文文献和外文文献，确定它们的文献类型，比较其结构特点。

（2）查询 ESI 数据库和 Scopus 数据库统计的上一年度本学科中国高被引学者。

（3）搜索本学科领域最新的中外期刊影响因子统计情况。

第 2 章　数据库简介及文献著录格式

2.1　期刊论文数据库

数据库（database）是按照数据结构来组织、存储和管理数据的“仓库”。文献数据库是电子文献有序的集合，分为书目型、文摘/索引型、全文型、数值事实型、图像型等。其中，对于电子期刊全文数据库，国内以维普期刊资源整合服务平台、中国知网、万方数据知识服务平台、中国人民大学复印报刊资料全文数据库等为代表，国外以 Nature、Science、ACS、RSC、Wiley、Elsevier、Springer、APS、IOP、ACM 等为代表；对于引文索引数据库，以基于 Web、统一于 ISI Web of Knowledge 检索平台的 SCIE、SSCI、人文与艺术引文索引（Arts & Humanities Citation Index，A & HCI）和会议论文引文索引（Conference Proceedings Citation Index，CPCI）为代表，收录论文摘要、来源和引证关系；对于文摘索引数据库，以世界最大的化学文摘数据库《化学文摘》及 EI、Scopus 数据库为代表。

2.1.1　维普期刊资源整合服务平台

维普期刊资源整合服务平台是重庆维普资讯有限公司在 1989 年创建《中文科技期刊篇名数据库》的基础上发展而来的，是中国第一个也是目前最大的自建中文文献数据库，链接地址为 http: //lib.cqvip.com。它整合了期刊文献检索、文献引证追踪、科学指标分析、高被引析出文献、搜索引擎服务五大模块，分为社会科学、自然科学、工程技术、农业科学、医药卫生、经济管理、教育科学和图书情报 8 个专辑，收录了 1989 年至今 8000 余种期刊刊载的文献。

2.1.2　中国知网

中国知网，即中国知识基础设施（China National Knowledge Infrastructure，CNKI），是由《中国学术期刊（光盘版）》电子杂志社有限公司和同方知网（北京）技术有限公司共同创建的知识信息出版网站，链接地址为 http: //www.cnki.net。该检索平台除了中国期刊全文数据库外，还有中国博士学位论文数据库、中国优秀硕士学位论文全文数据库、中国重要报纸全文数据库和中国重要会议论文全文数据库、专著、专利、标准、年鉴、工具书、科技成果、知识元、古籍等文献，覆盖基础科学、工程科技、农业、医药卫生、信息科技、哲学与人文科学、社会科学、经济管理等各个学科。

2.1.3 万方数据知识服务平台

万方数据知识服务平台是万方数据股份有限公司提供的科技文献在线服务平台，链接地址为 http: //www.wanfangdata.com.cn。除了期刊论文外，还包括学位论文、会议论文、中外标准、中外专利、科技成果、政策法规等文献。

2.1.4 中国人民大学复印报刊资料全文数据库

中国人民大学复印报刊资料全文数据库是人大数媒科技（北京）有限公司以中国人民大学书报资料中心的复印报刊资料系列数据库为基础创建的人文社会科学期刊论文资料库，链接地址为 http: //ipub.exuezhe.com。其全文数据库涵盖了人文社会科学领域中的各个学科，收录了 1995 年（部分更早）至今的包括政治学与社会学类、哲学类、法律类、经济学与经济管理类、教育类、文学与艺术类、历史学类、文化信息传播类等类别的期刊论文。

2.1.5 Talor & Francis SSH & ST 数据库

Taylor & Francis SSH & ST 数据库由英国泰勒弗朗西斯集团（Taylor & Francis Group）出版，收录 1997 年至今 1600 多种电子期刊，涉及人文社会科学、自然科学、经济、金融、商业管理和法律等专业领域。2006 年年底推出全新电子资源检索平台 Informa World，链接地址为 http: //www.tandfonline.com。其中，Taylor & Francis SSH 数据库收录包括全球顶尖的人文社会科学学术出版机构劳特利奇（Routledge）出版社和心理学学术出版社 Psychology Press 出版的 1000 多种期刊论文，涉及人类学与考古学、艺术与人文、行为科学、商务、管理与经济、犯罪学与法学、教育学、地理、规划、城市与环境、图书馆与信息科学、媒体、文化与传播研究、政治、国际关系与区域研究、公共卫生与社会保健、社会学及其相关学科、体育、休闲与旅游、战略、防御与安全研究等学科领域；Taylor & Francis ST 数据库收录 300 多种科学与技术类期刊的论文，涵盖环境与农业科学、化学、工程、计算及技术、物理学和数学等学科。

2.1.6　ASP 数据库

学术期刊集成（Academic Search Premier，ASP）数据库是美国 EBSCO 出版公司提供的全球最大的综合学科学术期刊全文数据库，链接地址为 http: //search.ebscohost.com。该数据库收录有关人文社会科学、教育、计算机科学、工程、物理、化学、语言文学、艺术、医学研究等领域（商管财经除外）的 4700 多种全文期刊，如 *Nature*、*Journal of Applied Physics*、*Applied Physics Letters*、*Journal of the American Ceramic Society*、*American Ceramic Society Bulletin*、*Applied Physics A: Materials Science & Processing*、*Proceedings of the Institution of Mechanical Engineers*、*Communications of the ACM*、*International Journal of Solids and Structure*、*Journal of Environmental Engineering*、*Language*、*Language Acquisition*、*Linguistic Inquiry*、*Applied Linguistics*、*Language in Society*、*Language and Speech*、*Language & Communication* 等，其中 100 多种期刊回溯至 1975 年甚至更早。除此之外，该数据库还收录 8000 多种期刊的索引和文摘。

2.1.7　BSP 数据库

商业资源集成（Business Source Premier，BSP）数据库是美国 EBSCO 出版公司提供的商业、管理、财经类数据库，其链接地址为 http: //search.ebscohost.com。BSP 数据库收录 8800 多种学术性期刊的全文，涉及管理、市场、经济、金融、会计、国际贸易等学科领域，如 *Harvard Business Review*、*California Management Review*、*Administrative Science Quarterl*、*Academy of Management Journal*、*Academy of Management Review*、*Industrial & Labor Relations Review*、*Journal of Management Studies*、*Journal of Marketing Management*、*Journal of Marketing Research*、*Journal of Marketing*、*Journal of International Marketing* 等。除此之外，该数据库还收录 3000 多种期刊的索引和文摘（最早回溯至 1922 年），以及 EIU、Global Insight、ICON Group 和 Country Watch 等出版的各国经济报告、全球 10000 多家大公司的详细信息。

2.1.8　Nature

Nature 出版集团（Nature Publishing Group，NPG）隶属于 Macmillan Publishers Ltd，出版《自然》周刊、研究月刊（*Nature Research Journals*）、评论月刊（*Nature*

Reviews）、NPG 学术期刊（*NPG Academic Journals*）及参考书（*NPG Reference Publications*）等。

（1）*Nature*（《自然》）是世界最著名的科技期刊，创刊于 1869 年，周刊，每年出版 51 期，报道和评论全球科技领域中最重要的突破，其链接地址为 http: //www.nature.com/nature/index.html。

（2）*Nature Biotechnology*（《自然：生物技术》）创刊于 1996 年，每年出版 12 期，其链接地址为 http: //www.nature.com/nbt/index.html。

（3）*Nature Materials*（《自然：材料》）创刊于 2002 年，每年出版 12 期，其链接地址为 http: //www.nature.com/nmat/index.html。

（4）*Nature Methods*（《自然：方法》）创刊于 2004 年，每年出版 12 期，其链接地址为 http: //www.nature.com/nmeth/index.html。

（5）*Nature Chemical Biology*（《自然：化学生物学》）创刊于 2005 年，每年出版 12 期，其链接地址为 http: //www.nature.com/nchembio/index.html。

（6）*Nature Physics*（《自然：物理学》）创刊于 2005 年，每年出版 12 期，其链接地址为 http: //www.nature.com/nphys/index.html。

（7）*Nature Nanotechnology*（《自然：纳米技术》）创刊于 2006 年，每年出版 12 期，其链接地址为 http: //www.nature.com/nnano/index.html。

（8）*Nature Reviews Materials*（《自然综述：材料》）创刊于 2006 年，每年出版 12 期，其链接地址为 http: //www.nature.com/natrevmats。

（9）*Nature Photonics*（《自然：光子学》）创刊于 2007 年，每年出版 12 期，其链接地址为 http: //www.nature.com/nphoton/index.html。

（10）*Nature Chemistry*（《自然：化学》）创刊于 2009 年，每年出版 12 期，其链接地址为 http: //www.nature.com/nchem/index.html。

（11）*Nature Communications*（《自然：通讯》）创刊于 2010 年，自 2016 年起，免费开放获取，其链接地址为 htttp: //www.nature.com/ncomms/index.html。

（12）*Nature Energy*（《自然：能源》）创刊于 2016 年，每年出版 12 期，其链接地址为 http: //www.nature.com/nenergy。

（13）*Acta Pharmacologica Sinica*（《中国药理学报》）创刊于 1980 年，每年出版 12 期，其链接地址为 http: //www.nature.com/aps/index.html。可在 www.nature.com 免费访问 2005 年 1 月至今的期刊，http: //www.chinaphar.com 网站提供 1980 年至 2004 年的期刊。

（14）*Cell Research*（《细胞研究》）创刊于 1990 年，每年出版 12 期，其链接地址为 http: //www.nature.com/cr/index.html。

（15）*Cellular & Molecular Immunology*（《细胞和分子免疫学》）创刊于 2004 年，每年出版 6 期，其链接地址为 http: //www.nature.com/cmi/index.html。

2.1.9　Cell Press

Cell Press 是荷兰爱思唯尔科学出版集团旗下顶尖的生命科学研究出版社，链接地址为 http: //www.cell.com/about，收录 *Cell*、*Neuron*、*Immunity*、*Molecular Cell*、*Developmental Cell*、*Cancer Cell*、*Current Biology*、*Structure*、*Chemistry & Biology* 等高引用率的生物及医学研究期刊，是生物、医学研究领域研究者的必读期刊。爱思唯尔科学出版集团官网和 Cell Press 出版社均提供在线检索，后者的链接地址为 http: //www.cell.com/cell/home。Cell Press 数据库部分期刊见表 2-1。

表 2-1　Cell Press 数据库部分期刊

序号	期刊名称	中文名称	链接地址
1	*Cell*	《细胞》	www.journals.elsevier.com/cell；www.cell.com/cell/home
2	*Cancer Cell*	《癌细胞》	www.journals.elsevier.com/cancer-cell；www.cell.com/cancer-cell/home
3	*Cell Stem Cell*	《细胞-干细胞》	www.journals.elsevier.com/cell-stem-cell；www.cell.com/cell-stem-cell/home
4	*Cell Metabolism*	《细胞代谢》	www.journals.elsevier.com/cell-metabolism；www.cell.com/cell-metabolism/home
5	*Cell Host & Microbe*	《细胞-宿主与微生物》	www.journals.elsevier.com/cell-host-and-microbe；www.cell.com/cell-host-microbe/home
6	*Cell Reports*	《细胞报告》	www.journals.elsevier.com/cell-reports；www.cell.com/cell-reports/home
7	*Immunity*	《免疫》	www.journals.elsevier.com/immunity；www.cell.com/immunity/home
8	*American Journal of Human Genetics*	《美国人类遗传学杂志》	www.journals.elsevier.com/the-american-journal-of-human-genetics
9	*Biophysical Journal*	《生物物理》	www.journals.elsevier.com/biophysical-journal
10	*Neuron*	《神经元》	www.journals.elsevier.com/neuron；www.cell.com/neuron/home
11	*Current Biology*	《当代生物学》	www.journals.elsevier.com/current-biology；www.cell.com/current-biology/home
12	*Structure*	《结构》	www.journals.elsevier.com/structure
13	*Chemistry & Biology*	《化学和生物学》	www.journals.elsevier.com/chemistry-and-biology
14	*Developmental Cell*	《发育细胞》	www.journals.elsevier.com/developmental-cell；www.cell.com/developmental-cell/home
15	*Molecular Cell*	《分子细胞》	www.journals.elsevier.com/molecular-cell；www.cell.com/molecular-cell/home

2.1.10 Thieme 数据库

德国 Thieme 出版社是一家具有百年历史的国际性医学和科学出版社，出版 130 多种化学、医学和生命科学期刊，其中 60 多种是代表各专业学会出版的。Thieme 期刊数据库通过 Thieme-connect 期刊服务平台提供电子资源服务，链接地址为 http: //www.thieme-connect.com/ejournals。该数据库出版的医学类期刊有 *Clinics in Colon and Rectal Surgery*、*Facial Plastic Surgery*、*Journal of Reconstructive Microsurgery*、*Orthopedic Trauma Directions*、*The Thoracic and Cardiovascular Surgeon*、*Endoscopy*、*European Journal of Pediatric Surgery*、*Klinische Pädiatrie*、*Osteosynthesis and Trauma Care*、*RöFo-Fortschritte auf dem Gebiet der Röntgenstrahlen*、*Und der bildgebenden Verfahren*、*Experimental and Clinical Endocrinology & Diabetes*、*Hormone and Metabolic Research*、*International Journal of Sports Medicine*、*Zeitschrift für Gastroenterologie*、*American Journal of Perinatology*、*Minimally Invasive Neurosurgery*、*Neuropediatrics*、*Pharmacopsychiatry*、*Zentralblatt für Neurochirurgie*、*Ultraschall in der Medizin*、*Skull Base* 等；化学与药物类期刊有《合成》(*Synthesis*)、《合成有机化学快报》(*Synlett*)、《合成化学》(*Synfacts*)、《药用植物》(*Planta Medica*)、《药物精神病学》(*Pharmacopsychiatry*)等。其中，*Synthesis* 和 *Synlett* 是化学合成领域科研人员必备的期刊，前者报道有机合成的进展，主要发表有关有机合成的综述和论文，包括金属有机、杂原子有机、光化学、药物和生物有机、天然产物、有机高分子和材料；后者报道有机合成的研究结果和趋势、短篇幅的个人综述和快速的工作简报，所有有机合成领域的成果都在被收录的范畴内。*Synfacts* 是报道合成有机化学领域最近两个月内的科研成果和趋势的评论性期刊。*Pharmacopsychiatry* 向药理学家和精神病专家提供有关临床见解和研究、治疗的新方法。*Planta Medica* 介绍药理学、生物化学、天然产物化学及分析方法。

2.1.11 ACS 数据库

美国化学学会（American Chemical Society，ACS）成立于 1876 年，是目前世界上最大的科技学会，链接地址为 http: //pubs.acs.org。

ACS 数据库为全球化学研究机构、企业及个人提供权威的科技信息，收录《美国化学会志》(*Journal of the American Chemical Society*) 等 40 多种期刊的综述和论文，涉及药物化学、有机化学、普通化学、环境科学、材料学、植物学、毒物学、食品科学、物理化学、环境工程学、工程化学、应用化学、分子生物化学、生物研究方法、分析化学、无机与原子能化学、资料系统计算机科学、学科应用、科学训练、燃料与能源、药理与制药学、微生物应用生物科技、聚合物、农业学等 24 个领域。ACS 的期刊被 ISI 的 *Journal Citation Report*（JCR）评为化学领域中被引用次数最多的化学期刊。ACS 数据库部分期刊见表 2-2。

表 2-2　ACS 数据库部分期刊

序号	期刊名称	中文名称
1	*Accounts of Chemical Research*	《化学研究评述》
2	*Analytical Chemistry*	《分析化学》
3	*Biochemistry*	《生物化学》
4	*Bioconjugate Chemistry*	《生物共轭化学》
5	*Biomacromolecules*	《生物大分子》
6	*Chemical & Engineer News*	《化学与工程新闻》
7	*Chemistry Innovation*	《化学创新》
8	*Chemical Research in Toxicology*	《化学毒理学研究》
9	*Chemical Reviews*	《化学评论》
10	*Chemistry of Materials*	《材料化学》
11	*Crystal Growth & Design*	《晶体生长与设计》
12	*Energy & Fuels*	《能源与燃料》
13	*Enviornmental Science & Technology*	《环境科学与技术》
14	*Industrial & Engineering Chemistry Research*	《工业与工程化学研究》
15	*Inorganic Chemistry*	《无机化学》
16	*Journal of Agricultural and Food Chemistry*	《农业与食品化学》
17	*Journal of the American Chemical Society*	《美国化学会志》
18	*Journal of Chemical & Engineering Data*	《化工数据》
19	*Journal of Chemical Information and Computer Sciences*	《化学信息与计算机科学》
20	*Journal of Combinatorial Chemistry*	《组合化学》
21	*Journal of Chemical Education*	《化学教育》
22	*Journal of Chemical Information and Modeling*	《化学信息建模》
23	*Journal of Chemical Theory and Computation*	《化学理论与计算》
24	*Journal of Proteome Research*	《蛋白质组学研究》
25	*Journal of Medicinal Chemistry*	《药物化学》
26	*The Journal of Organic Chemistry*	《有机化学》
27	*The Journal of Physical Chemistry A*	《物理化学 A》
28	*The Journal of Physical Chemistry B*	《物理化学 B》

续表

序号	期刊名称	中文名称
29	*The Journal of Physical Chemistry C*	《物理化学 C》
30	*The Journal of Physical Chemistry Letters*	《物理化学快报》
31	*Langmuir*	《朗缪尔》
32	*Macromolecules*	《大分子》
33	*Modern Drug Discovery*	《现代药物发现》
34	*Molecular Pharmaceutics*	《分子药剂学》
35	*Nano Letters*	《纳米快报》
36	*Organic Letters*	《有机物快报》
37	*Organometallics*	《有机金属》
38	*Today's Chemist at Work*	《今天的化学家》
39	*ACS Catalysis*	《ACS 催化》
40	*ACS Combinatorial Science*	《ACS 组合科学》
41	*ACS Macro Letters*	《ACS 高分子快报》
42	*ACS Synthetic Biology*	《ACS 合成生物学》
43	*ACS Applied Materials & Interfaces*	《ACS 应用材料和界面》
44	*ACS Chemical Biology*	《ACS 化学生物学》
45	*ACS Chemical Neuroscience*	《ACS 化学神经科学》
46	*ACS Medicinal Chemistry Letters*	《ACS 药物化学快报》
47	*ACS Nano*	《ACS 纳米》

2.1.12　RSC 数据库

英国皇家化学会（Royal Society of Chemistry，RSC）成立于 1841 年，国际权威的学术机构之一，出版期刊论文、资料库、杂志及书籍等文献，其链接地址为 http: //pubs.rsc.org/。

RSC 出版的期刊内容涉及化学、物理学、生态学、工程学、哲学等，部分期刊在化学领域具有一定的权威性。代表性期刊主要有综合化学类：*Chemical Communications*，*Chemical Science*，*Chemical Society Reviews*；食品科学类：*Food & Function*，*Analytical Methods*，*Soft Matters*；制药与生物化学类：*MedChemComm*，*Natural Product Report*，*Molecular Biosystems*；材料科学类：*Biomaterials Science*，*CrystEngComm*，*Journal of Materials Chemistry*；生命科学类：*Integrative Biology*，*Photochemical & Photobiological Sciences*，*Metallomics*。

2.1.13　Elsevier 数据库

荷兰爱思唯尔科学出版集团创立于 1880 年，是全球最大的出版商。出版物包括期刊、丛书、手册及参考书等，涵盖物理学与工程、生命科学、健康科学、社会科学与人文科学四大学科，自 1999 年开始提供电子出版物全文在线服务。

Elsevier 电子期刊全文数据库国内镜像［ScienceDirect OnSite（SDOS）］从 2005 年开始转换到国外镜像［ScienceDirect OnLine（SDOL）］，用户可通过互联网在线搜索、浏览、打印及下载，链接地址为 http: //www.sciencedirect.com。其收录了 2200 多种期刊，包括顶级医学期刊《细胞：干细胞》（*Cell Stem Cell*）、《细胞：宿主与微生物》（*Cell Host & Microbe*）、《柳叶刀》（*The Lancet*）、《柳叶刀：传染病》（*Lancet Infectious Diseases*）、《柳叶刀：肿瘤学》（*Lancet Oncology*）、《柳叶刀：神经病学》（*Lancet Neurology*）、《生物材料》（*Biomaterials*）等。

2.1.14　Wiley 数据库

美国约翰威立国际（John Wiley & Sons）出版公司创立于 1807 年，是全球历史悠久的第一大独立学术图书出版商和第三大学术期刊出版商，主要提供期刊、丛书、图书、参考工具书、手册和辞典、实验室指南等类型文献的在线服务。

2010 年 Wiley 电子期刊数据库在线检索平台由原来的 Wiley InterScience 升级为 Wiley Online Library，链接地址为 http: //onlinelibrary.wiley.com。其收录了 2400 多种期刊，涉及化学、生命科学、医学、社会与人文科学等学科领域，部分代表性期刊见表 2-3。

表 2-3　Wiley 数据库部分代表性期刊

序号	期刊	中文名称
1	*CA-A Cancer Journal for Clinicians*	《临床肿瘤杂志》
2	*Angewandte Chemie*; *Angewandte Chemie International Edition*	《德国应用化学》
3	*Advanced Materials*	《先进材料》
4	*Advanced Energy Materials*	《先进能源材料》
5	*Advanced Functional Materials*	《先进功能材料》
6	*Acta Crystallographica Section D-Biological Crystallography*	《结晶学报，D 辑：生物结晶学》
7	*Advanced Synthesis & Catalysis*	《高等合成与催化》
8	*Chemistry*：*An Asian Journal*	《亚洲化学》

续表

序号	期刊	中文名称
9	*Chemistry：A European Journal*	《欧洲化学》
10	*ChemSusChem*	《可持续发展化学》
11	*ChemCatChem*	《催化化学》
12	*Macromolecular Rapid Communications*	《大分子快讯》
13	*Mass Spectrometry Reviews*	《质谱学评论》
14	*American Journal of Transplantation*	《美国移植学杂志》
15	*Addiction Biology*	《瘾生物学》
16	*British Journal of Pharmacology*	《英国药理学杂志》
17	*Bioessays*	《生物短评》
18	*Cancer*	《肿瘤》
19	*FEMS Microbiology Reviews*	《欧洲微生物学会联合会：微生物学评论》
20	*Reviews of Geophysics*	《地球物理学评论》
21	*Human Brain Mapping*	《人脑成像》

2.1.15 Springer 数据库

德国施普林格（Springer-Verlag）出版社是世界上最大的科技出版社之一，也是最早将纸本期刊做成电子版发行的出版商。Springer 数据库通过 SpringerLink 服务平台提供期刊、丛书、图书和参考工具书等类型的电子文献资源服务，链接地址为 http: //link.springer.com/。其中收录的 490 多种期刊内容涉及化学和材料科学、生物医学和生命科学、计算机科学、地球和环境科学、工程学、建筑学、设计和艺术、行为科学、商业和经济、数学和统计学、医学、物理和天文学及人文、社科和法律等学科。

2.1.16 APS 数据库

美国物理学会（The American Physical Society，APS）成立于 1899 年，是世界第二大物理学组织（最大的是成立于 1954 年的欧洲核子研究中心，简称 CERN），其宗旨为"促进及扩展物理学知识"，链接地址为 http: //www.aps.org。APS 数据库的链接地址为 http: //journals.aps.org，提供 10 多种期刊的物理研究成果检索服务，包括世界顶级物理学学术期刊《物理评论》（*Physical Review*）、《物理评论快报》（*Physical Review Letters*）、《现代物理评论》（*Reviews of Modern Physics*）等。

2.1.17 IOP 数据库

英国皇家物理学会（Institute of Physics，IOP）成立于 1874 年，是世界上最具声望的物理学专业学会之一，链接地址为 http: //ioppublishing.org，其主要提供英国物理学会、中国物理学会、欧洲物理学会、德国物理学会、欧洲光学学会、瑞典皇家科学院、医学物理和工程学会、中国力学学会等世界知名学会的物理学领域近 50 种核心期刊的论文在线检索服务。IOP 数据库部分期刊见表 2-4。

表 2-4 IOP 数据库部分期刊

序号	刊名	中文名称
1	*Advances in Natural Sciences*：*Nanoscience and Nanotechnology*	自然科学进展：纳米科学和纳米技术
2	*Bioinspiration and Biomimetics*	生物灵感和仿生学
3	*Biomedical Materials*	生物医学材料
4	*Chinese Journal of Chemical Physics*	化学物理学报
5	*Chinese Physics B*	中国物理 B
6	*Chinese Physics Letters*	中国物理学快报
7	*Classical and Quantum Gravity*	经典引力和量子引力
8	*Communications in Theoretical Physics*	理论物理通讯
9	*Computational Science & Discovery*	计算科学与发现
10	*Environmental Research Letters*	环境研究快报
11	*European Journal of Physics*	欧洲物理学报
12	*Journal of Cosmology and Astroparticle Physics*	宇宙论与天体粒子物理学学报
13	*Journal of Geophysics and Engineering*	地球物理与工程学报
14	*Journal of Neural Engineering*	神经工程学报
15	*Journal of Optics*	光学学报
16	*Journal of Physics A*：*Mathematical and Theoretical*	物理学报 A：数理与理论物理
17	*Journal of Physics B*：*Atomic*，*Molecular and Optical Physics*	物理学报 B：原子、分子和光物理
18	*Journal of Physics D*：*Applied Physics*	物理学报 D：应用物理
19	*Journal of Physics G*：*Nuclear and Particle Physics*	物理学报 G：核与粒子物理
20	*Journal of Physics*：*Condensed Matter*	物理学报：凝聚态物质
21	*Journal of Radiological Protection*	放射防护学报
22	*Measurement Science and Technology*	测量科学与技术
23	*Metrologia*	计量学

续表

序号	刊名	中文名称
24	*Modelling and Simulation in Materials Science and Engineering*	材料科学与工程的建模与模拟
25	*Nanotechnology*	纳米技术
26	*New Journal of Physics*	新物理学期刊
27	*Nuclear Fusion*	核聚变
28	*Physical Biology*	物理生物学
29	*Physics Education*	物理教育
30	*Physics in Medicine and Biology*	医学和生物学中的物理学
31	*Physiological Measurement*	生理测定
32	*Plasma Physics and Controlled Fusion*	等离子体物理学与受控聚变
33	*Plasma Science and Technology*	等离子体科学和技术
34	*Plasma Sources Science and Technology*	等离子体源科学与技术
35	*Reports on Progress in Physics*	物理学进展报告
36	*Research in Astronomy and Astrophysics*	天文和天体物理学研究
37	*Science and Technology of Advanced Materials*	先进材料科学与技术
38	*Science Foundation in China*	中国科学基金（英文版）
39	*Semiconductor Science and Technology*	半导体科学与技术
40	*Smart Materials and Structures*	智能材料与结构
41	*Superconductor Science and Technology*	超导体科学和技术

2.1.18 ACM 数据库

美国计算机学会（Association for Computing Machinery，ACM）创立于 1947 年，是全球历史最悠久和最大的计算机教育和科研机构，出版计算机和信息技术领域的专业期刊、会议录和新闻报道，致力于发展信息技术教育、科研和应用，从 1999 年开始提供电子数据库服务——ACM Digital Library 全文数据库，链接地址为 http: //www.acm. org。出版的专业期刊有《美国计算机学会网络汇刊》（*ACM Transactions on the Web*）、《美国计算机学会计算系统新兴技术杂志》（*ACM Journal on Emerging Technologies in Computing Systems*）、《美国计算机学会算法汇刊》（*ACM Transactions on Algorithms*）、《美国计算机学会应用感知汇刊》（*ACM Transactions on Applied Perception*）、《美国计算机学会自控适应系统汇刊》（*ACM Transactions on Autonomous and Adaptive Systems*）等。

2.1.19　IEEE 数据库

美国电气和电子工程师协会（Institute of Electrical and Electronics Engineers，IEEE）是一个国际性的电子技术与信息科学工程师协会，由美国电气工程师学会（American Institute of Electrical Engineers，AIEE，创建于 1884 年）和美国无线电工程师学会（Institute of Radio Engineers，IRE，创建于 1912 年）于 1963 年合并而成，是世界上最大的专业技术组织之一。IEEE 数据库链接地址为 www.ieee.org/index.html，出版的文献类型包括期刊、杂志、会议论文集、图书和电子电气技术标准等，涉及生物医学、计算机工程、航天、通信、电力及消费性电子产品等领域。其中，IEEE 数据库出版的 70 多种期刊杂志，如 *IEEE Transaction*、*IEEE Journal* 等学术性期刊，在电气及电子工程、计算机及控制技术领域中，IEEE 发表的文献约占全球的 30%。

2.1.20　Westlaw International 数据库

Westlaw International 数据库是全球最大的法律出版集团汤森路透法律信息集团（Thomson Legal and Regulator's）提供的法律法规信息互联网搜索平台，链接地址为 http: //westlawinternational.com。它整合了 Sweet & Maxwell、Thomson West、ELLIS、Lawbook、Carswell 等知名出版社的权威内容，涵盖法律法规、法律专题、裁判要点、合同文本、法律评论、法律资讯等信息，其中法学期刊达 1000 多种，覆盖当今 80%以上的英文法学核心期刊，如《哈佛法律评论》（回溯自 1949 年）、《欧洲竞争法律评论》、《刑法报告》、《McGill 法律评论》、《墨尔本大学法律评论》和《香港法律期刊》等。

2.1.21　EI 数据库

工程索引（Engineering Index，EI）创立于 1884 年，由隶属于荷兰爱思唯尔科学出版集团的美国工程信息（Engineering Information）公司出版，是世界工程技术领域的综合性文摘索引数据库，其在线检索平台为 Engineering Village（简称 EV），链接地址为 http: //www.engineeringvillage.com。该数据库侧重于工程技术领域，收录工程期刊、研讨会、论文集和技术报告等，其中 75%以上是期刊，会议论文数量较少，不包含纯理论科学和社会学方面的文献，涉及生物工程、化学和工艺工程、农业工程和食品技术、材料工程、电子和通信、应用物理、土木工程、机械工程、汽车工程、计算机和数据处理、照明和光学技术、核技术、控制工程等领域。

2.1.22 SCI 数据库

美国科学引文索引（Science Citation Index，SCI）创立于 1961 年，是由美国科学信息研究所（Institute for Scientific Information，ISI）出版的引文数据库，是收录文献作者、题目、源期刊、摘要、关键词的期刊文献检索工具，是全球最大、覆盖学科最多的综合性学术信息资源。

SCI 收录全世界出版的自然科学、工程技术、生物医学等所有科技领域的 8700 多种核心学术期刊，出版形式包括印刷版（SCI）、光盘版（SCI Compact Disc Edition，SCI CDE）、联机版（SciSearch）、网络版（Science Citation Index Expanded，SCIE）。其中，SCIE 是 SCI 的扩展库，其在线检索平台为 ISI Web of Science。

ISI Web of Science 检索平台包括 SCIE、SSCI、A & HCI、CPCI、Book Citation Index（图书引文索引）等，该平台又整合在美国汤姆森科技信息（Thomson Scientific）集团开发的 ISI Web of Knowledge 上，链接地址为 http: //isiknowledge.com。该学术信息资源整合平台除了 Web of Science，还有专利数据库（如 Derwent Innovations Index）、Journal Citation Reports（JCR）与中国科学院合作的中国科学引文索引（Chinese Science Citation Database，CSCD）等。

SCI 是目前国际上公认最具权威的科技文献检索工具和基础、应用研究成果的重要评价依据，是评价一个国家、机构、期刊、研究人员学术水平的重要指标之一，它与 EI、CPCI、科学评论索引（Index to Scientific Reviews，ISR）被称为世界四大检索工具。

SCI 每年评审超过 3500 份期刊，仅收录其中的 10%；对已收录的期刊进行动态评估，每年剔除不合格者。

2.1.23 Scopus 数据库

Scopus 数据库是荷兰爱思唯尔科学出版集团出版的全世界最大的学术论文摘要索引数据库，链接地址为 https：//www.scopus.com。它提供多种工具用于追踪、分析学术发展趋势及可视化分析学术研究成果，是 Elsevier Research Intelligence 的重要组成部分。它收录了来自全球 5000 多家出版社出版的 22000 多种期刊和 700 万篇学术会议论文，涵盖自然科学、技术、医学、社会科学、艺术与人文等学科，文献类型还包括丛书、专利等，文献最早回溯至 1823 年。

2.2　学位论文数据库

2.2.1　中国知网

中国知网提供中国优秀博硕士学位论文全文数据库的检索服务，收录 1984 年至今的全国 400 多家培养单位的博士学位论文和 700 多家培养单位的优秀硕士学位论文，涵盖基础科学、工程技术、农业、医学、哲学、人文、社会科学等各个领域。

2.2.2　万方数据知识服务平台

万方数据知识服务平台提供中外学位论文资源的检索服务，其中，中文学位论文收录始于 1980 年，涵盖理学、工业技术、人文科学、社会科学、医药卫生、农业科学、交通运输、航空航天和环境科学等学科领域；外文学位论文收录始于 1983 年。

2.2.3　PQDT 数据库

美国 ProQuest 公司（原 UMI 公司）是收藏全美博硕士论文和加拿大博硕士论文的官方指定机构。ProQuest Dissertations & Theses（简称 PQDT）数据库是由美国 ProQuest 公司出版的世界上最大、最具权威的博硕士学位论文数据库，链接地址为 http: //www.proquest.com/products-services/dissertations。PQDT 数据库主要收录全球 2000 余所知名大学的优秀博硕士论文全文，涉及文、理、工、农、医等多个领域，论文内容涵盖了从 1637 年到本年度本学期获得通过的博硕士论文信息。该数据库分为 A、B 两个分辑版本，其中 Dissertations and Theses A&I：The Humanities and Social Collection（简称 PQDT A）为人文社科专辑，涵盖人文社科专业各个学科领域；Dissertations and Theses A&I：The Sciences and Engineering Collection（简称 PQDT B）为科学与工程专辑，涵盖理、工、农、医专业的各个学科领域。

PQDT 数据库支持 Open URL 链接、中文检索界面、检索汇总等功能，Open URL 链接地址为 http: //pqdtopen.proquest.com/search.html，中文检索链接地址为 http: //proquest.calis.edu.cn。

2.2.4 DDS

学位论文集成发现系统（Dissertation Discovery System，DDS）是国内专业提供开放存取学位论文的数据集成与知识发现系统，语种为英文，链接地址为 www.oadds.cn，主要收录 1998 年至今来自欧美国家 1200 多所知名大学的优秀博硕士学位论文。其中 70%是美国之外的世界名校，涉及理、工、农、医、管、经、法、教、文、史、哲、军、艺 13 大学科门类，专业方向 2.3 万多个，是学术研究中十分重要的信息资源。DDS 是一个全文数据库，提供了院校、学科两种导航方式，快速检索、高级检索和二次检索 3 种检索方式。可供检索的字段有标题、作者、关键词、全文、学校、导师、年份范围和学位类型等，条件之内及之间支持复杂逻辑关系；检索结果排序有重要度排序和年份排序两种备选。

2.3 会议论文数据库

2.3.1 中国知网

中国知网检索平台提供国内外重要会议论文的检索服务，由《中国学术期刊（光盘版）》电子杂志社有限公司编辑出版，收录 1999 年至今中国科协系统及国家二级以上的学会、协会，高校、科研院所、政府机关举办的重要会议，以及在国内召开的国际会议发表的文献。其中，国际会议文献、全国性会议文献分别占全部文献的 20%、70%以上，部分重点会议文献回溯至 1953 年。其分为基础科学、工程科技Ⅰ、工程科技Ⅱ、农业科技、医药卫生科技、哲学与人文科学、社会科学Ⅰ、社会科学Ⅱ、信息科技、经济与管理科学 10 个专辑 168 个专题。

2.3.2 万方数据知识服务平台

万方数据知识服务平台提供 1982 年至今的中文会议论文检索，以及 1985 年至今世界各主要学会、协会、出版机构出版的学术会议论文检索。

2.3.3 CPCI

CPCI 数据库是美国汤姆森科技信息集团公司出版的内容最全、覆盖学科最广的学术会议数据库，检索平台为 ISI Web of Knowledge。该数据库收录了 1990 年至今世界上最著名的会议、座谈会、研究会和专题讨论会的会议记录资料，分为两个版本：科学与技术（Science & Technology），即 CPCI-S（原为 ISTP，即 Index to Scientific & Technical Proceedings），学科范围包括农业和环境科学、生物化学和分子生物学、生物技术、医学、工程、计算机、化学和物理等学科；社会科学与人文（Social Sciences & Humanities），即 CPCI-SSH（原为 ISSHP，即 Index to Social Sciences Humanities Proceedings），学科范围包括社会科学、艺术与人文领域的所有学科。

2.3.4 AIAA 数据库

美国航空航天学会（American Institute of Aeronautics and Astronautics，AIAA）成立于 1963 年，使命是推动航空学和航天学领域中科学、技术、工艺的进步，其已成为全球最大的航空航天方面的非政府及非营利的专业学会。AIAA 数据库链接地址为 https：//arc.aiaa.org，出版 1963 年以来航空学和航天学领域 40 多个会议的会议论文，另外，该数据库也出版部分期刊，包括：*AIAA Journal*、*Air Traffic Control Quarterly*、*ARS Journal*、*Astronautics*、*Bulletin of the American Interplanetary Society*、*Journal of Aerospace Information Systems*、*Journal of Air Transportation*、*Journal of Aircraft*、*Journal of Energy*、*Journal of Guidance，Control，and Dynamics*、*Journal of Hydronautics*、*Journal of Jet Propulsion*、*Journal of Propulsion and Power*、*Journal of Spacecraft and Rockets*、*Journal of the Aeronautical Sciences*、*Journal of the Aerospace Sciences*、*Journal of the American Rocket Society*、*Journal of Thermophysics and Heat Transfer*。

2.3.5 其他数据库

在第 2.1 节中已提及，ACM 数据库、IEEE 数据库、EI、Scopus 数据库等虽然以期刊为主，但也出版一定数量会议论文的全文或文摘索引。

2.4 专　　利

从字面上讲，“专利”是指专有的利益和权利，它是推动人类进步和社会发展的技术信息源。patent（专利）一词来源于拉丁语 Litterae patentes，意为公开的信件或公共文献，是中世纪的君主用来颁布某种特权的证明，后来指英国国王亲自签署的独占权利证书。

专利在不同的国家和地区有不同的分类。我国专利法将专利分为发明专利、实用新型专利和外观设计专利，部分发达国家将专利分为发明专利和外观设计专利。发明专利是指对产品、方法或者其改进所提出的新技术方案；实用新型专利是指对产品的形状、构造或者其结合所提出的适于实用的新技术方案；外观设计专利是指对产品的形状、图案或者其结合，以及色彩与形状、图案的结合所做出的富有美感并适于工业应用的新设计。

专利属于知识产权的一部分，是一种无形的财产，具有与其他财产不同的特点：排他性（也称独占性）、区域性和时间性。申请专利是对获得的发明成果进行保护，依法批准的发明人或其权利受让人对其发明成果在一定年限内享有的独占权或专用权，即专利权，它是发明人造福人类、改变自身生活的重要手段。专利的保护有时间和地域的限制，一旦超过法律规定的保护期限，就不再受法律保护。我国专利法第四十二条规定，发明专利权的期限为二十年，实用新型专利权和外观设计专利权的期限为十年，均自申请日起计算。授予专利权的发明专利和实用新型专利，应当具备新颖性、创造性和实用性。

专利最基本的两个特征是“独占”与“公开”，以“公开”换取“独占”是专利制度最基本的核心，这分别代表了权利与义务的两面。“独占”是指法律授予技术发明人在一段时间内享有排他性的独占权利；“公开”是指技术发明人作为对法律授予其独占权的回报而将其技术公之于众，使社会公众可以通过正常的渠道获得有关专利技术的信息。

专利说明书由申请号（申请流水号）、公开（公告）号（文献申请国+申请流水号+公布级别）、公开（公告）日、授权日（授权公告日）、授权公告号、申请（专利权）人、发明（设计）人、发明名称、摘要等组成。经过授权的发明专利证书包含发明名称、申请（专利权）人、发明（设计）人、专利号［字母代码（如中国专利为 ZL）+申请号］、专利申请日、授权公告日等。

例如，中国发明专利“一种高耐磨热塑性弹性体组合物及其制备方法”的发明人为李长生、曹可生、唐华、陈娟、王芳菲、李国伟，申请号为 200910180691.7，专利权人为无锡润鹏复合新材料有限公司，公开号为 CN101704970A，授权日为 2012-07-11，授权公告号为 CN101704970B，专利号为 ZL 200910180691.7。

2.5 标准及其他文献

2.5.1 标准构成与分类

标准是从事生产、设计、管理、产品检验、商品流通、科学研究的共同依据。根据世界贸易组织（World Trade Organization，WTO）的有关规定和国际惯例可知，标准是自愿性的，而法规或合同是强制性的。标准的内容只有通过法规或合同的引用，才能强制执行，具有法律上的约束性。随着经济发展和科学技术水平的提高，标准不断地进行修订、补充、替代或废止。

一个标准一般只解决一个问题，不同种类和级别的标准在不同范围内贯彻执行。

每个国家、国际组织对于标准的制定和审批程序都有专门的规定，并有固定的代号，标准格式整齐划一。一件完整的标准一般应该包括以下各项标识或陈述：①标准级别。②分类号，通常是《国际十进分类法》（UDC）类号和各国自编的标准文献分类法的类号。③标准号，一般由标准代号、序号、年代号组成。如 ISO 527-1：2012，其中 ISO 为国际标准化组织标准代号，527-1 为序号，2012 为年代号；IEC 60093：1980，其中 IEC 为国际电工委员会标准代号，60093 为序号，1980 为年代号；GB/T 7713.1—2006，其中 GB 为中国国家标准代号，/T 为推荐性标准，7713.1 为序码，2006 为年代号。④标准名称。⑤标准提出单位。⑥审批单位。⑦批准年月。⑧实施日期。⑨具体内容项目。

为了便于管理标准，需要对标准进行分类。

按标准化对象，标准可划分为技术标准、管理标准和工作标准三大类。技术标准是指对标准化领域中需要协调统一的技术事项所制定的标准，包括基础技术标准、产品标准、工艺标准、检测实验方法标准，以及安全、卫生、环保标准等；管理标准是指对标准化领域中需要协调统一的管理事项所制定的标准，包括管理基础标准、技术管理标准、经济管理标准、行政管理标准、生产经营管理标准等；工作标准是指对工作的责任、权利、范围、质量要求、程序、效果、检查方法、考核办法所制定的标准，一般包括部门工作标准和岗位（个人）工作标准。

按适用范围，标准可划分为国际标准、区域性标准、国家标准、行业标准和企业标准。国际标准是国际标准化组织（International Organization for Standardization，ISO）、国际电工委员会（International Electro technical Commission，IEC）和国际电信联盟（International Telecommunication Union，ITU）制定的标准，以及国际标准化组织确认并公布的其他国际组织制定的标准，如美国国家标准学会、德国标准化学会、英国标准学会、日本规格协会等国际标准。

按成熟程度，标准可划分为强制性标准、推荐性标准、试行标准和标准草案等。药品、食品卫生、兽药、农药和劳动卫生标准，产品生产、储运和使用中的安全及劳动安全标准，工程建设的质量、安全、卫生、环境保护和环境质量方面的标准，有关国计民生方面的重要产品标准等均是强制性标准，其他标准是推荐性标准。推荐性标准不具有强制性，任何单位均有权决定是否采用，违反这类标准，不构成经济或法律方面的责任。但推荐性标准一经接受并经各方商定同意纳入商品经济合同中，就成为各方必须共同遵守的技术依据，具有法律约束力。推荐性标准用“/T”的标识符号与强制性标准区别开。

按照《中华人民共和国标准化法》，我国标准分为国家标准、行业标准、地方标准、企业标准四级。国家标准由国家标准化管理委员会编制计划、审批、编号、发布，其标准代号为 GB（表示强制性国家标准）和 GB/T（表示推荐性国家标准）。

行业标准由行业标准归口部门编制计划、审批、编号、发布和管理。行业标准的归口部门及其所管理的行业标准范围，由国务院行政主管部门审定。部分行业及其代号有石油化工（SH）、化工（HG）、石油天然气（SY）、有色金属（YS）、电子（SJ）、机械（JB）、轻工（QB）、汽车（QC）、船舶（CB）、核工业（EJ）、电力（DL）、商检（SN）和包装（BB）等。与国家标准类似，推荐性行业标准在行业代号后加“/T”，如“JB/T”为机械行业推荐性标准，不加“/T”则为强制性标准。

北京、河南、陕西和香港等地方标准由所在的地方标准化行政主管部门统一编制计划、组织制定、审批、编号、发布，其也分强制性与推荐性。

企业标准由企业制定，其要求不得低于相应的国家标准或行业标准，由企业法人代表或法人代表授权的主管领导批准、发布。根据 1990 年 8 月发布的《企业标准化管理办法》第十二条规定，企业标准的代号由企业标准代号“Q/”和企业代号“×××”两部分组成。前缀“Q/”对于任何企业都是统一不变的，企业代号“×××”可用汉语拼音字母、阿拉伯数字或两者兼用组成，字没有限定。按中央所属企业和地方企业分别由国务院有关行政管理部门和地方（级行政单位）政府标准化行政主管部门会同同级别有关行政主管部门规定，新成立的没有归属管理企业的企业代号则按属地原则，由各地方标准化部门规定。

2.5.2 标准文献分类

（1）中国标准分类法（Chinese Classification for Standards，CCS）：简称中标分类。类目设置以专业划分为主，适当结合科学分类。其由二级类目构成，其中一级类目 24 个，以专业划分为主，由单个拉丁字母组成，见表 2-5；二级类目 100 个，由双数字组成。如 P80 机械、仪表制造业工程，K60 电气设备与器具综合，G32 合成树脂、塑料等，详细内容请查阅《中国标准文献分类法》。

表 2-5　中国标准文献分类法一级类目表

代码	名称	代码	名称
A	综合	N	仪器、仪表
B	农业、林业	P	土木、建筑
C	医药、卫生、劳动保护	Q	建材
D	矿业	R	公路、水路运输
E	石油	S	铁路
F	能源、核技术	T	车辆
G	化工	U	船舶
H	冶金	V	航空、航天
J	机械	W	纺织
K	电工	X	食品
L	电子元器件与信息技术	Y	轻工、文化与生活用品
M	通信、广播	Z	环境保护

（2）国际标准分类法（International Classification for Standards，ICS）：由国际标准化组织编制，主要用于国际标准、区域标准和国家标准和其他标准化文献的分类、编目、订购与建库。其由三级类目构成，一级类目 40 个，类号以两位数字表示，见表 2-6；二级类目 387 个，由一级类目的类号和被一个圆点隔开的三位数组成；三级类目 789 个，类号由一、二级类目的类号和被一个圆点隔开的两位数组成。如 01.040.25 Manufacturing engineering（Vocabularies）机械制造（词汇），01.040.29 Electrical engineering（Vocabularies）电气工程（词汇），49.025.40 Rubber and plastics 橡胶和塑料等，详细内容请查阅《国际标准分类法 ICS（第三版）》。

表 2-6　国际标准分类法一级类目表

代码	名称	代码	名称
01	综合、术语学、标准化、文献（Generalities，Terminology，Standardization，Documentation）	17	计量学和测量、物理现象（Metrology and measurement，Physical phenomena）
03	社会学、服务、公司（企业）的组织和管理、行政、运输（Sociology，Services，Company organization and management，Administration，Transport）	19	试验（Testing）
07	数学、自然科学（Mathematics，Natural Sciences）	21	机械系统和通用件（Mechanical systems and components for general use）
11	医药卫生技术（Health care technology）	23	流体系统和通用件（Fluid systems and components for general use）
13	环保、保健和安全（Environment，Health protection，Safety）	25	机械制造（Manufacturing engineering）

续表

代码	名称	代码	名称
27	能源和热传导工程（Energy and heat transfer engineering）	65	农业（Agriculture）
29	电气工程（Electrical engineering）	67	食品技术（Food technology）
31	电子学（Electronics）	71	化工技术（Chemical technology）
33	电信、音频和视频工程（Telecommunications，Audio and engineering）	73	采矿和矿产品（Mining and minerals）
35	信息技术、办公机械（Information technology，Office machines）	75	石油及相关技术（Petroleum and related technologies）
37	成像技术（Image technology）	77	冶金（Metallurgy）
39	精密机械、珠宝（Precision mechanics，Jewellery）	79	木材技术（Wood technology）
43	道路车辆工程（Road vehicles engineering）	81	玻璃和陶瓷工业（Glass and ceramics industries）
45	铁路工程（Rail way engineering）	83	橡胶和塑料工业（Rubber and plastic industries）
47	造船和海上构筑物（Shipbuilding and marine structures）	85	造纸技术（Paper technology）
49	航空器和航天器工程（Aircraft and space vehicle engineering）	87	涂料和颜料工业（Paint and colour industries）
53	材料储运设备（Materials handling equipment）	91	建筑材料和建筑物（Construction materials and building）
55	货物的包装和调运（Packaging and distribution of goods）	93	土木工程（Civil engineering）
59	纺织和皮革技术（Textile and leather technology）	95	军事工程（Military engineering）
61	服装工业（Clothing industry）	97	家用和商用设备、文娱、体育（Domestic and commercial equipment，Entertainment，Sports）

2.5.3 其他文献

科技文献除了论文、专利、标准之外，还包括产品说明书，高校课程、学术讲座、学术会议报告、考试辅导、就业指导、医学实践、管理讲座、科普视频等精品视频，地方志（简称“方志”，即按一定体例，全面记载某一时期某一地域的自然、社会、政治、经济、文化等方面情况或特定事项的书籍文献）等，本书不展开论述。

2.6 著录格式

1. 规范与要求

论文中参考文献的引用一般由正文中文献引用的位置标注和集中附于文后

（或分散著录于页下端）的题录两部分组成，各个期刊对著录格式的具体要求不尽相同。我国针对文献著录规则专门制定国家标准，统一规范，尽可能地与国际标准保持一致，实现文献信息资源共享，最新版本为《信息与文献 参考文献著录规则》（*Information and documentation. Rules for bibliographic references and citations to information resources*）（GB/T 7714—2015）。该标准非等效采用 *Information and documentation-Guidelines for bibliographic references and citations to information resources*[ISO 690：2010（E）]（《信息和文献. 信息资源目录参考和引用指南》），规定了各个学科、各种类型信息资源参考文献的著录项目、顺序、符号、文字及参考文献在正文中的标注方法，仅适用于著者进行编辑、著录参考文献，而不是供图书馆员、文献目录和索引编辑者使用。

参考文献有顺序编码制和著者-出版年制之分。学术论文（包括期刊和会议论文）一般采用顺序编码制，其引用位置标注是按照正文中引文出现的先后顺序连续编码，序号置于方括号中；题录是按照引文的序号排序。对于著者-出版年制，引用位置标注是将著者姓氏与出版年置于小括号中，按照文种（先后顺序为中文、日文、英文、俄文和其他）、著者的汉语拼音（或笔画）、出版年（从小至大）的顺序排序，著者和出版年之间的标识符号为“，”，出版年之后的标识符号为“.”。科研人员在撰写国家级和省级等重大项目申请书时多采用著者-出版年制引用文献，而学术论文一般不采用这种方式。

按照顺序编码制，文中参考文献编排的基本要求如下。

（1）对于连续出版物，正文中按引用文献出现的先后次序以“[序号]”方式标注，直接引用时引用内容加引号，引用标注[1]、[2]、[3]等上标在引号之后；间接引用时引用信息不加引号，引用标注上标在最后一个标点符号之前。多次引用同一篇文献时，每一次标注均采用该文献的第一次引用编号。

（2）当同一处引用多篇文献时，正文中每一篇文献引用的序号之间以逗号隔开，当编号连续时，连续的起止序号之间则以短横线隔开，国家标准推荐在中括号外边标上引文页码，题录不标注页码，但此要求目前还未统一执行。有的期刊规定引用书籍不用标明所引文献内容在书中的页码；有的期刊规定每次引用均要依次标注，文后则用不同序号标注同一参考文献，并依次标明所引文献在文献源中的页码，如：[5][13][25]布鲁贝克. 高等教育哲学[M]. 王承绪等译. 杭州：浙江教育出版社，1987：46-47，21，250.

题录位于正文后（学位论文应另起页），并标上“参考文献：”（左顶格或“参考文献”（居中）作为标识；采用[1]、[2]、[3]等顺序编码，以与正文中的文献标注序号格式一致，左顶格，最后以“.”结束。题录的著录项目包括以下几个方面。

（1）主要责任者：如专著作者、论文集主编、学位申报人、专利申请人、报告撰写人、期刊文章作者、析出文章作者等。多个责任者之间以“，”分隔，只列姓名，不超过3个时，全部著录；超过3个时，只著录前3个责任者，其后加“，等”或与之相应的外文词“，et al.”；责任者后不加“著”“编”“主编”“合编”等责任说明。

（2）文献题名及版本：初版时可以省略版本标识。

（3）参考文献类型、电子资源载体的类型及其标识：参考文献类型与电子资源载体的类型标识见表2-7和表2-8，二者的标识方法为“文献类型标识/载体类型标识”。

表2-7　参考文献类型与标识

序号	参考文献类型	标识
1	普通图书（monograph）	M
2	会议论文集（conference）	C
3	报纸文章（newspaper）	N
4	期刊文章（journal）	J
5	学位论文（dissertation）	D
6	报告（report）	R
7	标准（standard）	S
8	专利（patent）	P
9	数据库（database）	DB
10	数据集（data set）	DS
11	档案（archive）	A
12	计算机程序（computer program）	CP
13	电子公告（electronic bulletin board）	EB
14	舆图	CM
15	其他	Z

表2-8　电子资源载体的类型与标识

序号	电子资源载体的类型	标识
1	磁带（magnetic tap）	MT
2	磁盘（disk）	DK
3	光盘（CD-ROM）	CD
4	联机网络（online）	OL

例如，联机网上期刊为J/OL，联机网上数据库为DB/OL，联机网上图书为

M/OL，联机网上电子公告为EB/OL，联机网上软件为CP/OL，磁带期刊为J/MT，磁带数据库为DB/MT，磁带图书为M/MT，磁盘数据库为DB/DK，磁盘图书为M/DK，磁盘软件为CP/DK，光盘数据库为DB/CD，光盘图书为M/CD，光盘软件为CP/CD等。

（4）其他责任者。其后要标注责任，如“译”等。

（5）出版项（出版地、出版者、出版年）。

（6）文献出处或电子文献的可获得地址。

（7）文献起止页码。

（8）其他，如外文文献的DOI（数字信息唯一标识符）。

2. 题录模板与示例

1）著作

[序号]作者. 书名[M]. 版本项. 翻译者，译. 出版地：出版者，出版年：起-止页码.

[序号]作者. 书名：卷本项[M]. 翻译者，译. 出版地：出版者，出版年：起-止页码.

示例：

[1]布鲁克斯，平森，西索斯. 编辑的艺术[M]. 8版. 李静滢，刘英凯，译. 北京：中国人民大学出版社，2009：13.

[1]马克思，恩格斯. 马克思恩格斯选集：第2卷[M]. 北京：人民出版社，1995：100.

2）期刊论文

[序号]作者. 题名[J]. 刊名，出版年，卷号（期号）：起-止页码.

示例：

[2]王绪绪，赵慧霞，付贤智. MCM-41表面新戊基锆和氧化锆的制备[J]. 无机化学学报，2001，17（1）：83-88.

[2]Chen X，Mao S S. Titanium dioxide nanomaterials：synthesis，properties，modifications，and applications[J]. Chemical Reviews，2007，107（7）：2891-2959.

3）学位论文

[序号]作者. 论文名[D]. 授予单位所在地：授予单位，授予年（：起-止页码任选）.

示例：

[3]林华香. TiO_2表面吸附与光催化作用的原位IR研究[D]. 福州：福州大学，2011.

[3]庞红. 一维氮化镓纳米材料的制备及其光催化性能研究[D]. 天津：天津大学，2014.

4）会议论文

[序号]作者. 题名[C]. 会议名，会议地，出版年（：起-止页码任选）.

示例：

[4]王心晨，付贤智. 氮化碳基光催化剂的设计合成[C]. 第十六届全国催化学术会议论文集，沈阳，2012：1-2.

[4]中国社会科学院台湾史研究中心. 台湾光复六十五周年暨抗战史实学术研讨会论文集[C]. 北京：九州出版社，2012：26-30.

5）会议论文集析出文献

[序号]析出文献主要责任者. 析出文献题名[A]. 原文献主要责任者（任选）. 原文献题名[C]. 出版地：出版者，出版年（：析出文献起止页码任选）.

示例：

[5]钟文发. 非线性规划在可燃毒物配置中的应用[A]. 赵玮. 运筹学的理论与应用——中国运筹学会第五届大会论文集[C]. 西安：西安电子科技大学出版社，1996：468-471.

6）报告

[序号]发布者. 报告名[R]. 出版地：出版者，出版年（：起-止页码任选）.

示例：

[6]白秀水，刘敢，任保平. 西安金融、人才、技术三大要素市场培育与发展研究[R]. 西安：陕西师范大学西北经济发展研究中心，1998.

7）报纸

[序号]主要责任者. 文献题名[N]. 报纸名，出版日期（版次）.（注意日期格式为 YYYY-MM-DD）

示例：

[7]刘仲华，商璐. 屠呦呦获 2015 年诺贝尔生理学或医学奖[N]. 人民日报，2015-10-06（1）.

[7]赵广俊. 莫言获诺贝尔文学奖[N]. 光明日报，2012-10-12（1）.

8）电子文献

[序号]主要责任者. 电子文献题名[电子文献及载体类型标识]. 电子文献的出处或可获得地址，发表或更新日期/引用日期（任选）.

示例：

[8]中共中央办公厅、国务院办公厅. 2004～2010 年全国红色旅游发展规划纲要[EB/OL]. http: //wenku.baidu.com/view/467b6ff5ba0d4a7302763a93.html，2004-12.

9）专利

[序号]发明人或专利权人. 专利名：专利号[P]. 公告或公开日.（注意日期格式为 YYYY-MM-DD）

示例：

[9]王绪绪，龙金林，戴文新，等. 一种可见光催化合成 H_2O_2 催化剂及其制备方法和应用：ZL 103170368B[P]. 2015-03-04.

[9]李长生，曹可生，唐华，等. 一种高耐磨热塑性弹性体组合物及其制备方法：ZL 200910180691.7[P]. 2012-07-11.

10）标准

[序号]发布单位. 标准代号 标准名称[S]. 出版地：出版者，出版年：起-止页码.

示例：

[10]国家质检总局. GB/T 7714—2015 信息与文献 参考文献著录规则[S]. 北京：中国标准出版社，2015：1-26.

[10]国家质检总局. GB 5009. 74—2014 食品安全国家标准 食品添加剂中重金属限量试验[S]. 北京：中国标准出版社，2015：1-3.

练　习　题

（1）搜集本学科国内国际影响力较高的期刊名称、所属数据库、当前影响因子。

（2）统计本单位已订购的中外学位论文数据库资源。

（3）统计本单位已订购的会议论文数据库资源。

（4）进入中国学术会议在线官网（http: //www.meeting.edu.cn），初步了解国内国际学术会议和科技交流热点情况。

（5）统计本单位已订购的专利文献数据库资源，了解专利的结构特点。

（6）统计本单位已订购的标准文献数据库资源，了解标准的结构特点。

（7）统计所在学校已订购的标准文献数据库资源。

（8）了解标准的结构特点。

第3章 文献检索

3.1 文献检索基本技能

文献检索是从大量的文献中查找所需的原始文献或相关信息的过程，是最典型、最重要，也是最常用的信息检索，检索的结果是与某一课题有关的若干篇论文、书刊的来源出处及收藏地点等。因此，掌握了文献检索的方法，就能以最快的速度，在最短的时间内，以最少的精力，了解前人和别人取得的经验和成果。要学会文献检索，就必须了解文献的分类，知道检索的途径，还要能够根据文献的用途选择存放文献的途径。

总的来说，进行文献检索，一般要掌握以下基本技能：

（1）了解检索语言，熟悉布尔逻辑。检索语言又称为索引语言、存储与检索语言、文献语言、文献工作语言、标引语言、标引符号、标识系统等，是根据信息检索的需要，专门用于各种手工和计算机化的文献信息检索与存储系统描述文献主题概念和研究课题主题概念的表达检索提问的人工语言。如《中国图书馆分类法》、《中国科学院图书分类法》、《国际十进分类法》、《杜威分类法》、《汉语主题词表》及《INSPEC 叙词表》等，其分类号或检索词就是检索语言的词语。最重要的是，必须熟悉计算机检索常用的布尔逻辑。

逻辑“与”and：A and B 表示被检索的文献必须同时含有检索词 A 和 B；

逻辑“或”or：A or B 表示被检索的文献同时含有检索词 A 和 B，或 A、B 二者之一；

逻辑“非”not：A not B 表示被检索的文献含有检索词 A 但不含有 B。

（2）选择检索途径。选择什么数据库，使用何种检索引擎，确定适当的途径来查找文献。

（3）使用检索方法。顺查法、倒查法、抽查法，相关度，题名、著者（如著者、编者、译者、专利权人、专利申请人）、号码（如专利号、分类号、报告号、入藏号、标准号）、文献类型（如论文、专利、标准与其他；期刊论文、学位论文与会议论文；文摘与全文）等。

（4）掌握获取全文的方法。互联网上的信息绝大部分是免费的，但是，考虑到出版商、研究成果产出者和终端用户三者的利益关系，具有商业价值的学术信息大多是有偿收费的，提供开源（open access，OA）论文、期刊的数据库很少，获得文献全文一般需要向出版商缴费订购。因此，除了单位订购数据库可以下载期刊论文全文外，还应掌握其他免费获取期刊论文全文的途径，例如，科研社区求助及一些搜索引擎或网站检索下载开源期刊论文等，提高获取文献全文的能力。

3.2 论文检索

3.2.1 搜索引擎检索

研究人员在网络上搜索大量的学术资源是必要而又比较烦琐的工作，百度、微软（Microsoft）、谷歌（Google）、EndNote、Mendeley 等学术搜索平台由于操作简单、功能强大、免费使用而受到了众多用户的青睐。这些搜索平台所采用的搜索引擎（Search Engines）是利用网络自动搜索技术，对互联网资源进行索引或标引并提供给用户使用。

1. *百度学术*

百度学术是百度提供的中英文文献资源搜索平台，2014 年 6 月上线，链接地址为 http: //xueshu.baidu.com。它涵盖各类学术期刊论文、会议论文，可以检索收费和免费的学术论文，并通过时间筛选、标题、关键字、摘要、作者、出版物、文献类型、被引用次数等细化指标提高检索的精准性。用户还可以选择将搜索结果按照“相关性”“被引频次”“发表时间”三个维度分别排序。

2. *微软学术搜索*

微软学术搜索（Microsoft Academic Search）是美国微软研究院开发的免费学术搜索引擎，链接地址为 https：//academic.microsoft.com。它为用户查找学术论文、国际会议、权威期刊、作者和研究领域等提供一个智能、新颖的搜索平台。其搜索结果基于搜索词的相关度和影响力排序。在搜索结果页面，通过限定年份、领域条件可进一步过滤结果。搜索结果每一文献条目包含以下信息：论文题目、作者信息（个人主页、所属机构、地址、论文列表）、论文提要、参考书目、引用书目、出版时间及引用该论文的论文数量等。查看论文的引用信息，可以快速地了解其他作者如何评论该论文。

必应学术（Bing Scholar）是由微软必应团队联合微软研究院打造的免费学术搜索引擎（链接地址为 http: //cn.bing.com/academic），与微软学术搜索相比，其功能与搜索结果条数相差甚远。

3. Google 学术

Google 学术（Google Scholar）功能强大，搜索简单，界面简洁，可检索收费和免费的世界上绝大部分出版的学术期刊论文（包括中文期刊论文），2004 年第一次发布试用版，链接地址为 http: //scholar.google.cn。它能够快速寻找学术资料，如专家评审文献、论文、书籍、预印本、摘要及技术报告。

Google Scholar 搜索论文时可依据时间范围、相关性、语言及是否包括专利、引用等筛选。在搜索结果界面，显示的信息有作者、发表时间、发表期刊、被引用次数、相关文章、所有版本等。被引用次数是判断该文献是否有参考价值的一个重要指标；相关文章可以帮助我们短时间内获取大量与某个具体问题有关的文献；我的图书馆可以保存某文献以供下次阅读使用，也可以上传本人的著作、所引用的其他文献。

4. EndNote

EndNote 是 Clarivate Analytics 公司开发的旗舰型文献管理系统，分为 Web 版（网络版）和 Desktop 版（单机版），链接地址为 http: //www.endnote.com。EndNote 的 Desktop 版可以在其官网下载，但受版权保护，需要缴费购买使用版权。EndNote 具有在线搜索期刊论文、建立期刊论文库、定制文稿、编排引文四大功能。具体来说，其可以对科技文献进行有效的管理和分析；可以直接采用期刊投稿模板撰写论文；可以边写作边引用参考文献，并可一键调整参考文献格式；可以跨平台无缝整合，同步文献，随时随地获取科技信息。

（1）在线搜索文献：直接在线搜索相关文献并导入 EndNote 的文献库内。EndNote 提供数据库链接、全文查找功能，但不支持中文数据库。EndNote 对检索到的文献提供作者、期刊名称、发表年份、页码范围等信息，以及论文链接、在线搜索下载 PDF 全文等功能。

检索步骤：

（a）如图 3-1 所示，单击工具栏中的图标（Integarted Library & Online Search Mode）。

图 3-1　EndNote 的菜单栏和工具栏

（b）从窗口左侧 My Library 下拉菜单的 Online Search 中选择在线检索的数据库，若所列数据库不在此列，点开 more…找到需要的数据库，如图 3-2 所示。

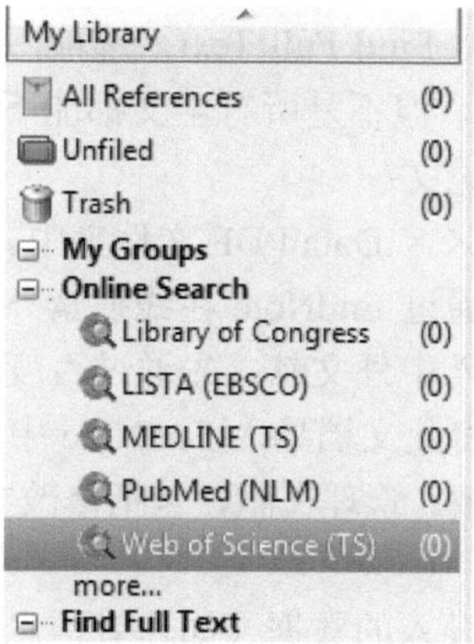

图 3-2 EndNote 在线搜索数据库选择

（c）在检索栏的空白处输入相应的检索词（图 3-3）。

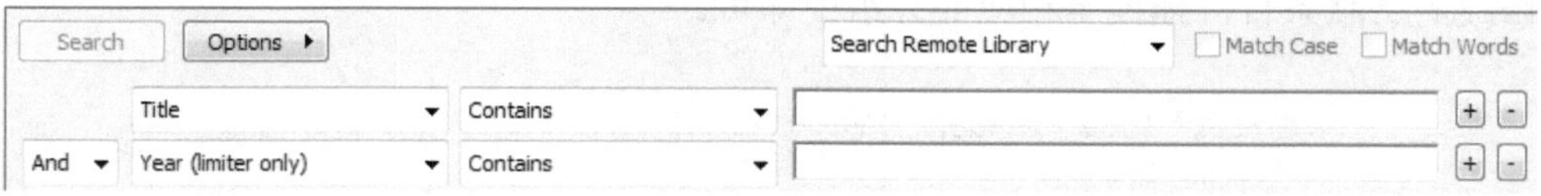

图 3-3 EndNote 的检索词输入栏

（d）检索词栏数不够时，单击右侧的“+”号图标，增加输入栏（图 3-4）。检索词之间的关系可通过左侧的逻辑符号来确定：and、or、not。

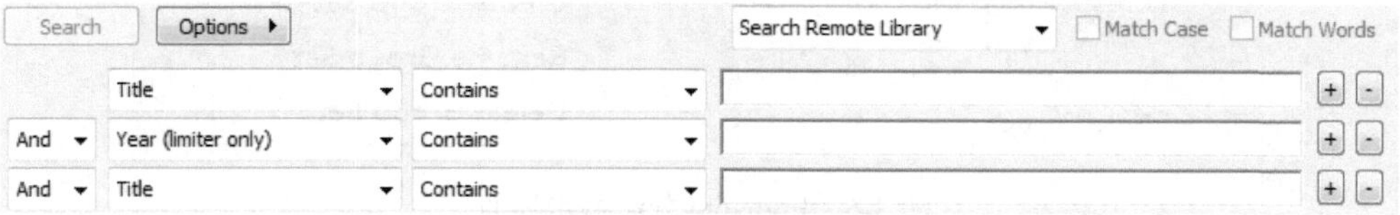

图 3-4 EndNote 的检索词输入栏增加方式

（e）设置检索词对应的属性（图 3-5）。

（f）点击 Search 按钮进行检索。

链接 PDF 全文：在检索结果界面，选中需要链接 PDF 全文的文献条目，点击右键，在下拉菜单中依次点击 File Attachments、Attach File…选项，然后找到 PDF 文件即可。

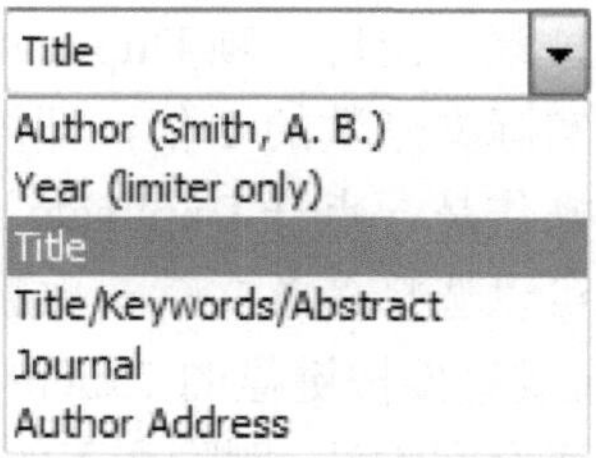

图 3-5 EndNote 的检索词属性设置

在线搜索下载 PDF 全文：在检索结果界面，选中需要链接 PDF 全文的文献条目，点击右键，在下拉菜单中依次点击 Find Full Text、Find Full Text…选项，然后软件即可自动开始在互联网上搜索 PDF 全文并下载。但不是所有全文都能下载，只能下载开放获取的和购买了数据库使用权的期刊论文。

PDF 全文保存位置：×××.Data\PDF 文件夹中。其中×××为文献库名称。

（2）建立期刊论文库：通过 EndNote 在线搜索外文期刊论文时，检索到的论文自动导入。也可以手动导入中外文献：先通过百度学术、谷歌学术、数据库导出题录文档（*.enw），然后将此文档导入 EndNote 中；直接在 EndNote 界面输入相关信息。建立文献库，收藏、管理文献，包括修改文献信息、分类管理、去重、删除。

修改文献信息：有时候导入的数据（如作者信息）不完整或者格式不规范，这个时候需要手动来修改或者补全这些信息，也可以定制自己的文献格式。

分类管理：点击 Groups 菜单，或右键点击 My Library 下拉菜单中的 My Groups 选项，弹出分组编辑界面，如图 3-6 所示；进行建新组、删除组等操作；选中要修改的文献条目，拖拽至相应的分组中即可。

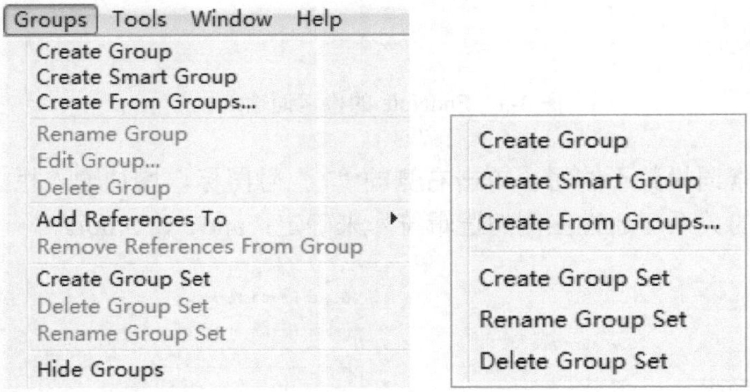

图 3-6　EndNote 分组编辑界面

去重：点击 References 菜单中的 Find Duplicates 命令，于是在 My Library 下拉菜单出现一项 Duplicate References（x），其中 x 为重复的文献条数，此条数为实际文献数的 2 倍，即同一条文献出现两次，因此需要手动删去一半文献。具体操作是：点开 Duplicate References（x），选择需要删除的文献条目（按住 Ctrl 键可以选择多条文献一次删除），点击鼠标右键选择 Move References to Trash 或 Cut（或直接按键盘的 Delete 键）删除文献；然后右键点击 Trash，选择 Empty Trash 清空回收站；删除剩下的文献，然后在回收站（Trash）中将文献移到 All References 界面即可。

恢复误删的文献条目：点击 My Library 下拉菜单中的 Trash 选项，里面是暂存删除的文献信息，可以将误删除的文献条目拖到 All References 或分组中，即可恢复误删的文献条目。

（3）定制文稿：直接利用 Word 文稿模板和格式化引文、图形，撰写符合期刊要求的文章。

（4）编排引文：具体内容见第 4 章的题录导入部分。

5. Mendeley

Mendeley 是一款免费的跨平台文献管理软件，同时也是一个在线的学术社交网络平台，2013 年被荷兰爱思唯尔科学出版集团收购，链接地址为 https：//www.mendeley.com。Mendeley 分为 Web 版（网络版）和 Desktop 版（单机版），Desktop 版可以从其官网下载。Mendeley 可一键抓取网页上的文献信息添加到个人的 library 中；可以安装 MS Word 和 Open Office 插件，方便在文字编辑器中插入和管理参考文献，参考文献格式与 Zotero 一样用各种期刊格式的 CLS 文件。Mendeley 还免费提供 2 GB 的文献存储和 100 MB 的共享空间。主要功能包括：参考文献管理（Reference Manager），PDF 文件阅读与标注（Read and Annotate），添加与组织（Add and Organize）；与全球同行协作（Collaborate），备份、同步与移动（Backup，Sync and Mobile），网络与发现（Network and Discover）。

6. 其他检索工具

例如，中国科学院文献情报中心（National Science Library，NSL），它是国际图书馆协会和机构联合会（International Federation of Library Associations and Institutions，IFLA）的重要成员，主要为自然科学、边缘交叉科学和高技术领域提供丰富的数字化信息资源和个性化的信息服务，其链接地址为 http: //www.las.ac.cn。

3.2.2 数据库检索

可以利用数据库以篇名（标题）、摘要、作者、刊名、ISSN 等检索项进行检索。这里以维普期刊资源整合服务平台、SpringerLink 和 Pubmed 为例对操作过程进行说明。

1. 维普期刊资源整合服务平台

第一步，在首页点击检索区域输入检索词，然后点击“搜索”按钮，进入一般检索方式界面（图 3-7）。

图 3-7　维普期刊资源整合服务平台检索界面

第二步，在一般检索方式的概览页面中，可根据检索需求设置二次检索的筛选条件，以及对检索结果做各种操作，如页面显示文献条数、结果排序、下载全文、题录导出等，具体见图 3-8 的部分说明。

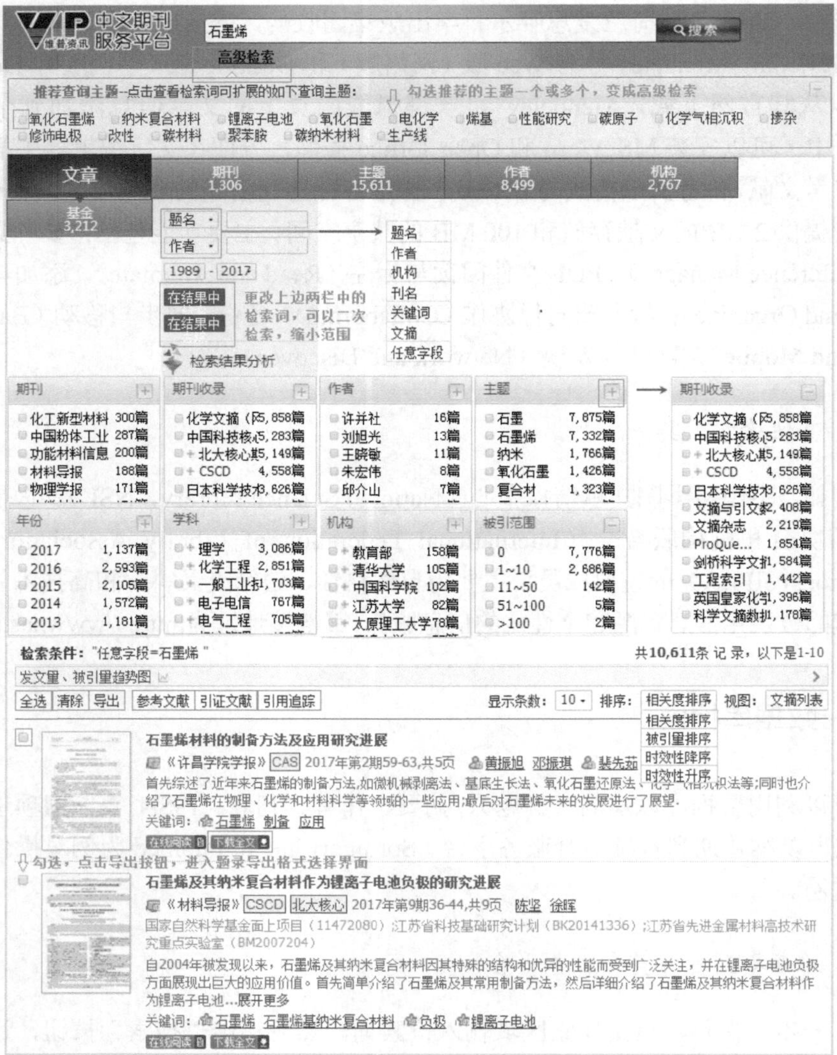

图 3-8　维普期刊资源整合服务平台检索界面

2. SpringerLink

第一步，打开 SpringerLink 主页，进入检索界面。如图 3-9 所示，系统默认简单检索，点击 按钮，有 Advanced Search（高级检索）和 Search（简单检索）两种检索方式供选择；文献按学科分类。高级检索，即多项检索条件组合检索方式，包括 All Text（全文）、Title（题名）、Summary（文摘）、Author（著者）、Editor（编辑者）、ISSN（国际连续出版物标准号码）、ISBN（国际图书标准号码）、DOI（数字信息唯一标识符）、Publication Dates（出版时间）等检索。

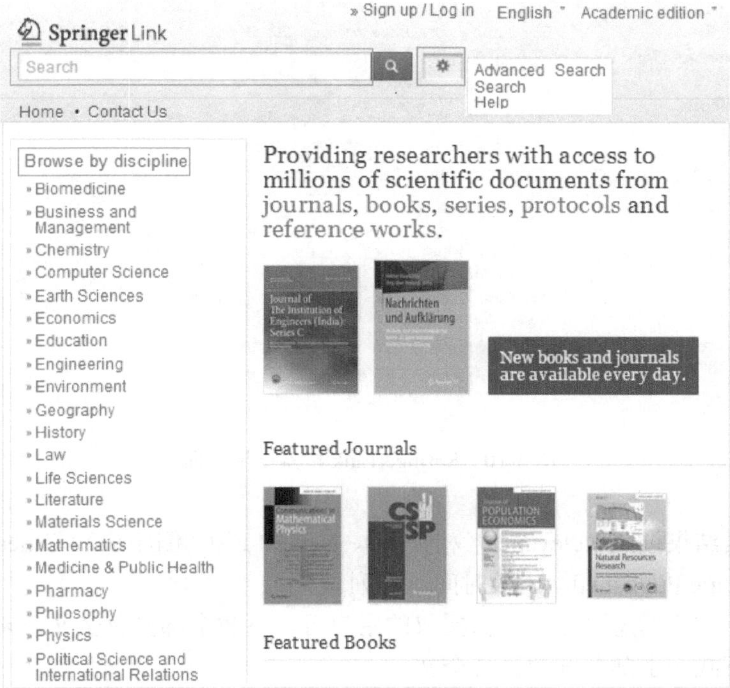

图 3-9 SpringerLink 检索界面

第二步，在检索区域输入检索词，点击“搜索”按钮，进入一般检索方式界面。

图 3-10 以检索词 graphene（石墨烯）为例进行检索。在数据库主界面，可以选择 Content Type（内容类型，如 Article、Chapter、Conference Paper 等）、Discipline（学科，如 Chemistry、Physics、Material Science 等）、Subdiscipline（二级学科，如 Nanotechnology、Physical Chemistry、Inorganic Chemistry 等）和 Language（语言，如 Engilish、German、French 等），对数据库资源进行限定，缩小检索范围。

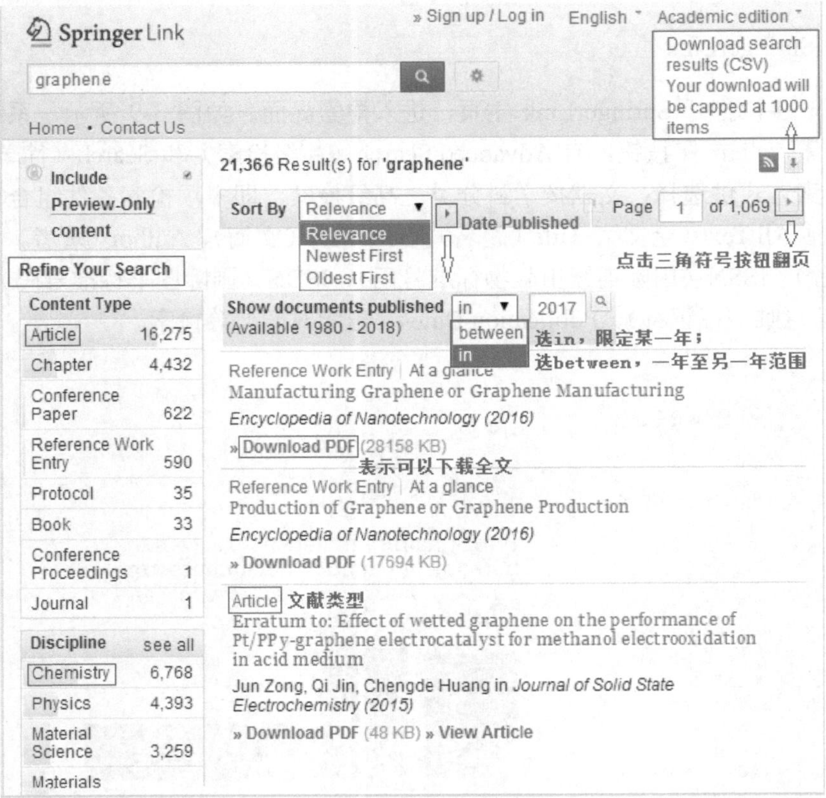

图 3-10　SpringerLink 检索结果界面

将检索结果按照 Relevance（相关度）、Newest Fist（倒序法）、Oldest First（正序法）或 Date Published（出版时间）排列。

在显示文章信息页面，已获授权的用户可以下载全部文章全文，未获授权的用户只能下载一小部分开源论文全文。

3. Pubmed 数据库

Pubmed 是美国国家医学图书馆（The United States National Library of Medicine，NLM）下属的国家生物技术信息中心（National Center for Biotechnology Information，NCBI）开发的、基于 Internet 的查询系统，提供免费的 Medline、Premedline 与其他相关数据库接入服务。内容包含与提供期刊全文的出版商网址的链接，以及来自第三方的生物学数据、序列中心的数据等，提供与综合分子生物学数据库的链接和接入服务，免费使用。其链接地址为 https：//www.ncbi.nlm.nih.gov/pubmed。

3.3 专 利 检 索

3.3.1 专利管理机构检索平台

（1）中华人民共和国国家知识产权局：中华人民共和国国家知识产权局官网（http: //www.sipo.gov.cn）设置专利检索板块，链接地址为 http: //www.pss-system.gov.cn。其收录了涵盖中国、美国、日本、英国、法国、德国、俄罗斯、欧洲专利局和世界知识产权组织等 103 个国家、地区和组织的专利数据，以及引文、同族、法律状态等数据信息。可以通过申请号、申请日、公开号、公开日、专利名称、摘要、分类号、申请人、发明人、优先权等检索项进行检索，下载专利说明书全文。

（2）中华人民共和国国家知识产权局专利检索咨询中心，链接地址为 http: //www.patent.com.cn。

（3）欧洲专利局：链接地址为 http: //www.epo.org。

（4）美国专利及商标局：链接地址为 http: //www.uspto.gov。

（5）德国专利商标局：链接地址为 http: //www.dpma.de。

（6）日本专利商标局：链接地址为 http: //www.jpo.go.jp。

3.3.2 中国知网

中国知网检索平台提供国内外专利检索服务，由《中国学术期刊（光盘版）》电子杂志社有限公司出版，包含《中国专利全文数据库（知网版）》和《海外专利摘要数据库（知网版）》，收录 1985 年至今的中国专利和 1970 年至今的国外专利。

3.3.3 万方数据知识服务平台

万方数据知识服务平台提供国内外专利检索服务，收录 1985 年至今、内容涵盖自然科学各个学科领域的中外 11 个国家、2 个国际组织的专利。

3.4 标 准 检 索

1. 国家标准文献共享服务平台

国家标准文献共享服务平台（http: //www.cssn.net.cn）原为中国标准服务

网，是国家标准馆的门户网站，是我国迄今最全的标准文献信息库，包括齐全的中国国家标准和 66 个行业标准，60 多个国家、70 多个国际和区域性标准化组织、450 多个专业协会和学会的成套标准，160 多种国内外标准化期刊及标准化专著。

国家标准馆是我国历史最久、资源最全、服务最广、影响最大的权威性标准文献服务机构，隶属中国标准化研究院，是国家标准化管理委员会的基础信息支撑机构，是国家标准文献中心。表 3-1 列出了国内部分标准资源检索平台。

表 3-1　国内部分标准资源检索平台

序号	国内检索资源	链接网址	说明
1	国家标准文献共享服务平台	http: //www.cssn.net.cn	免费检索，获取全文收费
2	中国标准化研究院	http: //www.cnis.gov.cn	免费检索，获取全文收费
3	中国标准信息网	http: //www.chinaios.com	部分免费下载
4	中国标准化协会	http: //www.china-cas.org	免费检索，获取全文收费
5	ASTM 标准中国复制中心	http: //www.chinaios.com/BZ-jiansuo/index.html	免费查阅标准号和中英文名称，获取全文收费

2. IHS 国际标准数据库

美国 Information Handling Services（简称 IHS）公司的国际标准数据库链接地址为 http: //www.ihs.com，收集了世界上 100 多个标准化组织的标准全文，如美国国家标准学会（American National Standards Institute，ANSI）、美国材料与试验协会（American Society for Testing and Materials，ASTM）、美国机械工程师协会（American Society of Mechanical Engineers，ASME）、美国电气和电子工程师协会（Institute of Electrical and Electronics Engineers，IEEE）、国际电工委员会（International Electrotechnical Commission，IEC）、美国保险商实验室（Underwriters Laboratories，UL）、美国石油学会（American Petroleum Institute，API）、国际标准化组织（International Organization for Standardization，ISO）等。

3. Perinorm 标准数据库

Perinorm 标准数据库是由德国标准化协会（DIN）、法国标准化协会（AFNOR）、英国标准协会（BSI）三大标准化组织共同推出的标准信息数据库，收集了 24 个国家约 150 万条标准信息，链接地址为 http: //www.perinorm.com。表 3-2 摘选了部分世界各国标准化协会。

表 3-2 世界各国标准化协会目录（摘选）

国家	国别代码	标准化组织	英文名称
中国	GB	中国标准化协会（CAS）	China Association for Standardization
美国	US	美国国家标准协会（ANSI）	American National Standards Institute
德国	DE	德国标准化协会（DIN）	Deutsches Institut für Normung
英国	GB	英国标准协会（BSI）	British Standards Institution
法国	FR	法国标准化协会（AFNOR）	Association française de normalisation
日本	JP	日本规格协会（JSA）	Japanese Standards Association
奥地利	AT	奥地利标准协会（ASI）	Austrian Standards Institute
比利时	BE	比利时标准化协会（IBN）	Institut Belge de Normalisation
加拿大	CA	加拿大标准协会（CSA）	Canadian Standards Association
瑞士	CH	瑞士标准化协会（SNV）	Schweizerische Normenvereiningung，Switzerland
西班牙	ES	西班牙标准化与认证协会（AENOR）	Asociación Española de Normalizacióny Certificación
意大利	IT	意大利标准化协会（UNI）	Unifica zione Italian no
荷兰	NL	荷兰标准化协会（NNI）	Nederlands Normalisatie-Instituut
瑞典	SE	瑞典标准化委员会（SIS）	Swedish Standards Institute

4. 德国工程师协会标准数据库

德国工程师协会（Verein Deutscher Ingenieure，VDI）成立于 1856 年，是欧洲最大的工程师协会，是世界工程组织联合会（World Federation of Engineering Organizations，WFEO）的正式成员，主要从事技术的发展、监督、标准化、工作研究、权利保护和专利等工作，链接地址为 http: //www.vdi.de，其标准文献光盘收藏了 1700 余条的现行标准信息及其部分标准全文。

练 习 题

（1）利用搜索引擎和单位订购的数据库进行论文检索练习，熟悉期刊论文、学位论文、会议论文的内容结构与文献题录特点。

（2）利用 EndNote 检索工具以指定的检索词（如二氧化钛的分子式为 TiO_2）在线检索过去三年的外文文献，提交文献条数情况及重要期刊与课题组的篇数情况。

（3）搜集本学科国内国际影响力较高的期刊名称、所属数据库、当前影响因子。

（4）进入国家知识产权局和国外专利机构进行专利检索练习。

（5）进入国内外标准检索平台进行标准检索练习。

（6）搜集本学科开源期刊、数据库的名称，总结获取期刊论文全文的途径和方法及学术研究中重要信息资源的获取方法。

第 4 章　论文写作规范

训练学生的创造性思维、解决问题能力、项目设计能力和写作能力是一个系统工程。学术论文的规范（specification）、新意（novelty）、意义（significance）和原创性（originality）等是现行学术体系考量的重要指标，而文稿的规范问题是我们撰写论文所共同遵守的，能够经过较短时间的训练来掌握。对本科生而言，在校期间要经历科研活动和毕业论文写作，因此，掌握论文写作的基本规范是必要的。

期刊论文的结构与其类型有关，还与各期刊制定的规则有关。对于中文学术期刊，期刊编辑部一般依据国家标准《出版物上数字用法》（GB/T 15835—2011）、《标点符号用法》（GB/T 15834—2011）、《信息与文献　参考文献著录规则》（GB/T 7714—2015）和《中国学术期刊（光盘版）检索与评价数据规范（试行）》，制定自己的 Word 文稿模板与要求。

实验研究类学术论文的结构主要包括标题、正文和参考文献三部分，中文期刊论文还包括英文信息部分。其中，标题部分包括题目（title of article）、作者姓名（names of authors）、作者联系方式（affiliation information，由单位、所属部门、城市和邮编组成）、通讯作者联系方式（corresponding author information）、摘要（abstract）、关键词（keywords 或 key words）、中图分类号（仅针对中文期刊论文），正文部分包含前言（introduction）、实验部分（experimental details）、结果与讨论（results and discussion）、结论（conclusion），在参考文献（references）之前往往还有致谢（acknowledgements）。另外，有一些英文期刊论文投稿时在文后还需要附上图例（figure legends，即插图说明）和表题（tables）；当正文字数过多时，一般把部分的数据和结论放在支撑信息（supporting information，SI）中。

综述类论文是通过对已发表、出版的文献组织、综合和评价，以及对当前研究进展的考察来澄清问题。以材料化学类综述为例，其结构主要包括题目、作者姓名、作者联系方式、通讯作者联系方式、摘要、关键词、中图分类号（仅针对中文期刊论文）、前言、材料与方法（materials and methods）、性能（properties）、应用（applications）、总结（summary）、展望（perspective）、参考文献等组成。在参考文献之前往往还有致谢。

由于本科生、硕士研究生和博士研究生的学位论文结构比较复杂，除了上述数字、符号、参考文献著录规则等标准外，我国专门制定了国家标准《学位论文编写规则》(GB/T 7713.1—2006)。学位论文格式包括封面(论文题目、学科专业、作者、指导老师、学位授予单位、论文提交日期、中图分类号、学校代码、密级、学号等信息)、使用声明和版权声明、摘要(中文、英文)、目录、主要符号对照表、图和附表清单、正文、参考文献、附录、致谢;硕士、博士研究生的学位论文后面还需附上在读期间发表的论文及待发表论文的目录、作者简历等。其中,封面、原创性声明和版权声明、摘要(中文、英文)、目录、主要符号对照表、图和附表清单可以统称为前置部分。

本章以中文期刊论文的横排文稿为例展开说明,对于竖排的有关规定(包括符号)请参阅其他书籍的相关内容。

4.1 标题部分

中文期刊论文的标题部分包括标题、作者姓名、一二级单位、省市、邮编、摘要、关键词、中图分类号、文献标识码、文章编号、收稿日期、作者简介和基金项目等信息。

(1)文章标题要求简明、具体、确切,能概括文章的要旨。主标题一般不超过 20 个汉字,必要时可加副标题;不能中英文混杂;句末无标点,句中无逗号(逗号应替换成空格),其他标点(如顿号、冒号、破折号及书名号和冒号等)酌情处理。

(2)作者姓名放在标题的下方,居中排版;多位作者的姓名之间以逗号隔开;不同工作单位的作者,应在姓名右上角标注不同的字符(用英文半角格式标识)或阿拉伯数字序号,并在其工作单位名称之前添加与作者姓名标注相同的字符或数字。

(3)作者工作单位直接排版在作者姓名之下,用圆括号括起。作者工作单位为全称,不得使用简写形式,各级单位中间空一个字的距离;一般中小学、地方电教馆和企业等单位选到一级单位即可,高校作者一般要选到二级;作者工作单位还包括所在省(自治区、直辖市)、市名和邮政编码;工作单位与省(自治区、直辖市)、市之间应以逗号分隔;多个工作单位以分号隔开。

(4)摘要是对论文研究内容和成果的高度概括,应体现目的、方法、结果、结论四大要素,即遵循客观性、准确性、简练性、规范性原则。对论文所研究的问题及其研究目的进行描述,对研究方法和过程进行简单介绍,对研究成果和所得结论进行概括。摘要不是简单的概述,力求简明、精确,一般 200～300 字(会议论文与此类似,而学位论文一般 300～600 字或更高),内容应包含与论文全文同等量的主要信息,即使不阅读全文,通过摘要就能了解论文的总体内容和主要成果。

摘要前加“摘要:”，加粗，作为标识。

(5) 关键词是用来文献标引、标识全文的主要内容信息，一般 3～5 个，之间以分号相隔，结束时无标点。关键词前加“关键词:”作为标识，加粗，形式如下。

关键词: 关键词 1；关键词 2；关键词 3；关键词 4；关键词 5

(6)《中国图书馆分类法》(Chinese Library Classification，CLC)，原称为《中国图书馆图书分类法》，简称为《中图法》，分别于 1975 年、1980 年、1990 年、1999 年、2010 年出版第 1～5 版，它是目前我国图书馆使用最广泛的分类法体系。《中国图书馆分类法》(第 5 版) 由 5 个基本部类和 22 个基本大类组成，具体见表 4-1。进入官方网站 http: //www.clcindex.com 或 http: //www.ztflh.com 可以查询详细的分类情况。

表 4-1　《中国图书馆分类法》(第 5 版) 简表

基本部类	基本大类	二级分类号与名称
马克思主义、列宁主义、毛泽东思想、邓小平理论	A 马克思主义、列宁主义、毛泽东思想、邓小平理论	A1 马克思、恩格斯著作 A2 列宁著作 A3 斯大林著作 A4 毛泽东著作 A49 邓小平著作 A5 马克思、恩格斯、列宁、斯大林、毛泽东、邓小平著作汇编 A7 马克思、恩格斯、列宁、斯大林、毛泽东、邓小平生平和传记 A8 马克思主义、列宁主义、毛泽东思想、邓小平理论的学习和研究
哲学	B 哲学、宗教	B-4 哲学教育与普及 B0 哲学理论 B1 世界哲学 B2 中国哲学 B3 亚洲哲学 B4 非洲哲学 B5 欧洲哲学 B6 大洋洲哲学 B7 美洲哲学 B80 思维哲学 B81 逻辑学 (论理学) B82 伦理学 (道德哲学) B83 美学 B84 心理学 B9 宗教
社会科学	C 社会科学总论	C0 社会科学理论与方法论 C1 社会科学现状与发展 C2 社会科学机构、团体、会议 C3 社会科学研究方法 C4 社会科学教育与普及 C5 社会科学丛书、文集、连续性出版物

续表

基本部类	基本大类	二级分类号与名称
社会科学	C 社会科学总论	C6 社会科学参考工具书 [C7]社会科学文献检索工具书 C8 统计学 C91 社会学 C92 人口学 C93 管理学 [C94]系统科学 C95 民族学 C96 人才学 C97 劳动科学
	D 政治、法律	D0 政治理论 D1 国际共产主义运动 D2 中国共产党 D33/37 各国共产党 D4 工人、农民、青年、妇女运动与组织 D5 世界政治 D6 中国政治 D73/77 各国政治 D8 外交、国际关系 D9 法律 DF 法律
	E 军事	E0 军事理论 E1 世界军事 E2 中国军事 E3/7 各国军事 E8 战略学、战役学、战术学 E9 军事技术 E99 军事地形学、军事地理学
	F 经济	F0 经济学 F1 世界各国经济概况、经济史、经济地理 F2 经济计划与管理 F3 农业经济 F4 工业经济 F49 信息产业经济（总论） F5 交通运输经济 F59 邮电经济 F7 贸易经济 F8 财政、金融
	G 文化、科学、教育、体育	G0 文化理论 G1 世界各国文化与文化事业 G2 信息与知识传播 G3 科学、科学研究 G4 教育 G8 体育

续表

基本部类	基本大类	二级分类号与名称
社会科学	H 语言、文字	H0 语言学 H1 汉语 H2 中国少数民族语言 H3 常用外国语 H4 汉藏语系 H5 阿尔泰语系（突厥-蒙古-通古斯语系） H61 南亚语系（澳斯特罗-亚西亚语系） H62 南印语系（达罗毗荼语系） H63 南岛语系（马来亚-玻里尼西亚语系） H64 东北亚诸语言 H65 高加索语系（伊比利亚-高加索语系） H66 乌拉尔语系（芬兰-乌戈尔语系） H67 闪-含语系（阿非罗-亚西亚语系） H7 印欧语系 H81 非洲诸语言 H83 美洲诸语言 H84 大洋洲诸语言 H9 国际辅助语
	I 文学	I0 文学理论 I1 世界文学 I2 中国文学 I3/7 各国文学
	J 艺术	J0 艺术理论 J1 世界各国艺术概况 J2 绘画 J29 书法、篆刻 J3 雕塑 J4 摄影艺术 J5 工艺美术 [J59]建筑艺术 J6 音乐 J7 舞蹈 J8 戏剧艺术 J9 电影、电视艺术
	K 历史、地理	K0 史学理论 K1 世界史 K2 中国史 K3 亚洲史 K4 非洲史 K5 欧洲史 K6 大洋洲史 K7 美洲史 K81 传记 K85 文物考古 K89 风俗习惯 K9 地理

续表

基本部类	基本大类	二级分类号与名称
自然科学	N 自然科学总论	N0 自然科学理论与方法论 N1 自然科学现状与发展 N2 自然科学机构、团体、会议 N3 自然科学研究方法 N4 自然科学教育与普及 N5 自然科学丛书、文集、连续性出版物 N6 自然科学参考工具书 [N7]自然科学文献检索工具 N8 自然科学调查、考察 N91 自然研究、自然历史 N93 非线性科学 N94 系统科学 [N99]情报学、情报工作
	O 数理科学和化学	O1 数学 O3 力学 O4 物理学 O6 化学 O7 晶体学
	P 天文学、地球科学	P1 天文学 P2 测绘学 P3 地球物理学 P4 大气科学（气象学） P5 地质学 P7 海洋学 P9 自然地理学
	Q 生物科学	Q-0 生物科学的理论与方法 Q-1 生物科学现状与发展 Q-3 生物科学的研究方法与技术 Q-4 生物科学教育与普及 Q-9 生物资源调查 Q1 普通生物学 Q2 细胞生物学 Q3 遗传学 Q4 生理学 Q5 生物化学 Q6 生物物理学 Q7 分子生物学 Q81 生物工程学（生物技术） [Q89]环境生物学 Q91 古生物学 Q93 微生物学 Q94 植物学 Q95 动物学 Q96 昆虫学 Q98 人类学

续表

基本部类	基本大类	二级分类号与名称
自然科学	R 医药、卫生	R-0 一般理论 R-1 现状与发展 R-3 医学研究方法 R1 预防医学、卫生学 R2 中国医学 R3 基础医学 R4 临床医学 R5 内科学 R6 外科学 R71 妇产科学 R72 儿科学 R73 肿瘤学 R74 神经病学与精神病学 R75 皮肤病学与性病学 R76 耳鼻咽喉科学 R77 眼科学 R78 口腔科学 R79 外国民族医学 R8 特种医学 R9 药学
	S 农业科学	S-0 一般性理论 S-1 农业科学技术现状与发展 S-3 农业科学研究、试验 [S-9]农业经济 S1 农业基础科学 S2 农业工程 S3 农学（农艺学） S4 植物保护 S5 农作物 S6 园艺 S7 林业 S8 畜牧、动物医学、狩猎、蚕、蜂 S9 水产、渔业
	T 工业技术	T-0 工业技术理论 T-1 工业技术现状与发展 T-2 机构、团体、会议 T-6 参考工具书 [T-9]工业经济 TB 一般工业技术 TD 矿业工程 TE 石油、天然气工业 TF 冶金工业 TG 金属学与金属工艺 TH 机械、仪表工业 TJ 武器工业 TK 能源与动力工程 TL 原子能技术 TM 电工技术 TN 无线电电子学、电信技术 TP 自动化技术、计算机技术 TQ 化学工业 TS 轻工业、手工业 TU 建筑科学 TV 水利工程

续表

基本部类	基本大类	二级分类号与名称
自然科学	U 交通运输	[U-9]交通运输经济 U1 综合运输 U2 铁路运输 U4 公路运输 U6 水路运输 [U8]航空运输
	V 航空、航天	V1 航空、航天技术的研究与探索 V2 航空 V4 航天（宇宙航行） [V7]航空、航天医学
	X 环境科学、安全科学	X-0 环境科学理论 X-1 环境科学技术现状与发展 X-4 环境保护宣传教育及普及 X-6 环境保护参考工具书 X1 环境科学基础理论 X2 社会与环境 X3 环境保护管理 X4 灾害及其防治 X5 环境污染及其防治 X7 废物处理与综合利用 X8 环境质量评价与环境监测 X9 安全科学
综合性图书	Z 综合性图书	Z1 丛书 Z2 百科全书、类书 Z3 辞典 Z4 论文集、全集、选集、杂著 Z5 年鉴、年刊 Z6 期刊、连续性出版物 Z8 图书目录、文摘、索引

文稿应按照《中国图书馆分类法》来标识中图分类号，中图分类号前以“中图分类号：”加粗作为标识。一般一篇文章标识 1 个分类号，多个主题的文章可标识 2 个或 3 个分类号；主分类号排在第一位，多个分类号之间以分号分隔，结束时无标点。

（7）文献标识码位于中图分类号后，共设置 5 种。其中，理论与应用研究学术论文（包括综述报告）以字母 A 标识；实用性技术成果报告（科技类）、理论学习与社会实践总结（社科类）以字母 B 标识；业务指导与技术管理性文章（包括领导讲话、特约评论等）以字母 C 标识；一般动态性信息（包括通讯、报道、会议活动、专访等）以字母 D 标识；文件、资料（包括历史资料、统计资料、机构、人物、书刊、知识介绍等）以字母 E 标识。

不属于上述各类的文章及摘要、简讯、广告、启事等不加文献标识码。

（8）文章编号由期刊编辑部填写。

（9）作者简介包括作者姓名、出生年、性别、籍贯、一二级单位、职称、职务、学位、主要研究方向等。

（10）基金项目包括项目批准（或立项）部门、项目类型（级别）、项目名称、项目编号等。

4.2 正文部分

（1）标题的层次：根据需要可以将内容划分为不同的章节。对于标题的层次，不同的期刊略有不同，一般均不建议采用四级及以下标题，具体见表4-2；编号为阿拉伯数字时，与题目之间空1格；标题中括号的格式均用中文格式；期刊和会议论文的章、节编号全部顶格写，而习惯于将学位论文的一级标题和编号居中、其他章节的标题和编号顶格；一级标题末尾不加标点，后面没有接排的文字。

表4-2 标题的层次设计

方案	正文	一级标题	二级标题	三级标题	其他
1	宋体	黑体；序号用“一、”“二、”“三、”“四、”等标识	楷体；序号用“(一)”“(二)”“(三)”“(四)”等标识，正文另起一行	宋体；序号用“1.”“2.”“3.”等标识，可与正文连排，也可单独成行（学位论文要求另起一行）	四级标题用“(1)”“(2)”等标识，五级标题可用“a.”“b.”等标识，六级标题用“(a)”“(b)”等标识；允许跳级，但一篇文章要统一
2	宋体	序号用“1”“2”等标识	序号用“1.1”“2.1”等标识	序号用“1.1.1”“2.1.1”等标识	不允许跳级

（2）表格：表格应采用国际通行的三线表，表格的编号（称为表序）和表格的题目（称为表题）居中置于表格上方，表序和表题之间空1格，推荐5号宋体，加粗；表中的内容为单倍行间距，推荐5号宋体；资料来源标注置于表格下方，推荐小5号宋体；需要转页接排时，续接表的表题后应添加“（续）”标识，虽然表题可省略，但是表序、“（续）”和表头（即表中的第一行内容）均不可省略。

（3）图：图的编号（称为图序）和图的名称（称为图题）居中置于图下方，图序和图题之间空1格，推荐5号宋体，加粗。

（4）注释：注释是对论著正文中某一特定内容的进一步解释或补充说明。与参考文献类似，正文内用数字加圆圈标注（如①、②…），并上标在被注释部分最后一个标点符号前，文后按顺序将①、②、③…依次排列，推荐小5号宋体。相关内容请参看最新的国家标准 GB/T 7714—2015《信息与文献 参考文献著录规则》。

（5）公式：公式另行排版；不止一个公式时应以“（x）”（x 为阿拉伯数字编号）的形式区分，置于公式的右端且右顶格；对于学位论文，公式较多时可以分章编号；使用分数时，尽量将分数线改为“/”的形式排版，将其高度降至为一行。

（6）引文标注：分为顺序编码制和著者-出版年制，但全文必须统一。对正文内的文献引用位置标注而言，顺序编码制是按照正文中引用文献出现的先后顺序连续编码，序号置于方括号中；著者-出版年制是将著者姓氏与出版年置于小括号中。著者-出版年制不常用，一般科研人员在撰写国家自然科学基金项目等省级及以上项目申请书时引用文献多采用这种方式。

顺序编码制和著者-出版年制不仅从形式上看其引用位置标注符号和内容不同，而且题录格式存在差异，具体情况见 2.6 节。

4.3　参 考 文 献

Desktop 版的 EndNote 可以内嵌至 Word 中，实现边写边引用文献，非常方便。当 EndNote 在 Word 工具栏中不显示怎么办？不需要重装 EndNote 和 Word 软件，以 EndNote X7 和 Word 2013 为例，解决办法如下。

（1）运行 EndNote X7 的 Configure EndNote.EXE 文件（默认安装路径如 C: \Program Files（x86）\EndNote X7）。目的是将 EndNote X7 的 EndNote Cwyw.dotm 和 EndNote Web Cwyw.dotm 文件导入 Word 模板中。

（2）打开 Word 2013，点击“文件”菜单的“选项”。

（3）双击“加载项”，选择“COM 加载项”（图 4-1）。

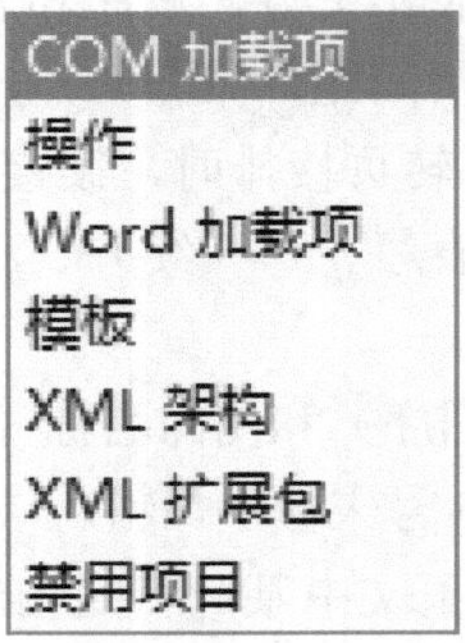

图 4-1　Word 的 COM 加载项

（4）单击“转到”命令，勾选“Cite While You Write”选项，确定。Word 菜单栏中即可显示 Endnote X7 菜单，如图 4-2 所示。

图 4-2　Word 菜单栏中的 Endnote X7 菜单

4.3.1　题录导入

著录格式规范的具体要求见 2.6 节。对于题录部分，主要有以下四种途径和方法：①在 Word 中直接输入题录信息；②通过百度学术、谷歌学术、数据库导出、复制、粘贴题录信息至 Word 中；③先通过百度学术、谷歌学术、数据库导出题录文档（*.enw），然后将此文档导入 EndNote 中，再通过 EndNote 将题录导入 Word 中：打开 EndNote 软件，依次点击 File、Import、File，然后点击 Choose，找到该题录文档（扩展名为.enw），点击 Import Options 选择 EndNote Import，Duplicates 选择 Import All，Text Translation 依次选择 No Translation、Import（图 4-3）；④在 EndNote 中手工输入文献有关信息，保存后将题录导入 Word 中。可以通过以下几种方式获取题录文档，然后打开 End Note 软件将题录导入到 Word 文档中。

1. 从百度学术导出题录文档

在百度学术搜索结果界面，依次点击“引用”“导入链接”，选择 EndNote 并点击保存题录文档（默认为 xueshu.enw）。

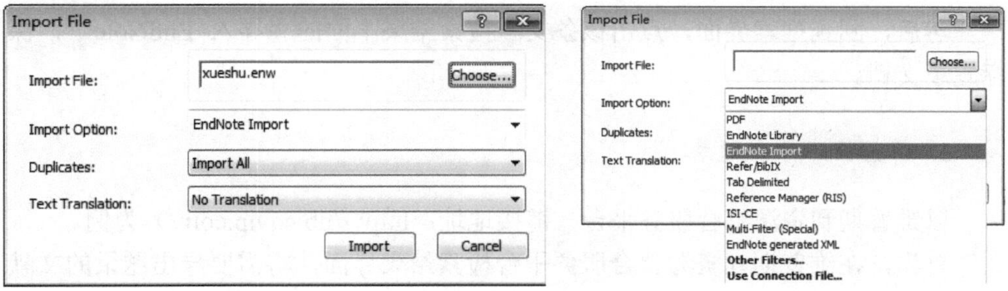

图 4-3　EndNote 导入题录文档界面

2. 从谷歌学术导出题录文档

首先，在 Google 学术搜索界面（图 4-4），点击“设置”功能：

图 4-4　Google 学术搜索界面

或在检索结果界面，点开“我的著作引用情况”右侧的三角符号，选择“设置”（图 4-5）。

接着，在弹出的界面中，“参考书目管理软件”选择“显示导入”项，从其下拉菜单中选择 EndNote 项（图 4-6）。

图 4-5　Google 学术搜索结果界面中的“我的著作引用情况”选项

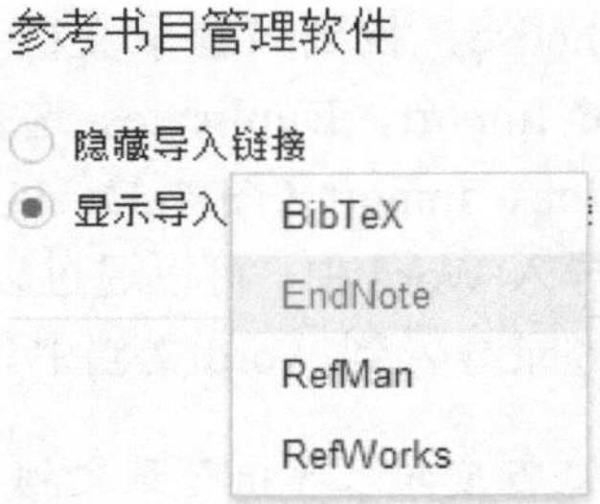

图 4-6　Google 学术题录导出格式设置界面

然后，回到搜索界面，点击该条文献搜索结果下面的“导入 EndNote”，保存题录文档。

3. 从数据库导出题录

以维普期刊资源整合服务平台（链接地址：http: //lib.cqvip.com/）为例。

首先，在维普期刊资源整合服务平台检索结果界面，将需要导出题录的文献条目左侧方框勾选，然后在上部区域点击“导出”，选择 EndNote 格式，保存选中的题录文档。

以 Pubmed 数据库（链接地址为 www.ncbi.nlm.nih.gov/pubmed）为例。

首先，输入检索词，单击 Search 确定（图 4-7）。

图 4-7　Pubmed 数据库检索词输入栏

然后，在搜索结果界面，勾选需要导出的文献，点开界面上方（图 4-8）或下方（图 4-9）的 Send to 命令，在弹出的选项中选择 Citation manager，点击 Create File（图 4-10），保存选中的题录文档（浏览器下载时默认保存在“我的文档”中的 downloads 文件夹里）。

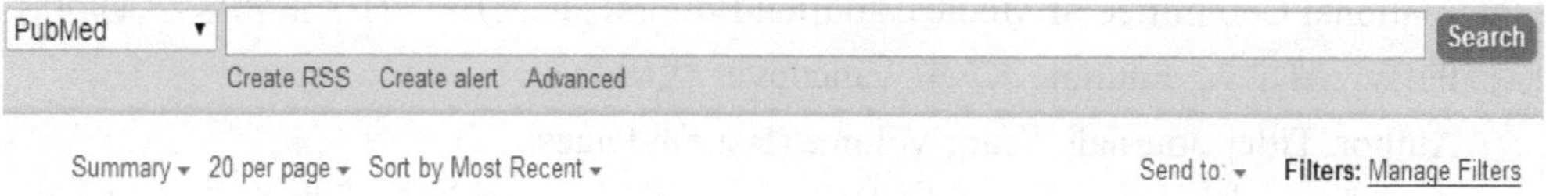

图 4-8　Pubmed 数据库检索界面上方 Send to 选项

图 4-9　Pubmed 数据库检索界面下方 Send to 选项

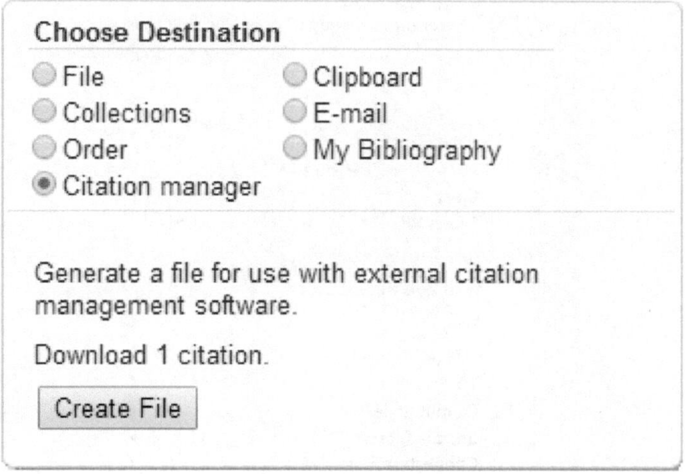

图 4-10　Pubmed 数据库检索界面 Send to 命令

下载完毕后，双击生成的小图标，即可导入 EndNote 图书馆中。

4. 手工输入题录

撰写论文时，若使用 EndNote 导入和管理参考文献，也可以点击 References 菜单的 New Reference 命令（或点击快速工具栏的新建按钮），然后在 EndNote 中手工录入中、英文文献的题录相关信息。

4.3.2 著录格式修改

生物医学期刊的温哥华格式（Vancouver style）源自国际医学期刊编辑委员会（International Committee of Medical Journal Editors，ICMJE）的《生物医学期刊对原稿的统一要求》。Endnote X7 中 Vancouver 代码为

Author. Title|. Journal|. Year|; Volume|(Issue)|: Pages|.

如前所述，期刊论文采用顺序编码制，一般题录的标准格式为“作者、标题、期刊、年、卷、期、页”的顺序，需要将 Vancouver 代码更改为

Author. Title|[J]. Journal|. Year|, Volume|(Issue)|: Pages|.

更改操作过程如下。

（1）点击 Edit 菜单的 Output Styles 命令（图 4-11），选择 Open Style Manager。

（2）弹出 Endnote Styles 对话框，勾选某一期刊，此例为 Vancouver，然后点击 Edit 按钮，打开 Style 编辑窗口，如图 4-12 所示。

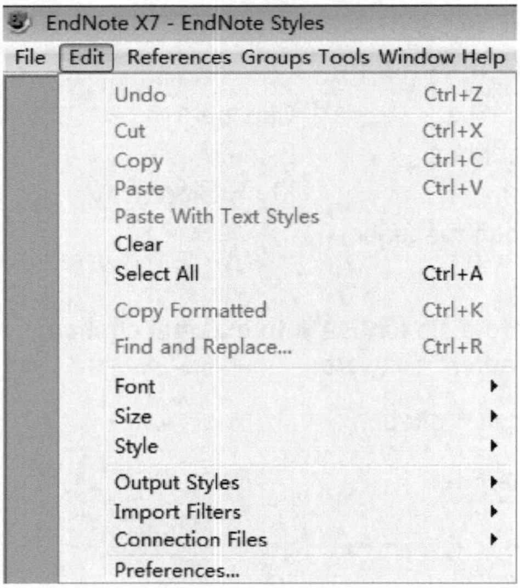

图 4-11 EndNote 格式编辑命令调出界面

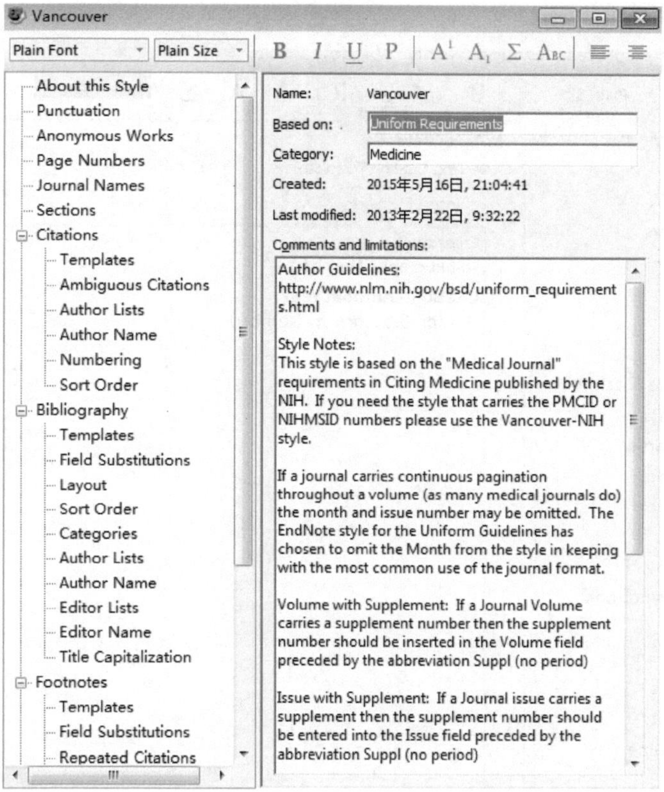

图 4-12　EndNote 的 Style 编辑窗口

（3）点击 Citations 选项的 Templates 项，在右侧的编辑窗口中将 Citation 代码“（Bibliography·Number）”修改为“[Bibliography·Number]”，并点击工具栏中的 A¹ 按钮将代码变为上标格式，如图 4-13 所示。

（4）点击 Bibliography 选项的 Templates 项，在右侧的编辑窗口中 Journal Article 项的代码“Author. Title|. Journal|. Year|; Volume|（Issue）|: Pages|.”修改为“Author. Title|[J]. Journal|. Year|, Volume|（Issue）|: Pages|.”。

（5）点击 Bibliography 选项的 Layout 项，在右侧的编辑窗口将 Start each reference with：中的“Bibliography·Number.”修改为“[Bibliography·Number]·”。注意居中的这个小点为空格占位符，表示此处有一个空格。

（6）依次点击 File 菜单的 Save as 命令，弹出文件保存对话框，文件名可自行修改，后缀名为“*.ens”，点击 Save 进行保存，默认保存在 EndNote\Styles 文件中。

注意：以上编辑操作只能在程序窗口内、英文输入法状态下手动输入，不可复制粘贴；其他代码字符不能修改。

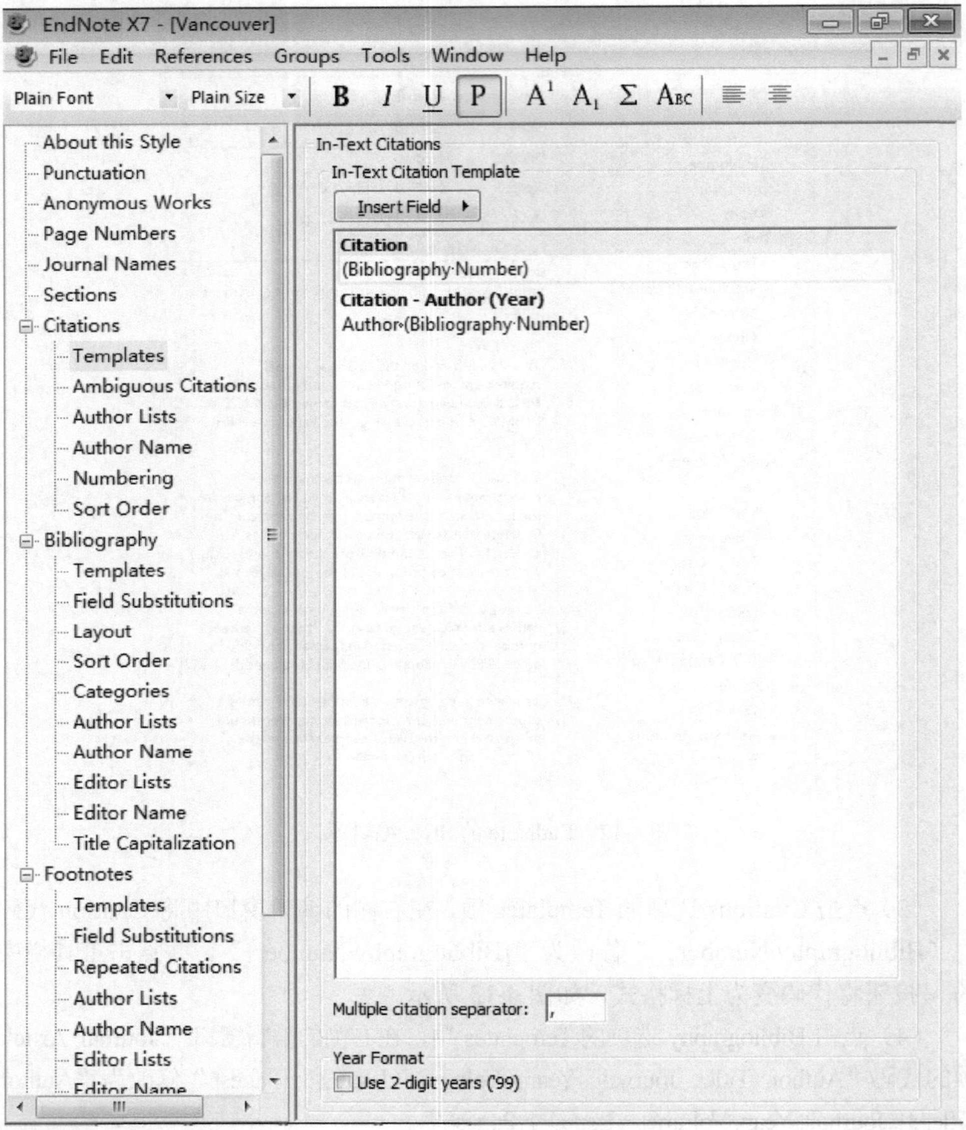

图 4-13　EndNote 的 Vancouver 代码编辑界面

新格式的使用：点击 EndNote 主界面位于右侧空白栏中的 Bibliographic Output Style 按钮三角图标，选择编辑好的格式为默认预览输出格式。若该格式未直接出现在此处，点击 Select Another Style 选项，找到该格式文件名点击 Choose 即可，如图 4-14 所示。

图 4-14　EndNote 格式编辑命令调出界面

4.4　英 文 信 息

中文期刊论文的英文信息包括作者信息、摘要和关键词，是对相应中文内容的英文翻译，字体为 Times New Roman。注意：作者英文名格式有多种，尚未统一，但姓氏和名的首字母均必须大写，多位作者之间用逗号隔开，且作者序号上标；关键词之间用半角分号隔开；除专有名词、人名、地名等词汇之外，关键词一律小写。

4.5　文字编辑与排版

4.5.1　编辑与排版技巧

Word 编辑界面如图 4-15 所示。

如何高效地对 Word 文档内容进行编辑与排版，这是试卷、教案、学位论文、项目书、报告等撰写过程中面临的棘手问题。熟方能生巧，但绝不是要求掌握 Word 的所有功能；掌握一定的方法和要领，往往能起到事半功倍的效果。总的来说，在进行内容编辑与排版时一般坚持以下几个原则。

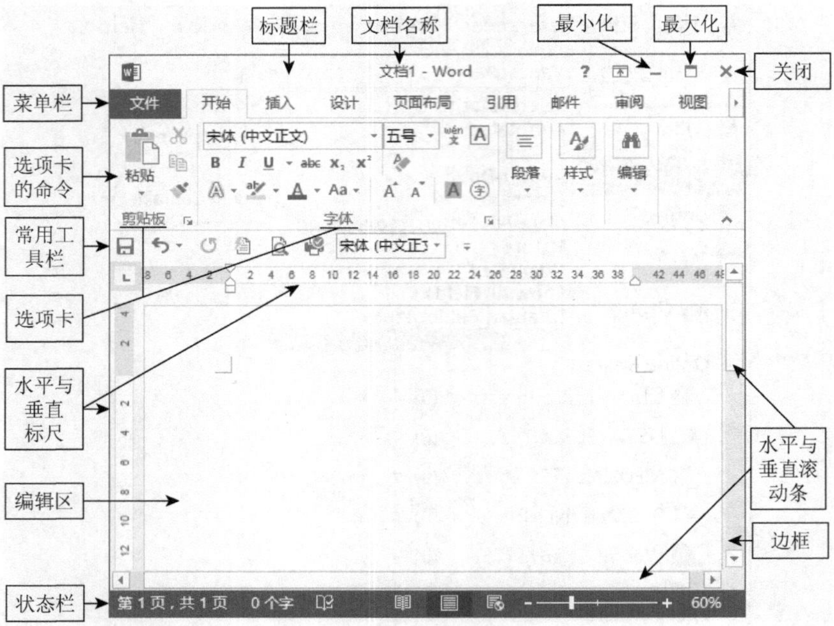

图 4-15　Word 编辑界面

（1）注意无格式方式粘贴的运用。从网络、PDF 文档等复制文字内容到 Word 文档中时，直接无格式方式粘贴，或者先将内容（含格式）复制过来后再剪切、无格式方式粘贴，防止不需要的字体、底色、空格、行间距等格式也一起被复制过来，导致因修改而浪费大量的时间。

（2）按照主体主导的原则，即先整体再局部、先一般后特殊的循序设置排版格式。首先，按照中文字体（如宋体）、外文字体（如 Times New Roman）的顺序整体设置字体、大小、颜色、行间距、两端对齐；然后，局部调整，如标题、图表（居中、5 号字、表内单倍行间距）、题录（段落设置为“悬挂缩进”方式）、全角与半角符号（如双引号）。

（3）文档含有多级标题（如学位论文）时，应在导航窗口下编辑、排版（图 4-16），充分发挥快速定位、查找、替换、格式刷等功能。

图 4-16　Word 导航编辑界面

导航窗口的调出：点击“视图”菜单的“显示”命令，勾选“导航窗格”选项即可，或者点击编辑界面左下角“第×××页，共×××页”区域。

对于查找功能，在左侧标题栏中会显示查找内容所在的章节（被涂以黄色），右侧编辑区域显示查找内容具体的分布位置（查找内容被涂以黄色）。如果逐个查看，可以点击左侧导航下面的向上、向下三角符号。

替换功能可以一次性或逐步地替换，采取一次性全部替换时应慎重，可能会把不需要替换的替换为错误的，应灵活地处理，例如，把学位论文中的半角逗号替换为全角逗号时，可将题录部分移到新建的 Word 文档中，全部替换后再复制回来。

通过查找页码命令可以快速跳到指定的页面：点击“开始”菜单的查找设置命令按钮（“查找”按钮右侧的三角符号），选择“转到”，在弹开的“查找和替换”对话框点击“定位”按钮，在“定位目标”栏下选择“页”，在“输入页号”栏中输入页码，单击“定位”按钮，即可转到指定的页面。若想更换页面，修改“输入页号”栏中的页码即可重新定位，直至满意为止，过程如图 4-17 所示。

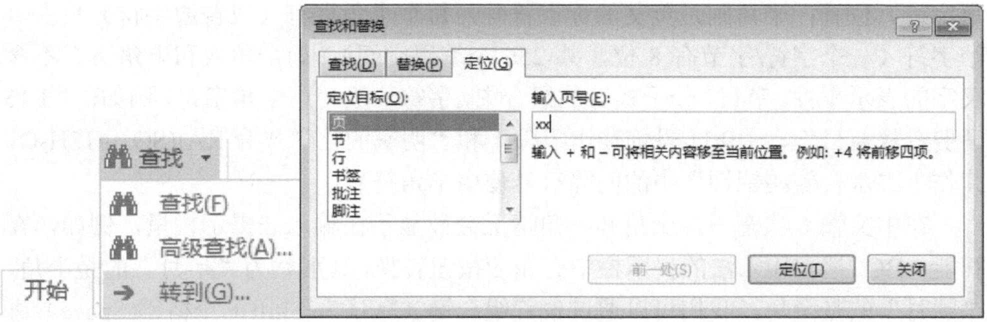

图 4-17　Word 快速跳到指定页面的过程

在编辑学位论文等 Word 文档时，更快速、高效的做法是，采用标题标记法快速找到编辑位置，即在需要编辑区域的开始之处或区域起止位置设置暂时定位用的标题，以便下次编辑时通过导航窗口快速找到编辑位置。

（4）通过“上移接尾，回车分段”方式实现首行缩进两个字符的段落编辑操作。学位论文之类的文档一般不整体性地设置段落“首行缩进”为“2 字符”，只需要部分设置即可。否则，设置完后还要重新设置目录、多级标题、表格、题录等特殊的格式。实际上，当设置好一个段落格式后，将下一个段落移至其末尾，无论该段落的左侧是否部分或整体性地右移，回车即可完成对第二个段落的设置。

（5）对于 Word 文档中接近文字大小的小图形，选中图形，点击“开始”菜单的“字体”设置命令按钮（箭头符号），选择“高级”选项，在“位置”下拉框中选择“提升”或“降低”，通过改变磅值调整图形至合适的位置高度。对于分子结构式（或反应式）之类的图片，为了使其大小、高度自身基本一致，除了设置“字体”将其提升或降低外，还可以通过勾选“视图”菜单的“网格线”选项，将编辑界面换为网格界面，以方便调整。

（6）由于中英文字符表达与行文习惯的差异，在文档中进行中文、英文排版或中英文混排时，需要注意摄氏度、百分号、引号、顿号与逗号等细节。

4.5.2 字符与单位

（1）除非对字体、字号、加粗、颜色、底色专门指定外，文稿中的汉字和中文符号一般使用简体宋体，外文文字和符号一般使用 Times New Roman。字库添加步骤：依次点击“开始”“控制面板”“字体”，复制粘贴某字体文档（tif 格式）到此文件夹中即可。

（2）字符有全角和半角之分。输入中文时，全角字符占 2 个标准字符（或半角字符）位置；半角则是英文的标点符号，每个半角字符（或普通字符）只占 1 个字符（一个字符/字节有 8 位，共 256 个编码空间），如全角 A 和半角 A。不含汉字的表示事件、节日、分子式等的组合中，字符一般使用半角字符，例如，“3·15 消费者权益日”、“9·11 恐怖袭击事件”和“明矾的化学式为 $KAl(SO_4)_2{\cdot}12H_2O$，读作十二水合硫酸铝钾”中的间隔符号使用半角符号。

在中文输入状态下，全角和半角情况会被显示在输入法提示栏里，例如，在智能 ABC、搜狗输入法的提示栏中有相应按钮转换，其形状为“半月”的是半角，“圆月”的是全角，我们可以通过设置组合键（默认为 Shift + 空格键 Space）进行二者间的切换。

（3）我们常用的字母主要有两类：希腊字母（Greek alphabet）（表 4-3）和罗马字母（Roman alphabet，也称拉丁字母 Latin alphabet，中国汉语拼音方案即采用拉丁字母），其中罗马字母有 26 个，有大小写、印刷体和书写体之分。其中容易弄错的是字母 G 的手写体为 G（G 的 Mistral 字体），是 C 在右下角加一竖，印刷体是一横。

表 4-3 希腊字母简表

序号	大写	小写	英文名称	用途
1	A	α	alpha	角度，系数，角加速度，第一个
2	B	β	beta	角度，系数，磁通系数
3	Γ	γ	gamma	角度，电导系数，比热容比

续表

序号	大写	小写	英文名称	用途
4	Δ	δ	delta	变化量，一元二次方程中的判别式，屈光度
5	Ε	ε	epsilon	介电常数，能量子（量子力学）
6	Ζ	ζ	zeta	函数，系数，电势，阻抗
7	Η	η	eta	效率，剪切黏度
8	Θ	θ	theta	温度，角度
9	Ι	ι	iota	微小，一点
10	Κ	κ	kappa	介质常数，绝热指数
11	Λ	λ	lambda	波长，宇宙常数，导热系数，定义变换函数，交运算，取小运算
12	Μ	μ	mu	微，磁导系数，摩擦因数，动力黏度
13	Ν	ν	nu	磁阻系数，运动黏度，光子频率，化学计量数
14	Ξ	ξ	xi	Ξ 重子（粒子物理学），随机变量（数学）
15	Ο	ο	omicron	高阶无穷小函数
16	Π	π	pi	圆周率，π（*n*）表示不大于 *n* 的质数个数
17	Ρ	ρ	rho	柱坐标和极坐标中的极径，电阻率，密度
18	Σ	σ、ς	sigma	总和，标准差（统计学），化学键，正应力
19	Τ	τ	tau	时间常数，2π（两倍圆周率），切应力，力矩，陶子（粒子物理学），透明度
20	Υ	υ	upsilon	位移
21	Φ	φ	phi	夹角，直径，体积分数，黄金分割数，复数的辐数，欧拉函数，透镜焦度，波动的相，电流、电压的相位，电势，热流量，磁通量
22	Χ	χ	chi	卡方分布 χ^2（统计学）
23	Ψ	ψ	psi	函数，ψ 粒子
24	Ω	ω	omega	角速度，欧姆，交流电的电角度

（4）英文中四位数以上的阿拉伯数字用半角逗号（注意不加空格）分隔千、百、十亿等数位。

（5）分数既可以用阿拉伯数字表示，也可以用中文表示，但不能混用。如可用“1/4”或“四分之一”，但不能写成“4 分之 1”。

（6）数字相乘的记号是“×”（中国用法）或居中圆点。

量相乘时，其组合形式有 ab、$a\ b$、$a{\cdot}b$、$a\times b$ 四种（在矢量分析中，$a{\cdot}b$、$a\times b$ 是有区别的）；几个量相除时，除加括号以避免混淆外，在同一行内表示除的斜线“/”之后不得有乘号和除号，如

$$\frac{a/b}{c}=(a/b)/c=ab^{-1}c^{-1}\text{，但不得写成 } a/b/c\text{；}$$

$$\frac{a}{bc}=a/(b\cdot c)=a/bc\text{，但不得写成}\,a/b\cdot c\text{。}$$

在撰写论文时尽量采用分数线为“/”或负数幂的表达形式表达分数，以将其高度降至为一行的排版要求，上述的两个公式在论文中分别写成 $(a/b)/c$、$ab^{-1}c^{-1}$、$a/(b\cdot c)$ 或 a/bc 比较合适。

单位相乘时，与量相乘的要求一样，除加括号以避免混淆外，在同一行内的斜线之后不得有乘号或除号，在复杂情况下应当用负数幂或括号，如导热系数单位用 W/(m·K)或 W m^{-1} K^{-1} 表示（以负数幂表示时居中圆点一般可省略，但要留出空隙）。

（7）不同国家的货币符号及其输入方法。人民币的记号为¥（现在用法）、￥（早期用法，与日元相同），金额后不需要再加“元”字。国际标准 ISO 4217 规定人民币的代码是 CNY，Y 是“元”字的汉语拼音 YUAN 的第一个字母。为了区别于日元，可将人民币记作 RMB ¥、RMB ￥。如人民币 600 元写作“¥600”或者“RMB ¥600”。点击“插入”菜单、“符号”、“其他符号”，弹出的窗口中（图 4-18），在“子集”中选中“拉丁语-1 增补”第一行的人民币符号，单击“插入”即可输入¥。对于有数字键盘的计算机，直接 Alt + 数字键盘 0156，然后松开 Alt 键即可。在中文输入法下，按 Shift + $键即可输入￥。

日元（Japanese yen）的记号为￥。国际标准 ISO 4217 规定其代码为 JPY，Y 是 YEN（円），英语发音为“yen”（读：[jen]）。为了区别于人民币，可将日元记作 JPY￥。

美元的记号为$，在英文输入状态下，按 Shift + $键即可输入$。

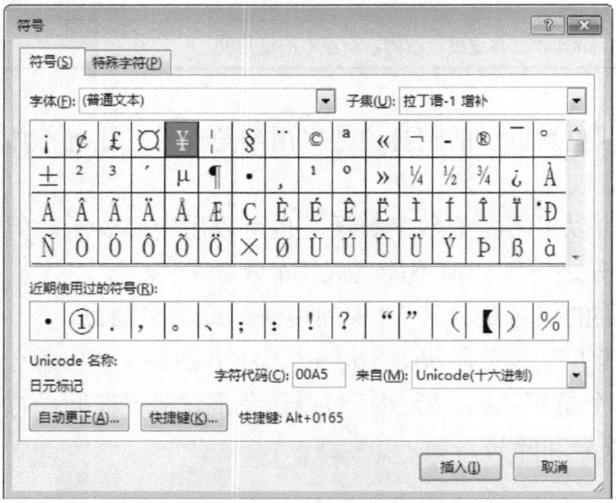

图 4-18　符号库选择界面

（8）转速的国际单位“转/分钟”（revolutions per minute）英文缩写为 r/min，而不是 rpm。

（9）当一行的结尾为英文单词时，原则上应保留该单词的完整而不应该断开。若考虑到美观因素而要加以断开时，宜根据音节断开，并以半角的连字符号接于前段之后。而文件名、电子邮件地址、网络地址、网络路径、产品名、公司名和注册商标等均不应断开。

（10）Word 文档的中文字符之间、中文字符与外文字符之间、外文字符之间有不同的间距规范要求。除了数字与单位之间（平面角的角度单位除外）、“～”前后为字符时，“～”与字符之间需要空格外，以下情况均不需要空格。

（a）百分数的百分符号“%”与前面的数字之间不留空隙，因为百分号是数的一部分。千分符号“‰”同样如此，依次类推。

百分数只可以表示分率，而不能表示具体量，所以不能带有单位。同理，不能使用 ppm（parts per millio，百万分率）、pphm（parts per hundred million，亿分率）和 ppb（part per billion，十亿分率）这类表示分率的缩写来表示溶液浓度。

百分数的正确读法是百分号前面的数字完整地读出来，比如 100%的正确读法是百分之一百，不能读作百分之百。

（b）平面角的数字与角度单位“度（°）、分（′）、秒（″）”之间。

（c）“～”前后为数字。

（d）全部使用英文字符输入比例（即将中文的冒号用半角方式输入）时，比例符号与前后无空格。

（e）字符与符号、数字之间。

（f）中文字符与英文字符之间不用特意空半个空格，Word 文档默认有自动调整中英文字符间距的功能。点击“开始”菜单的“段落”设置命令按钮（箭头符号），选择“中文版式”，勾选“自动调整中文与西文的间距”和“自动调整中文与数字的间距”即可调出自动调整中英文字符间距的功能。

（g）全角标点符号（包括中文符号）与前后任何字符之间。

（11）文字底色的去除。依次点击“开始”菜单、“段落”功能区中的边框设置命令按钮（“边框”按钮右侧的三角符号），选择“边框和底纹”，在弹出的界面选择“底纹”选项，将“填充”项设置为“无颜色”。注意格式刷只能修改字体、大小、行间距，不能用来去除底色。

（12）字母大写问题。

（a）表示某人姓名，文章的标题、书名、报刊名称，某地、某些特定集团或组织的专有名词或专门名称等，第一个单词和其他实词的首字母都要大写，如 Isaac Newton 艾萨克·牛顿、Li Bai 李白、China 中国、The Palace Museum 故宫、

Pacific Ocean 太平洋、Weilai Road 未来路、Class One 一班、TV 电视、CCTV 中国中央电视台、ID 身份证、CD 光盘等。

注：关于中国人的名字，姓氏（单姓、双姓都只写作一个词）的首字母要大写；单名的第一个字母要大写，双名则两词之间用连词符号（也可不用），前一词的第一个字母用大写，后一词用小写，如 Li Zhen 李真、Qian Xuesen（或 Qian Xue-sen）钱学森、Ouyang Xiu 欧阳修。

（b）英语句子第一个词的首字母。

（c）冠词（a、an、the）、介词（in、at、on、of、by、for）和连词（or、and、but 等）一般都用小写，但作为标题或句子的第一个词时第一个字母要大写。

（d）英语诗每行第一个词的首字母。

（e）缩略词每个字母都要大写。

（f）星期、月份、节日的首字母，如 Sunday 星期天、December 十二月、Christmas 圣诞节。

（g）某国语言和涉及国籍的名词及形容词的首字母要大写，如 Chinese 汉语（中国的）。

（h）放在姓名前的职务、头衔、称呼等的第一个字母要大写，如 Prof. Wang 王教授、Comrade Cao 曹同志、Dr. Bai 白医生、Mr. Smith 史密斯先生。

4.5.3 标点

中文标点符号的输入要在中文标点状态下才能实现，可以用 Shift 键进行中英文输入切换。文稿中对标点符号有诸多的规范性使用要求，部分标点符号的用法见表 4-4。

表 4-4　英文标点符号使用规则

序号	标点符号（中文称呼）	全角及用法（中文）	半角及用法（英文）
1	句号	。（空心点） （1）图题、表题的结尾不加句号 （2）不能出现在行首	.（实心点） 句号、小数点、缩略号、缩写词区分号 （1）用作句号，后面空 1 格 （2）用作小数点，前后不空格 （3）用作称呼缩略号，后面空 1 格 （4）用作缩写词区分号，前后不空格 （5）用三点表示省略时，前后不空格 （6）图题、表题的结尾不加句号 （7）不能出现在行首
2	逗号	， 不能出现在行首	, 逗号、金额数字的分节号 （1）用作逗号，后面空 1 格 （2）用作金额数字的分节号，前后均不空格 （3）不能出现在行首

续表

序号	标点符号（中文称呼）	全角及用法（中文）	半角及用法（英文）
3	引号	“” ‘’ （1）课程、课题、会议、活动、议题等不是已有的、已成型的作品，其名称不能使用书名号，应该使用引号 （2）前一半不能出现在行末，后一半不能出现在行首	"" （双引号） '' （单引号） （1）前引号前面有空格，后无空格，后引号前无空格，后面不接有标点符号时空 1 格 （2）在句子中提到的标题或篇名用双引号（""），在报刊文章标题中出现的引号为单引号（''） （3）前一半不能出现在行末，后一半不能出现在行首
4	省略号	……（居中六点） （1）前后不加空格 （2）不能断开 （3）后不能再加逗号、顿号、句号等标点符号	...（偏下三点） （1）前面加空格，后面是否加空格视情况而定 （2）后不能再加逗号、顿号、句号等标点符号 （3）用于公式编号，注意编号右端对齐
5	连接号	-（短横线） —（一字线） ～（波浪线） 前后不加空格；不出现在一行之首 （1）短横线：化合物的名称、插图编号、表格编号、阿拉伯数字连接（如电话号码、数值范围、年月日）、产品型号、双姓、双名 注意：为了避免歧义，表示数值范围时若数值符号不同及前后单位（包括百分号%）不相同时，前后均应加单位，如 10%-90%、-10℃-90℃ （2）一字线：含有汉字表达的时间、地址范围 （3）波浪线：可以用于汉字数字之间、数据范围	-（短横线） （1）前后不加空格 （2）不能出现在行首
6	冒号	： （1）前后不加空格 （2）不能出现在行首	: （1）公函上收信人的称呼后面，美国英语可用冒号也可用逗号，英国英语一般用逗号 （2）用于分开标题和副标题，后面加空格 （3）注明引用页码，后面加空格 （4）比例，后面不加空格 （5）时刻，后面不加空格
7	破折号	—— （两个全角字符长度） （1）前后不加空格 （2）不能断开	— （一个全角字符变为半角字符） （1）前后不加空格 （2）不能断开

续表

序号	标点符号（中文称呼）	全角及用法（中文）	半角及用法（英文）
8	分隔号	/（正斜线号） （1）前后不加空格 （2）表示分隔断行、音节、和的意思 （3）不能出现在行首	/ 同左
9	反斜线号	\ （1）前后不加空格 （2）用于路径名或命令中	\ （1）前后不加空格 （2）不能出现在行首
10	圆括号 方括号	（）（圆括号） []（方括号） （1）括号中的内容有中文字符时，使用全角符号，且括号前后不加空格 （2）前一半不能出现在行末，后一半不能出现在行首	() [] （1）括号中没有中文，只有外文、数字或符号时，括号前后添加空格 （2）前一半不能出现在行末，后一半不能出现在行首

（1）中文标点的使用按照一般惯例，句号、问号、感叹号、逗号、顿号、分号和冒号不应出现在一行之首；引号、括号和书名号的前一半不应出现在一行之末，后一半不应出现在一行之首。

（2）中文语句的一般性停顿应该使用全角的逗号“，”；并列词（包括中文语句中出现的英文词汇）之间应使用全角顿号“、”分隔，而不用逗号；并列句之间的停顿则应使用全角分号“；”；中文陈述句的结尾处应使用全角句号“。”。

（3）当某一个词后是以缩写的点“.”（如姓名缩写、下午 p.m.）结束时其后不再加标点符号。

（4）英语中没有顿号，用逗号代替；也没有书名号，用斜体字或者引号代替。

（5）外文缩写记号、外国人姓名和名缩写及注册商标、产品名、公司名、国名的缩写均使用半角句号“.”。半角句号也可用作数字中的小数点或文件名中的分隔符。

（6）波浪线占据一个汉字位置。国际上通用的短横线“-”是直接按“-”符号键（不论中英文输入状态）输入“-”，然后将其设置为 Times New Roman 字体即可。而中文的连接号上下居中，且短横线比汉字“一”略短，占半个汉字（一个字符）位置；一字线比汉字“一”略长，占一个汉字位置。值得注意的是，我们通常看到的汉字“一”字，貌似粗细均匀一致，实际上我们将预览放大至 150% 左右时显示为“一”，其汉字笔画特征非常明显。因此，一字线“—”不是汉字的“一”字，其输入方式不能与汉字“一”等同，它既可以在中文输入法状态下，从软键盘的标点符号栏中选择居中的短横线得到一字线，也可以在中文输入法状态下，按 Shift + -组合键生成“— —”符号后再按 Backspace 回格键删除一半得到；或者在英文输入法状态下，按 Shift + -组合键生成“— —”符号后设置成宋体，再按 Backspace 回格键删除一半得到。

4.5.4　标记

1. 分隔符的显示与隐藏

点击“开始”菜单的“段落”功能区中的“显示/隐藏编辑标记”按钮，显示分隔符（包括分页符和分节符）、空格按钮，再点击一次显示则隐藏。

依次点击“文件”菜单的“选项”“显示”命令，选择性地勾选或不勾选各种格式标记，如图 4-19 所示。

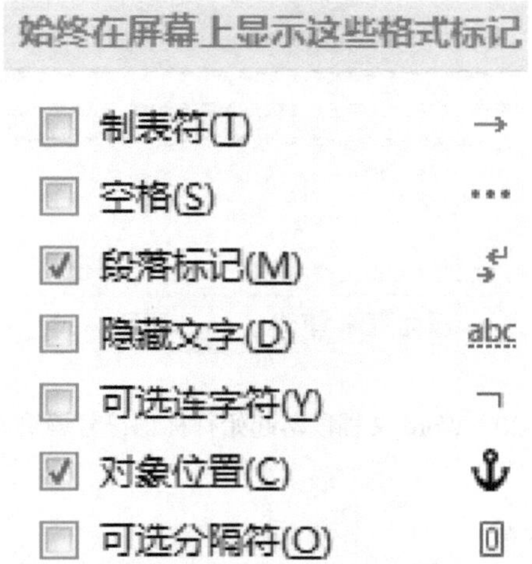

图 4-19　Word 文档分隔符的显示与隐藏编辑界面

2. 段落起始行标识符号——小方块▪的显示与隐藏

点击“开始”菜单的“段落”功能区中的段落设置命令按钮（三角符号），选择“换行和分页”“格式设置例外项”“取消行号”，勾选则不添加行号，如图 4-20 所示。

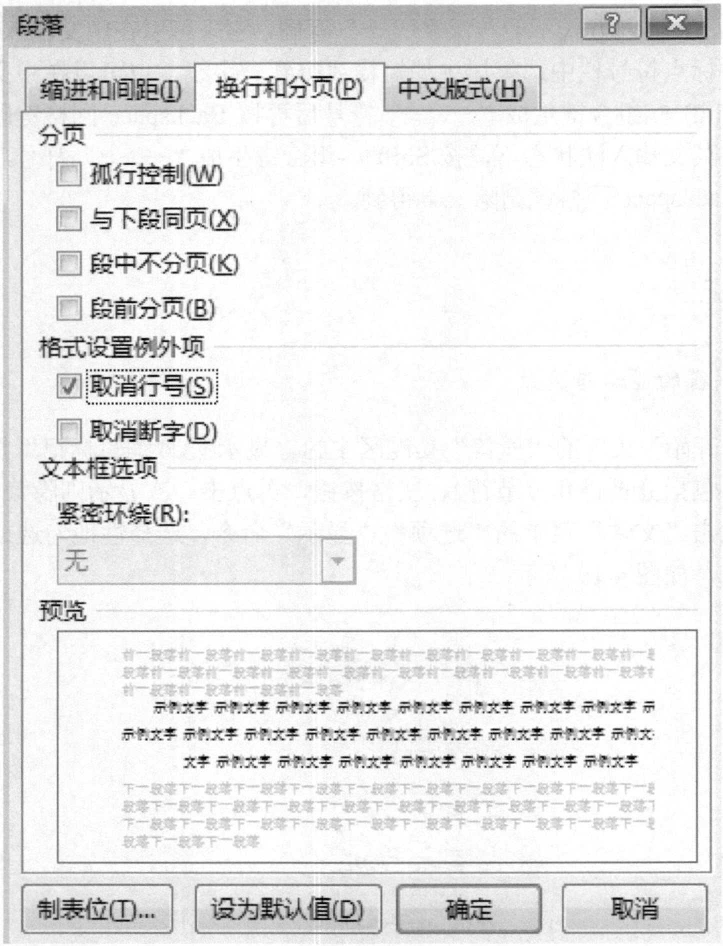

图 4-20　Word 文档段落起始行标识符号编辑界面

3. 行号的添加与去除

给任意一段文字或整篇文档添加行号，可采取以下两种方法。

（1）选择需要添加行号的文字，点击“页面布局”菜单、“页面设置”功能区中的页面设置按钮（三角符号），弹出对话框，选择“版式”页框；“应用于”下拉菜单选择应用范围：“所选节”“所选文字”“整篇文档”；当点击“页面布局”菜单前未选文字时，上述的应用范围变为：“本节”“插入点之后”“整篇文档”，如图 4-21 所示。

图 4-21　Word 文档页面设置的版式页框

根据需要选择一个应用范围，然后点击“行号”按钮，弹出“行号”对话框，勾选“添加行号”即可（图 4-22）。若点击“添加行号”前的勾号，则可取消行号。

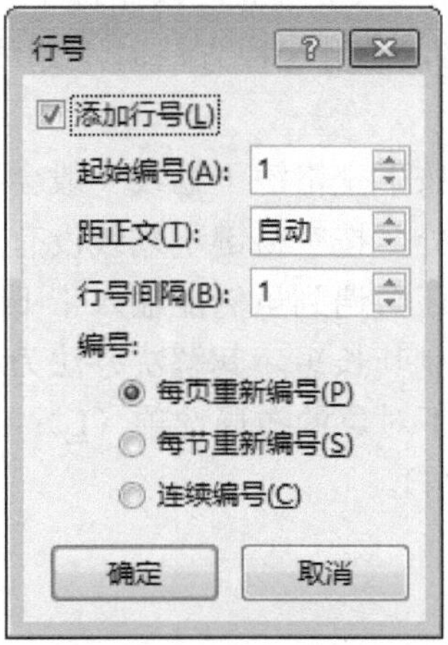

图 4-22　Word 文档行号的添加与去除界面（一）

（2）依次点击“页面布局”菜单、“页面设置”功能区中的“行号”设置按钮（“行号”按钮右侧的三角符号），勾选“连续”显示行号（图 4-23），若勾选“无”则不显示行号。

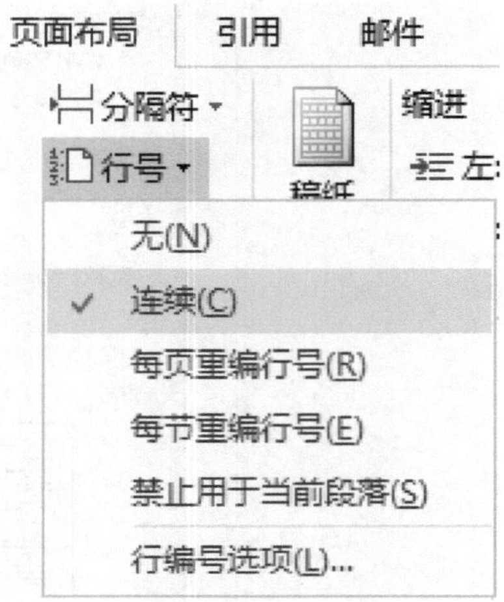

图 4-23　Word 文档行号的添加与去除界面（二）

4.5.5　下划线

（1）下划线的设置与长短控制问题。下划线的设置操作方法有很多种，我们既可以先选中文字，然后点击“开始”菜单，选择“字体”功能区中的下划线按钮 U 或者按快捷键（Ctrl + U）；也可以先选中几个空格，然后按照前述的方法设置下划线后输入文字，采用这种方法时下划线会随着文字的输入而自动延长。

将光标移到下划线末尾按下空格键下划线一般会自动延长，但若设置完下划线后光标停留在下划线末尾处，按空格键下划线没有延长，此时撤销操作再次按空格键即可解决问题。有时还会遇到虽然能输入带下划线的文字，但不能按空格键延长下划线，因此无法控制其长短。其解决办法为：依次点击“文件”菜单、“选项”、“高级”，弹出“以下对象的布局选项（L）：”对话框，勾选“为尾部空格添加下划线（U）”（图 4-24）。

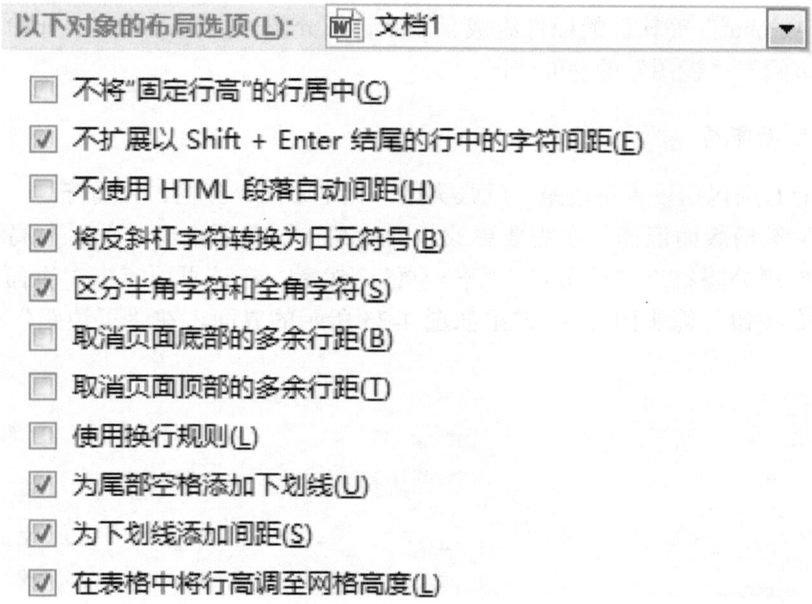

图 4-24　Word 文档下划线长短设置界面

（2）下划线的粗细控制问题。下划线的字体、颜色、粗细是随着文字变动的，本身无法单独设置。因此，若遇到下划线粗细不一致，只能从下划线上的文字找原因，将文字和下划线设置相同后，不会出现粗细不一致的情况。

（3）下划线与文字的距离控制问题。首先，选中文字，按快捷键（Ctrl + U）或菜单栏“开始”中的下划线工具为文字添加下划线；然后，在文字内容的首（位于换行标识符后面）尾处各敲入一个空格，插入的空格也将保持下划线格式；接着，选中文字内容（不选首尾空格），点击“开始”菜单的“字体”设置命令按钮（箭头图标），选择“高级”选项，在“位置”下拉框中选择“提升”或“降低”，通过改变磅值将文字调整至与下划线合适的距离。首尾空格同时删除时，下划线与文字又会连在一起，解决方法是：先删除一个空格，再选中另一个空格，然后点击“开始”菜单的“字体”设置命令按钮（箭头图标），选择“高级”选项，在“间距”下拉框中选择“紧缩”，在“磅值”框中设置值为 5～10 磅，最后单击确定。

4.5.6　页面布局、插入、视图等菜单的功能

菜单栏位于标题栏的下方，由“文件”、“开始”、“插入”、“设计”、“页面布局”、“引用”、“邮件”、“审阅”、“视图”和加载项如“EndNote

X7”“Acrobat”等软件的插件组成。以下详细介绍“页面布局”“开始”“插入”“审阅”“视图”的功能情况。

1. *页面布局*

页面布局包括设置页边距、纸张类型、文字方向、分栏、分隔符。

（1）纵横版面混排：在需要更改版面的某一页前后点击“页面布局”“页面设置”“分隔符”“分节符”“下一页”，然后，在该页面点击“页面设置”设置命令按钮（箭头图标），弹出如图 4-25 所示的界面，在“页边距”栏设置版面。

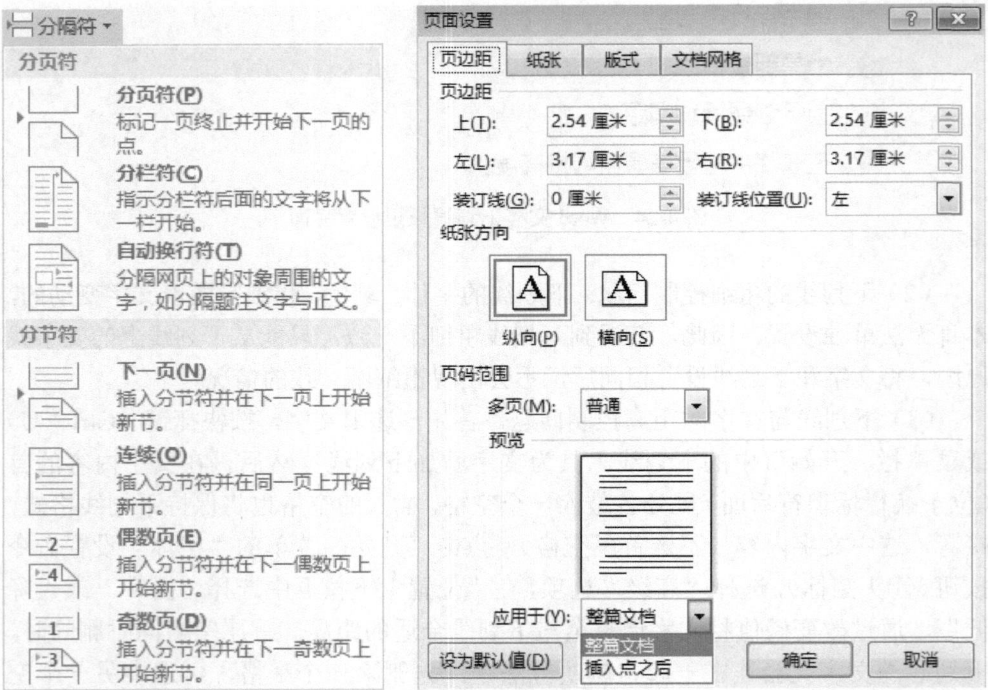

图 4-25　Word 纵横版面混排设置界面

（2）页面分栏设置：常用一栏。点击“页面布局”菜单的“页面设置”设置命令按钮（箭头图标），在弹出的界面选择“文档网络”，设置栏数。或者依次点击“页面布局”菜单、“页面设置”功能区中的“分栏”按钮，进入分栏选择界面，选择栏数（如一栏）。若点开分栏选择界面下端的“更多分栏”，可以更详细地对栏的数目、宽度、应用范围（“本节”“插入点之后”“整篇文档”）进行设置，具体如图 4-26 所示。

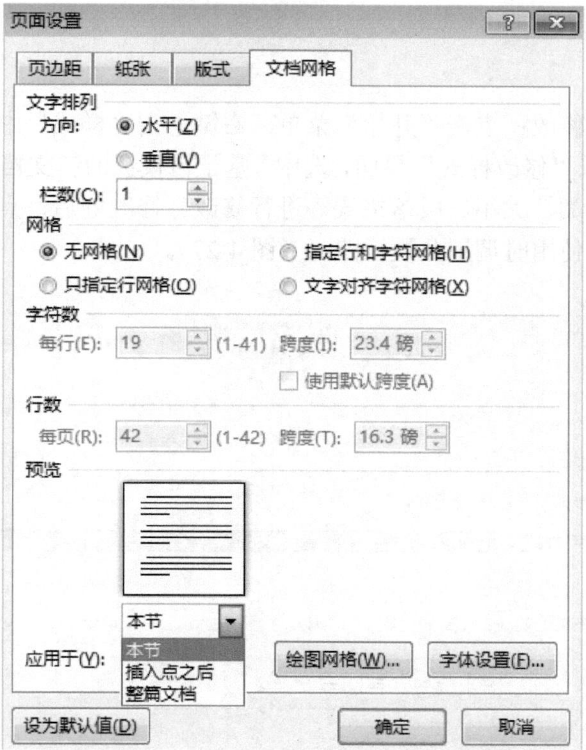

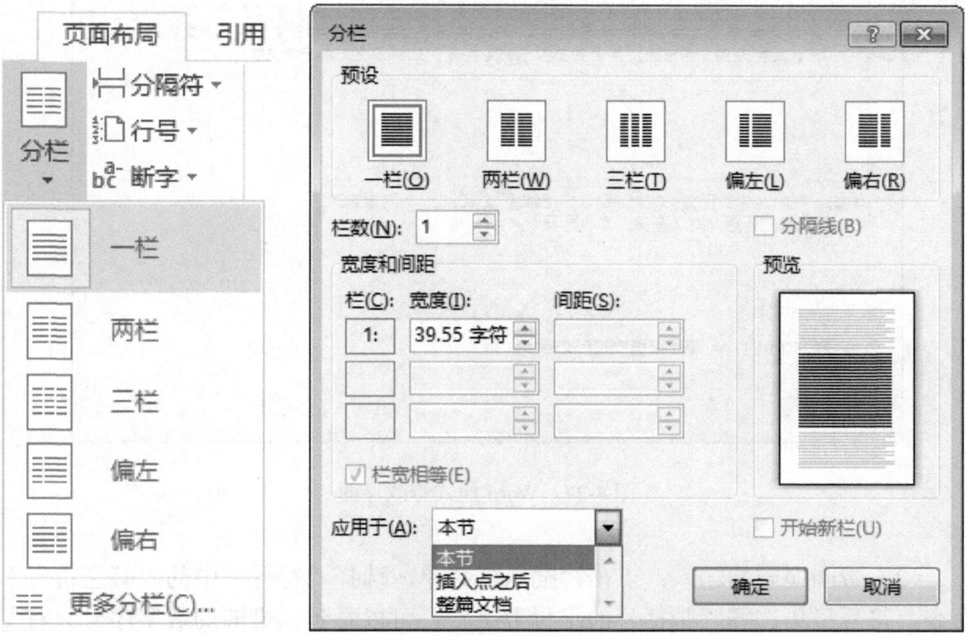

图 4-26　Word 页面分栏设置界面

2. 开始

（1）样式修改：点击“开始”菜单，右键单击“样式”中的“正文”，选择“修改”，进入“修改样式”界面，选中“基于该模板的新文档”，再点开“格式”，可以对字体种类、大小、段落格式等进行修改。修改好后，点击“确定”另存为一个新模板，使用时调用此模板即可（图 4-27）。

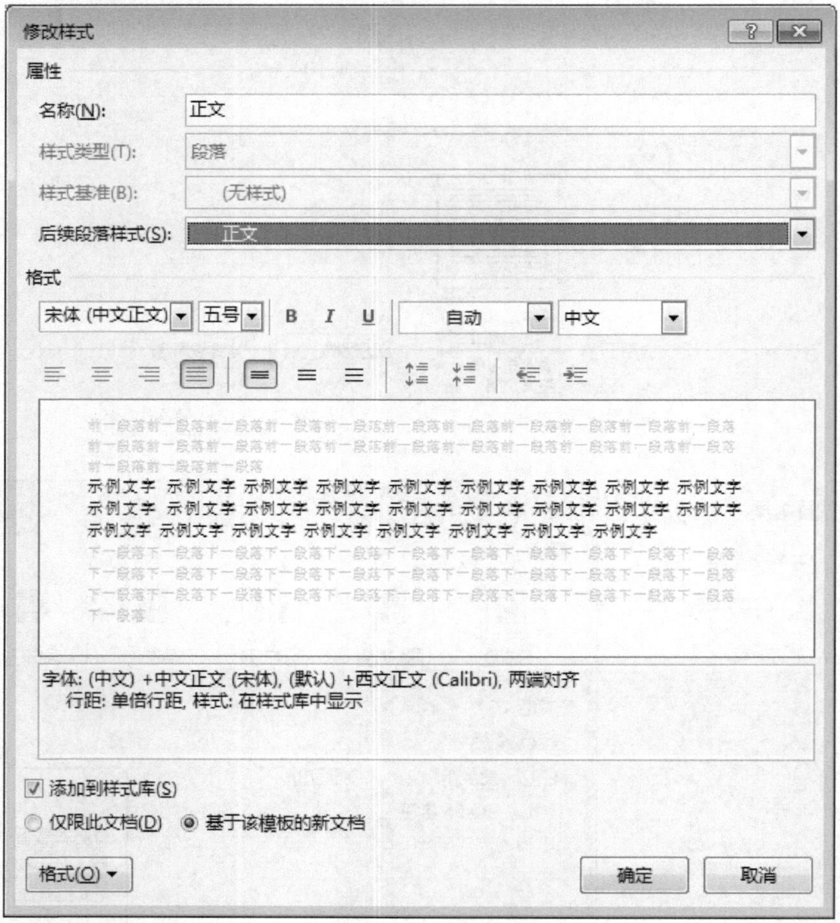

图 4-27 Word 样式修改界面

（2）带圈序号的输入：点击“插入”菜单，选择“符号”中的“其它符号”命令，符号子集选择“带括号的字母数字”，可以看到，带圈的数字序号只有①至⑩，如图 4-28 所示。

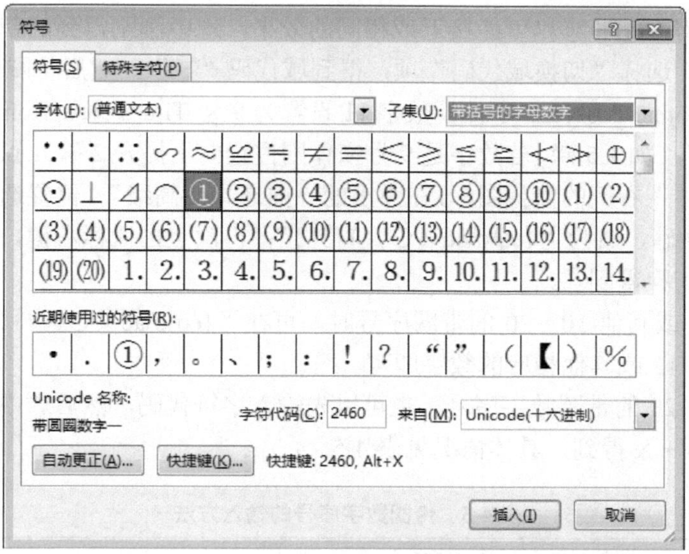

图 4-28　Word 带圈数字面板

10 以后的带圈序号怎么输入？这里提供一种通用的方法。以⑪为例，输入数字“11”并选中，点击“开始”菜单，选择“字体”中的带圈字符图标字（图 4-29），结果得到的带圈数字为⑪，显然数字与圈都不理想，调整大小、字体均不能解决。

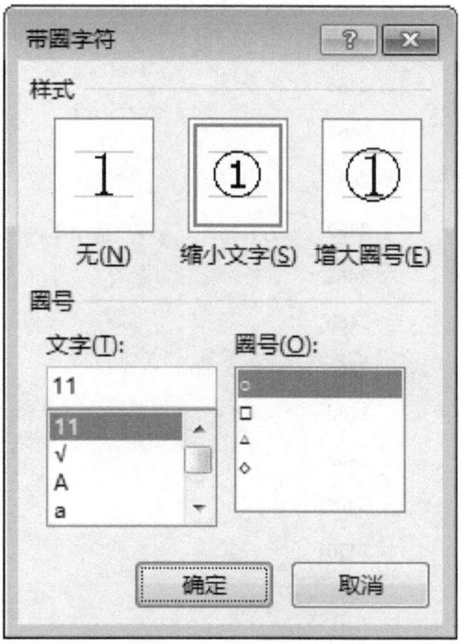

图 4-29　Word 带圈字符的设置界面

为了获得与①～⑩尽可能接近或相同的效果，选中刚刚得到的带圈序号，点击鼠标右键，选择“切换域代码”项，得到域代码“⑪”；然后将圈○设置为13号Kozuka Gothic Pr6N EL字体；数字11设置为9号Times New Roman，并将其位置向上提升（如1.5磅，若数字是9号宋体则位置向上提升2磅）：点击“开始”菜单的“字体”右侧的箭头图标，在弹出的界面选择“高级”，位置选择“提升”，磅值设为1.5磅，成为“{eq\o\ac（○，11）}”；再次点击鼠标右键，选择“切换域代码”，切换得到⑪。

输入12或其他10～20的带圈序号时，可在“{eq\o\ac（○，11）}”的基础上将11改为12或其他相应的数字即可。

对于1～20的带圈数字序号，也可以先输入字符代码，然后选中字符代码，按快捷键Alt + X得到，具体情况见表4-5。

表4-5　带圈数字序号的输入方法

带圈的数字序号	字符代码	输入方法
①	2460	
②	2461	
③	2462	
④	2463	
⑤	2464	
⑥	2465	
⑦	2466	
⑧	2467	
⑨	2468	
⑩	2469	选中字符代码，按Alt + X键
⑪	246a	
⑫	246b	
⑬	246c	
⑭	246d	
⑮	246e	
⑯	246f	
⑰	2470	
⑱	2471	
⑲	2472	
⑳	2473	

3. 插入

插入包括表格、插图、页眉和页脚、文本［如文本框、艺术字、对象（如 Microsoft 公式 3.0）、符号］等，显示在常用工具栏中。

（1）插入页眉：分节是任意设置页眉、页脚的基础。以文档首页不需要页眉为例。

首先，将光标置于文档首页，点击“页面布局”菜单的“分隔符”按钮，选择“分节符”选项下的“下一页”（功能：插入分节符并在下一页开始新节），该页尾部会显示“分节符（下一页）”（不显示时点击“开始”菜单的“段落”功能区中的“显示/隐藏编辑标记”按钮 ）。然后，将光标移到第二页，点击“插入”菜单的“页眉”选项，选择一个内置页眉模式；点击“链接到上一条页眉”（作用是取消选中），输入页眉文字内容。此时会发现前一页（首页）有页眉横线但没有文字内容，然后将光标直接移到首页或在页眉编辑状态下点击“上一节”回到前一页（首页），按 Delete 键删除页眉横线即可。

删除页眉中的文字内容后，若要进一步删除页眉横线，则需选中页眉中的段落标记，按两次 Delete 键即可。若无法删除上例中第二页及之后的页眉横线，则点击“链接到上一条页眉”并确定即可。

（2）页眉插入章标题：点击“引用”“交叉引用”，在弹开的界面，引用类型选择“标题”，引用内容选择“标题文字”，引用哪一个标题选择对应的章节即可，如图 4-30 所示。

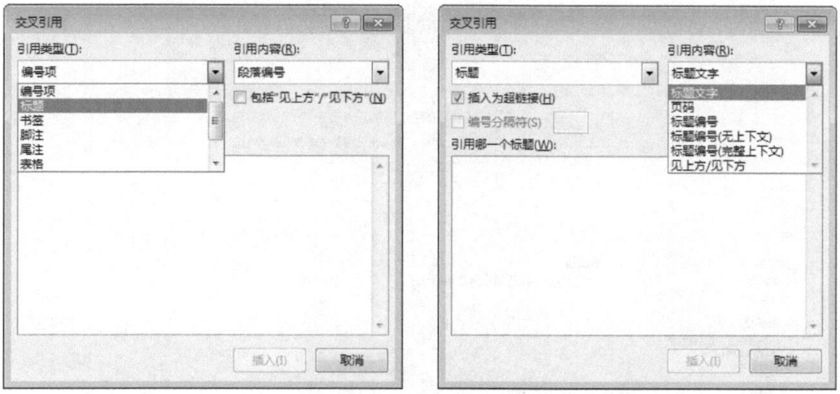

图 4-30　Word 页眉插入章标题编辑界面

（3）插入页脚：分节是页眉、页脚的基础。页脚插入和设置的操作方法与页眉类似，以页脚显示“第×页 总×页”为例。

（a）点击“插入”菜单中“页眉和页脚”功能区中的“页脚”，选择含有“[在此处键入]”的内置空白页脚，于是在页面的页脚栏出现“[在此处键入]”。在“[在此处键入]”中输入“第页，共页”（中括号[]可以去掉），如图 4-31 所示。

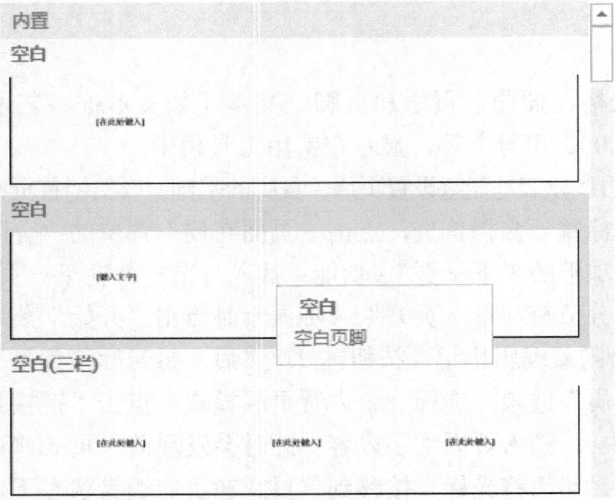

图 4-31　Word 插入页脚模式选择界面

（b）将光标放在“第”和“页”字之间，依次点击“插入”菜单、“文本”功能区的“文档部件”，找到“域”命令，如图 4-32 所示。在域名中找到 Page 命令，格式选择“1，2，3，…”，然后点击“确认”，“第”字和“页”字之间出现当前页数。

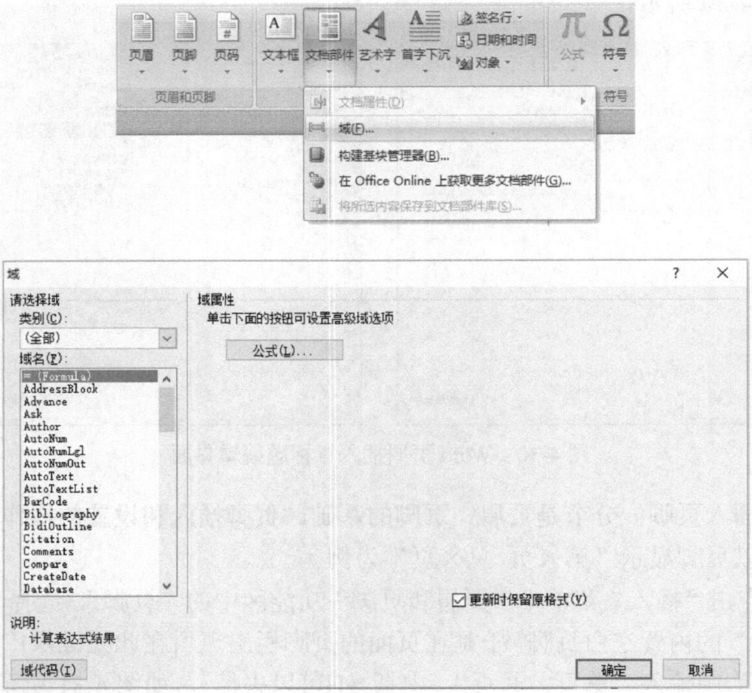

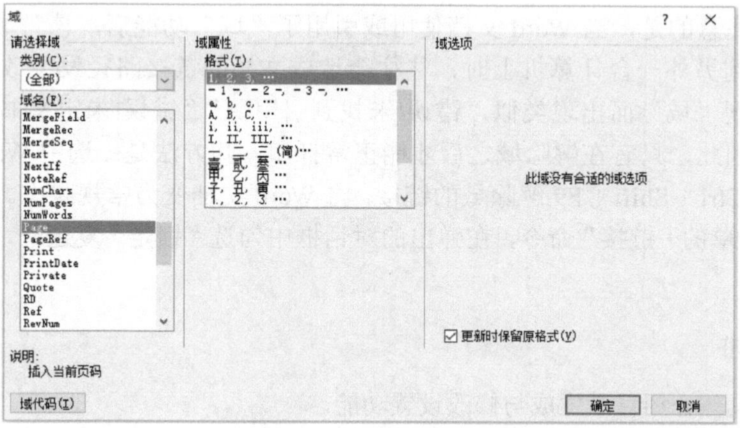

图 4-32 Word 文档页脚“第×页 总×页”模式的第×页设置界面

（c）将光标放在“共”和“页”字之间，依次点击“插入”菜单、“文本”功能区中的“文档部件”。找到域命令，在域名中找到 NumPages 命令，格式选择“1，2，3，…”，然后点击“确认”（图 4-33），“共”字和“页”字之间出现总页数。

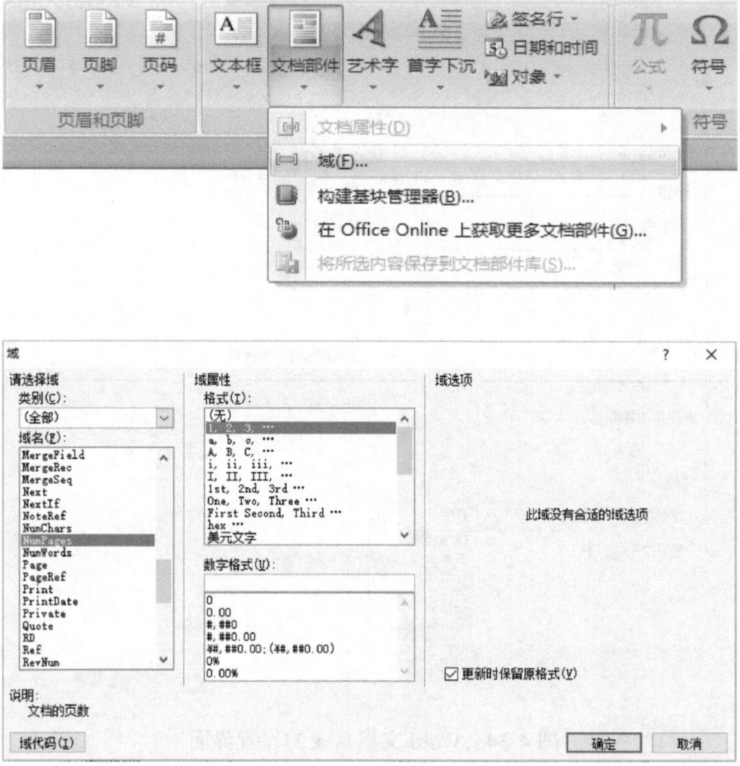

图 4-33 Word 文档页脚“第×页 总×页”模式的总×页设置界面

值得注意的是，当 Word 文档使用或引用了“域”功能后，该带域 Word 文档被复制到另外一台计算机上时，往往会造成文档的链接路径发生改变，就会因为找不到“域”而出现类似“错误!未找到引用源”“错误!未定义书签”的打印错误。因此，只有在解除域之后才能正常打印，其方法是：选中 Word 文档，按组合键 Ctrl + Shift + F9 解除域的链接，将 Word 文档变为常规状态。或者点击“编辑”菜单的“链接”命令，在弹出的对话框中勾选“锁定”复选框，点击“确定”按钮。

4. 引用

这里具体介绍目录生成与修改设置功能。

多级标题设置后，点击“引用”菜单、“目录”设置命令按钮（“目录”下方的三角符号），弹出目录选择界面，选择“手动目录”，或者从“自动目录”栏中选择一个，或者点击“自定义目录”（图 4-34），设置显示级别、页码显示与右对齐等项目，“格式”选择“正式”，点击“确定”按钮生成目录。如果需要自定义目录格式，重新进入插入目录对话框，选择“来自模板”，进行自定义样式。

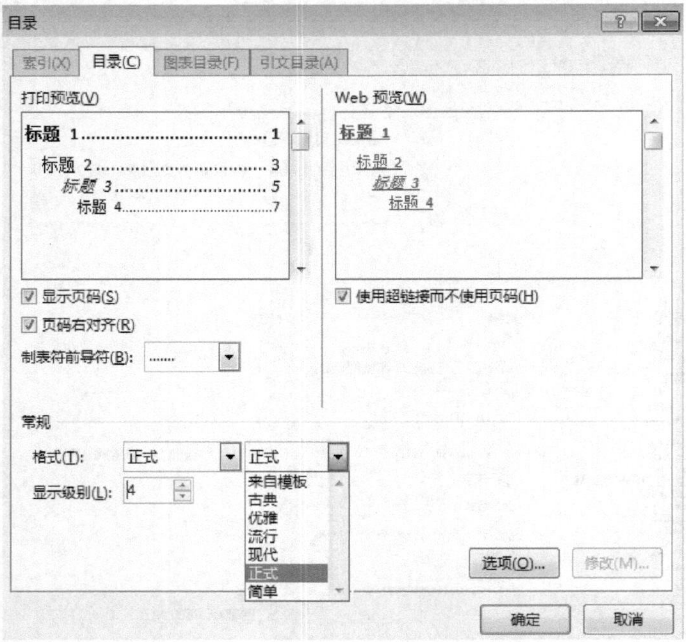

图 4-34　Word 文档目录的设置界面

虽然目录模板设置了页码右对齐，有时会遇到页码不能右对齐的状况，这可能是因为增加了 Word 模板所致，此时将“正式”和“来自模板”切换一次再重新选择可解决问题。

目录生成后，最后需要设置目录的字体、粗细、行间距。若遇到英文字母全部是大写时，选中目录内容，点击“开始”菜单的“字体”设置命令按钮（箭头图标），选择“字体”选项，将“效果”栏中的项目全部不勾选，即可改为与实际大小写一致的状态，如图 4-35 所示。

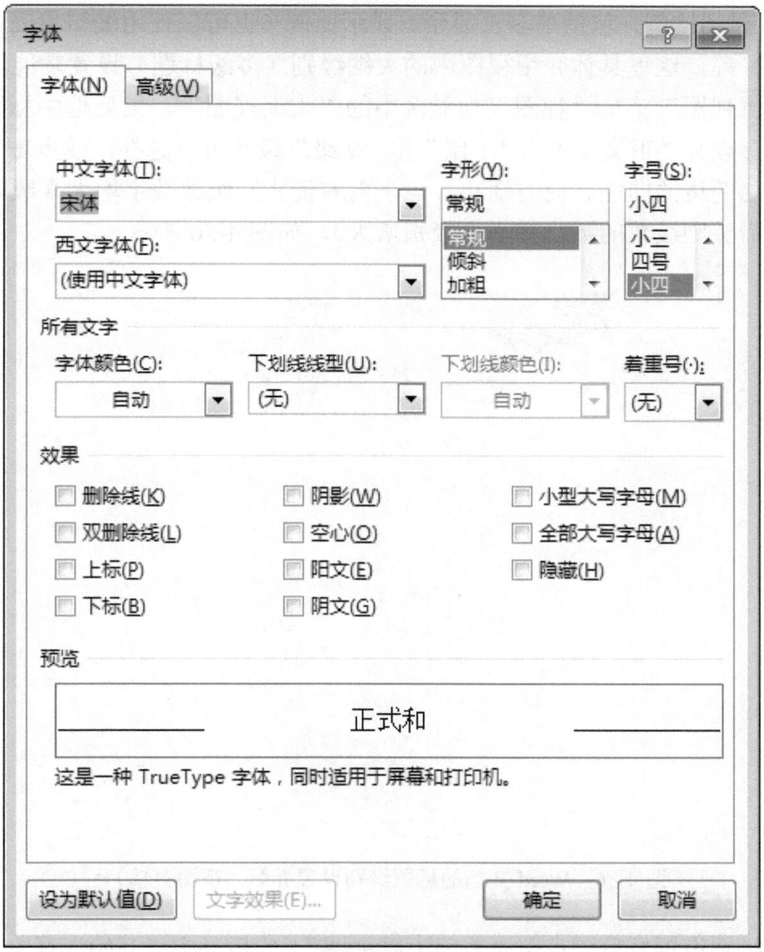

图 4-35　Word 目录英文字母编辑界面

若正文中的内容页码已修改，此时需要更新目录：在生成的目录上点击右键，选择“更新域”，弹出更新目录对话框，选择“只更新页码”或“更新整个目录”即可。

5. 审阅

字数与行数统计、繁简转换、修订等，其中可以设置编辑限制类别，包括只读、修订和批注等。

6. 视图 1

视图（阅读、页面、Web 版式、大纲）；新建窗口；显示（标尺、网格线、导航窗格）；显示比例，包括单多页显示、显示比例（也可以使用编辑界面右下角的滑块设置）等。这里具体介绍视图中的大纲级别（多级标题）设置功能。

点击“视图”菜单“视图”功能区中的“大纲视图”，然后选中标题，点击“大纲”，点开“正文文本”，“1 级”至“9 级”级数可供选择，或点击“正文文本”选择栏两边的向左、向右箭头，点击向右箭头则级数数字增大（级别减小），点击向左箭头则级数的数字减小（级别增大），如图 4-36 所示。

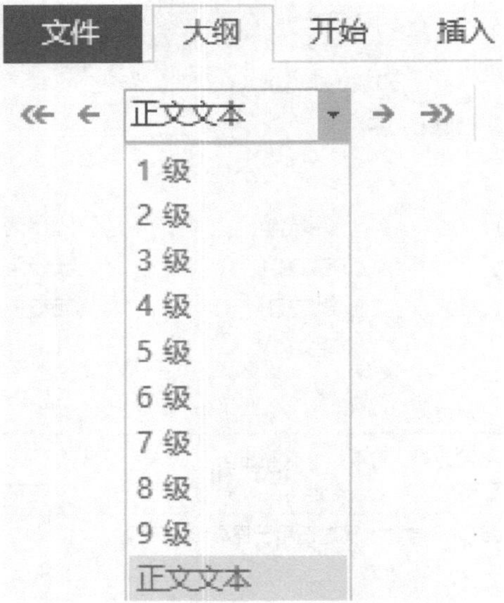

图 4-36　Word 文档的标题级别设置界面（视图菜单）

标题级别设置好后，点击“关闭大纲视图”，然后点击“开始”菜单，对标题进行字体、大小、颜色、行间距等格式设置。

标题级别的设置也可以采取以下两种方法。

（1）点击“开始”菜单、“段落”设置命令图标（箭头图标），在此界面下选择“缩进和间距”（默认），“常规”列的“大纲级别”选择“正文文本”“1 级”“2 级”“3 级”等（图 4-37）。

图 4-37　Word 文档的标题级别设置界面（开始菜单的段落功能区）

（2）选中标题，点击“开始”菜单，从“样式”库中选择一个级别（“正文”“标题 1”“标题 2”“标题 3”等），如图 4-38 所示。当设置标题 2 之后，会自动出现标题 3，设置标题 3 之后，会自动出现标题 4，依次类推。

图 4-38　Word 文档的标题级别设置界面（开始菜单的样式功能区）

一旦某个级别的标题设置成功（包括字体、大小、颜色、行间距等），可以点击“视图”菜单，勾选“显示”功能区中的“导航窗格”选项，进入导航窗口，也可以通过点击页面左下角的“第×××页，共×××页”区域，快速、方便地调出和关闭导航窗口。然后使用格式刷来批量处理同级别的标题，可以大大提高工作效率。

点击“视图”菜单的“显示”功能区中的“导航窗格”选项，在此界面下的查找、替换功能比“开始”界面下的替换与查找功能使用更方便。

练　习　题

（1）练习 EndNote 在文献检索、管理和论文写作中的应用技巧。

（2）进入国家标准文献共享服务平台中国行业标准检索链接界面（链接地址为 http: //www.cssn.net.cn/pagesnew/search/search_base.jsp），利用 Word 工具将行业内容整理为一段不含“行业标准”和“协会标准”字样的文字。

（3）选择几篇中文期刊论文文献，依据《中国图书馆分类法》选择中图分类号，并与文献的实际标识情况对比。

第 5 章 图表的绘制与美化

写文章讲究的是图文并茂，而选择合适的软件把自己的所思所想通过绘图准确、形象地表达出来，这需要具备一定的计算机软件操作技能。从本章开始，我们将学习一些绘图和图像处理软件的基本操作和实战技巧。虽然操作简单、功能强大的软件是我们所希望的，但面对众多的软件，真正具体选择哪一款，完全取决于个人的教育背景、职业需求和喜好。例如，企业人员喜欢使用 Excel 做简单的统计报表，数学、地理和医学、生态领域的人员喜欢使用 SPSS 专业软件做数据统计报表，而物理、化学等理工科背景的人员喜欢使用 Origin、Sigmplot 等专业的数据处理和绘图软件。

5.1 三 线 表

5.1.1 三线表的组成

三线表由表序、表题、项目栏、表体、表注等要素组成，见图 5-1。最简单的三线表表体由 3 条长度一致的水平线构成，由上向下分别称为顶线、栏目线和底线（注意没有竖线），其中顶线和底线的粗细相同，而栏目线则相对细一些。在此基础上，顶线与栏目线之间也可以根据情况添加一条或多条细而短（长度比栏目线短、细，细度与栏目线相同）的水平辅助线，仍称为三线表，见表 5-5，注意不同列对齐方式的差异。

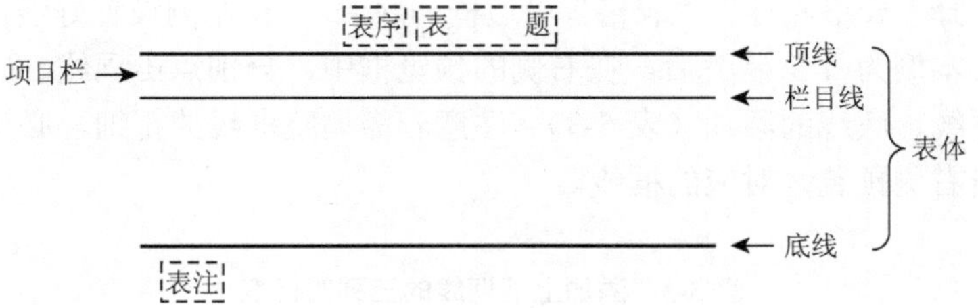

图 5-1 三线表的组成

5.1.2 简单三线表的绘制

以三列四行表为例，利用 Word 工具绘制三线表的步骤如下。

（1）制作普通的三列四行表格。输入内容，点击“插入”菜单的“表格”选项，选择“插入表格”，选择列数“3”、行数“4”，“‘自动调整’操作”栏选择“根据内容调整表格”（注意：若将此列数、行数、“根据内容调整表格”模式固定下来以供每次插入表格使用，在“为新表格记忆此尺寸”前面的框内打钩即可），文档中出现一个三列四行的带框线表格。输入内容，注意选中内容“左对齐”（表 5-1）。

表 5-1　三列四行表

XX	YYY	ZZZZ
X1	Y1	Z1
X2	Y2	Z2
X3	Y3	Z3

（2）去掉框线。鼠标指针移到表格左上角，出现四向箭头时点击以选中表格，点击右键，依次选择“表格属性”“表格”“边框和底纹”，在左侧将“边框”栏的“设置”项选择“无”，则取消表格的所有框线（表 5-2）。

表 5-2　去框线的三列四行表

XX	YYY	ZZZZ
X1	Y1	Z1
X2	Y2	Z2
X3	Y3	Z3

（3）添加粗的顶线、底线。同（2）方式选中表格，点击右键，弹出下拉菜单，然后依次选择“表格属性”“表格”“边框和底纹”；在左侧设置好线的样式、颜色和宽度（本例为 1.5 磅）后，在右侧的预览框中，分别点击顶线、底线的位置即可完成顶线、底线的添加（表 5-3）。注意若需调整框线的粗细，必须先设定线宽值再点击右侧预览区对应的框线。

表 5-3　添加上下框线的三列四行表

XX	YYY	ZZZZ
X1	Y1	Z1
X2	Y2	Z2
X3	Y3	Z3

（4）添加细的栏目线。选中第一行（或第二行、前两行区域），点击右键，然后依次选择“表格属性”“表格”“边框和底纹”；在左侧设置线的样式、颜色和宽度（比顶线、底线细一些，本例为 1.0 磅），然后在右侧的预览区中点击第一行（或第二行、前两行）对应位置的线（分别为下框线、上框线、中框线），即可添加栏目线（表 5-4）。

表 5-4 简单三线表

XX	YYY	ZZZZ
X1	Y1	Z1
X2	Y2	Z2
X3	Y3	Z3

5.1.3 复杂三线表的绘制

表 5-5 为 8 行、6 列的复杂三线表，与简单三线表相比，绘制时项目栏增加了行、列，而且分支之间以空列隔开。

表 5-5 复杂三线表案例

Temperature T_K（℃）	Composition of the reaction mixture（molar ratios）			
	$9SiO_2/1Na_2O/75H_2O$		$5SiO_2/1Na_2O/75H_2O$	
	t_0 for $\alpha_{Kr}=0.1\%$（h）	$\alpha_{Kr}=1\%$（h）	$\alpha_{Kr}=0.1\%$（h）	$\alpha_{Kr}=1\%$（h）
80	—	—	60.0	648.0
100	204.0	312	24.0	84.0
130	20.4	40.8	21.6	36.5
150	10.0	11.7	8.1	10.0
E_k（kcal/mol）	19.2	20.1	8.8	16.9

（1）制作普通表格，输入内容。根据绘制效果的要求计算出大致的行数和列数（注意空白列也要统计在内），点击“插入”菜单，选择“表格”选项的“插入表格”命令，选择列数“6”、行数“8”，“‘自动调整’操作”选择“根据内容调整表格”，文档中出现一个六列八行的带框线表格。根据项目栏中的分支关系输入内容、合并单元格、留好空白列。

指针移到表格左上角，出现四向箭头时点击一下以选中表格，点击鼠标右键，依次选择“表格属性”“单元格”，“垂直对齐方式”选择“居中”，将单元格中的内容相对单元格居中排列，然后依次点击“开始”菜单、“段落”功能区中的居中排列按钮 ≡（表 5-6）。

表 5-6　常规表格的绘制

Temperature T_K（℃）	Composition of the reaction mixture（molar ratios）			
	$9SiO_2/1Na_2O/75H_2O$		$5SiO_2/1Na_2O/75H_2O$	
	t_0 for $\alpha_{Kr} = 0.1\%$（h）	$\alpha_{Kr} = 1\%$（h）	$\alpha_{Kr} = 0.1\%$（h）	$\alpha_{Kr} = 1\%$（h）
80	—	—	60.0	648.0
100	204.0	312	24.0	84.0
130	20.4	40.8	21.6	36.5
150	10.0	11.7	8.1	10.0
E_k（kcal/mol）	19.2	20.1	8.8	16.9

（2）按照前述的方法去掉框线（表 5-7），添加顶、底线（表 5-8）。

表 5-7　去框线的常规表

Temperature T_K（℃）	Composition of the reaction mixture（molar ratios）			
	$9SiO_2/1Na_2O/75H_2O$		$5SiO_2/1Na_2O/75H_2O$	
	t_0 for $\alpha_{Kr} = 0.1\%$（h）	$\alpha_{Kr} = 1\%$（h）	$\alpha_{Kr} = 0.1\%$（h）	$\alpha_{Kr} = 1\%$（h）
80	—	—	60.0	648.0
100	204.0	312	24.0	84.0
130	20.4	40.8	21.6	36.5
150	10.0	11.7	8.1	10.0
E_k（kcal/mol）	19.2	20.1	8.8	16.9

表 5-8　添加上、下框线的常规表

Temperature T_K（℃）	Composition of the reaction mixture（molar ratios）			
	$9SiO_2/1Na_2O/75H_2O$		$5SiO_2/1Na_2O/75H_2O$	
	t_0 for $\alpha_{Kr} = 0.1\%$（h）	$\alpha_{Kr} = 1\%$（h）	$\alpha_{Kr} = 0.1\%$（h）	$\alpha_{Kr} = 1\%$（h）
80	—	—	60.0	648.0
100	204.0	312	24.0	84.0
130	20.4	40.8	21.6	36.5
150	10.0	11.7	8.1	10.0
E_k（kcal/mol）	19.2	20.1	8.8	16.9

（3）添加细的栏目线。选中第三行（或第四行），按照前述的方法为本行添加较细的下框线（或上框线），本例粗细设置为 1.0 磅，如表 5-9 所示。

表 5-9　简单三线表

Temperature T_K（℃）	Composition of the reaction mixture（molar ratios）			
	$9SiO_2/1Na_2O/75H_2O$		$5SiO_2/1Na_2O/75H_2O$	
	t_0 for $\alpha_{Kr}=0.1\%$（h）	$\alpha_{Kr}=1\%$（h）	$\alpha_{Kr}=0.1\%$（h）	$\alpha_{Kr}=1\%$（h）
80	—	—	60.0	648.0
100	204.0	312	24.0	84.0
130	20.4	40.8	21.6	36.5
150	10.0	11.7	8.1	10.0
E_k（kcal/mol）	19.2	20.1	8.8	16.9

同理，分别选中第一行的“Composition of the reaction mixture（molar ratios）”、第二行的“$9SiO_2/1Na_2O/75H_2O$”“$5SiO_2/1Na_2O/75H_2O$”部分，设置这三个区域的下框线，如表 5-10 所示，任务完成。

表 5-10　复杂三线表

Temperature T_K（℃）	Composition of the reaction mixture（molar ratios）			
	$9SiO_2/1Na_2O/75H_2O$		$5SiO_2/1Na_2O/75H_2O$	
	t_0 for $\alpha_{Kr}=0.1\%$（h）	$\alpha_{Kr}=1\%$（h）	$\alpha_{Kr}=0.1\%$（h）	$\alpha_{Kr}=1\%$（h）
80	—	—	60.0	648.0
100	204.0	312	24.0	84.0
130	20.4	40.8	21.6	36.5
150	10.0	11.7	8.1	10.0
E_k（kcal/mol）	19.2	20.1	8.8	16.9

标题栏的横线也可以手绘添加：依次点击“插入”菜单、“表格”选项、“绘制表格”命令，按住 Shift 键，手画一条与表格线等长的细线。

5.1.4　表格美化

表格的大小以视觉美观、页面搭配合理、内容清楚为原则，尽量避免跨页。

因此，列数、内容均少时，单元格不要太大；当表格位置不能调整时，为了避免跨页排版，在不隐藏单元格内容的前提下，一般适当地减小行高、字体大小。

（1）选中表格操作：鼠标移到表格左上角，出现四向箭头时鼠标左键单击即可选中表格。

（2）表居中设置：选中表格后，点击“开始”菜单、“段落”选项的居中排列按钮☰，或点击右键，选择“表格属性”，在“表格”设置界面下，“对齐方式”栏下有“左对齐““右对齐”“居中”三个选项可供选择，一般选择“居中”;“文字环绕”栏下有“环绕”和“无”两个选项可供选择，一般选择“无”(图 5-2)，“环绕”主要用于设置图片、文本框、自选图形、剪贴画、艺术字等与文字之间的位置关系。环绕方式包括四周型、紧密型、衬于文字下方、浮于文字上方、上下型、穿越型等，多见于广告、教学课件中，一般不用于论文、报告的文稿中。

图 5-2　表格属性的表格设置

（3）单元格内容在垂直方向的对齐设置：选中表格内容，点击右键，选择“表格属性”，点开“单元格”设置界面，“垂直对齐方式”栏下有“靠上”“靠下”“居中”三个选项可供选择（图 5-3）。一般选择“居中”，使单元格中的内容上下居中。

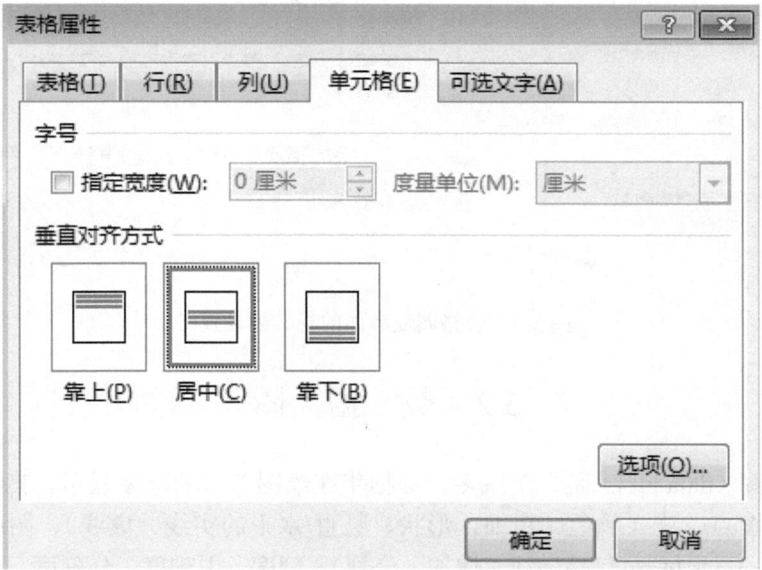

图 5-3　表格属性的单元格设置

表居中和单元格内容在垂直方向的对齐设置（如居中）一般连贯地操作，即选中表格后，点击右键，再依次点击“表格属性”“表格”,“对齐方式”选择“居中”，然后点击“单元格”,“垂直对齐方式”栏选择“居中”。

（4）单元格内容在水平方向的对齐设置：选中表格内容，点击“开始”菜单，“段落”选项中有左对齐☰、居中☰、右对齐☰、两端对齐☰可供选择。

（5）表格内容的文字、大小、行间距设置：选中表格内容，点击“开始”菜单，在“字体”选项中设置字体、大小，一般设置为 5 号字体；点击“段落”选项的段落设置按钮⧉，设置缩进、间距，一般设置为无缩进，单倍行距，段前、段后“0 行”。

（6）表格大小设置：将光标放置于表格的右下角附近出现斜上斜下的双箭头符号时，按住左键向下、向右或斜向下拖动，可以拉长、拉高表格所有的单元格；向上、向左、斜向上则缩短、缩窄所有的单元格。

当光标位于单元格中出现向左向右的双箭头符号时，可以向左拉窄、向右拉宽列；出现向上向下的双箭头符号时，可以向下拉大、向上拉低高度值。

为了使表中的行高（或列宽）一致，可以先选中行（或列），其中跨行（或列）的选择方法是：按住 Ctrl 键不动，然后按住鼠标左键拖动，分别选择行（或列）内容，点击右键，选择“表格属性”，点击“行”，勾选“指定高度”，行高值选择“固定值”，输入高度值；点击“列”，勾选“指定宽度”，选择度量单位，输入宽度值（图 5-4）。

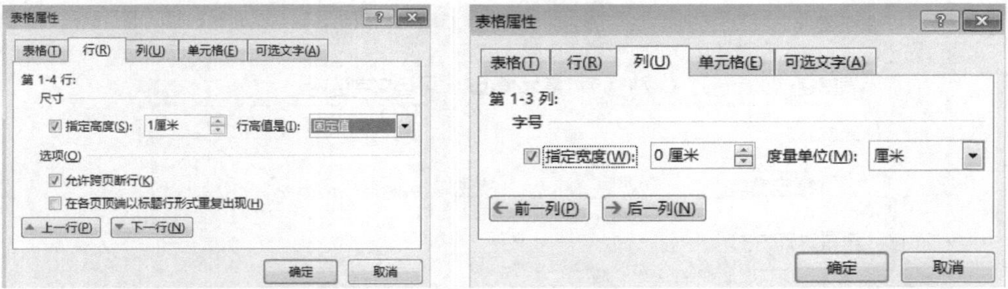

图 5-4　表格属性界面的行、列设置

5.2　数　据　图

数据图（data plot）是一个或多个数据集在绘图窗口的形象显示，其组成包括数据列、图点、线（颜色、粗细、形状、竖直/水平的实线、虚线）、图例、图注（包括箭头）、坐标轴[包括轴线（增加、分割）、刻度（主刻度、分刻度、刻度值）、坐标轴标注]等。专业的数据处理软件包括 Origin、Sigmaplot、SPSS 等，其中，SPSS 软件是世界上最早的统计分析软件，全称是统计产品与服务解决方案（Statistical Product and Service Solutions）软件，其最初名称为“社会科学统计软件包”（Solutions Statistical Package for the Social Sciences），由美国斯坦福大学的三位研究生 Norman H. Nie、C. Hadlai（Tex）Hull 和 Dale H. Bent 于 1968 年研究开发成功同时成立了 SPSS 公司。2000 年软件更名为 Statistical Product and Service Solutions，2009 年被 IBM 公司收购，更名为 IBM SPSS。IBM SPSS 软件具有强大的数据分析功能，广泛应用于管理决策、市场分析、医学统计、金融等专业的统计分析，能通过数据统计揭示不同事物之间的联系，发现规律，被广泛应用于人文社会科学研究领域。该软件支持 Excel、文本、Dbase、Access、SAS 等格式的数据文件，能够输出 PDF 格式的文档。

本节重点分析利用 Origin 软件绘制数据图。总的来说，利用 Origin 软件，根据自变量及因变量的值（至少一个变量是数值型数据）绘制点、线、柱状图等，操作主要包括数据列处理、导出参数设置、导出图片参数默认格式定制、工作表（worksheet）增删与改名、文件夹增删与改名、曲线拟合等。利用 Origin 绘图遇到的主要难点有以下几个方面。

（1）含标点符号的数据列如何导入？图导出界面的参数如何设置为默认格式？

（2）不均匀坐标如何设置？

（3）散点图、点线图的数据点经过坐标原点，能否画出来？

（4）内插图怎么画？

（5）阴影面积怎么画？

（6）瀑布图（waterfall）如何去掉背景，避免遮挡？

（7）如何使曲线沿着纵轴向上偏移而分开？

（8）数据图的编号（a）、（b）、（c）等及箭头等符号如何标注？

（9）图例放置于框内、框外的原则是什么？

5.2.1　数据列的生成与属性设置

Origin 数据列的生成有三种：第一种是由外部数据文档导入得到；第二种是通过键盘输入；第三种是利用现有的数据列通过换算生成新的数据列。

对于以逗号隔开的原始数据列（图 5-5），Origin 还不能通过直接复制、粘贴的办法把数据列分开，大致有四种解决办法，具体如下。

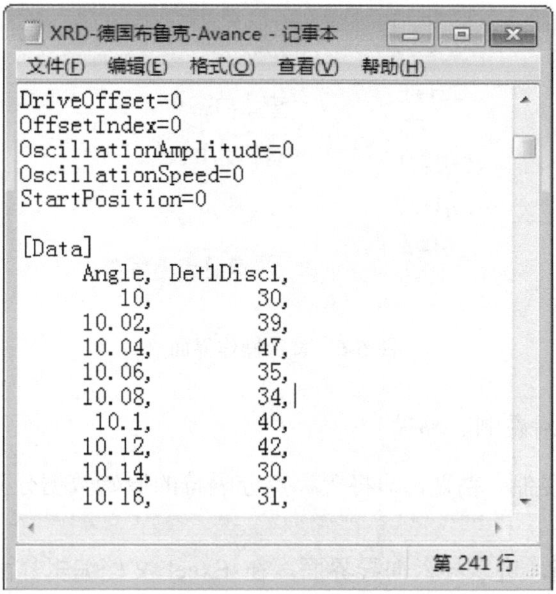

图 5-5　逗号隔开的数据列

1. 文档拖放读取

文档拖放读取，即将文档用鼠标左键拖至 Origin 编辑界面的方式打开文档，这是目前最简单实用的一种方法。txt 格式的纯文本文档导入时没有经过一系列的导入向导交互界面，而是直接将数据列和文字信息一起导入，原始数据按列导入，无分隔符号，导入的文字信息行手动删除即可。导入其效果与 Replace Existing Data 方式一致，即替换当前的工作表（Sheet）数据。

2. 文档内容“净化”后复制、粘贴

文档内容“净化”后复制、粘贴，即先删除无用的信息（数据列分隔符、文字部分）后，再将数据列复制、粘贴至 Origin 中。以逗号分隔符为例，点击“编辑”菜单的“替换”命令，在下拉菜单的“查找内容”栏中输入逗号，“替换为”栏中输入内容，点击“全部替换”按钮，即可删除分隔符。替换操作如图 5-6 所示。

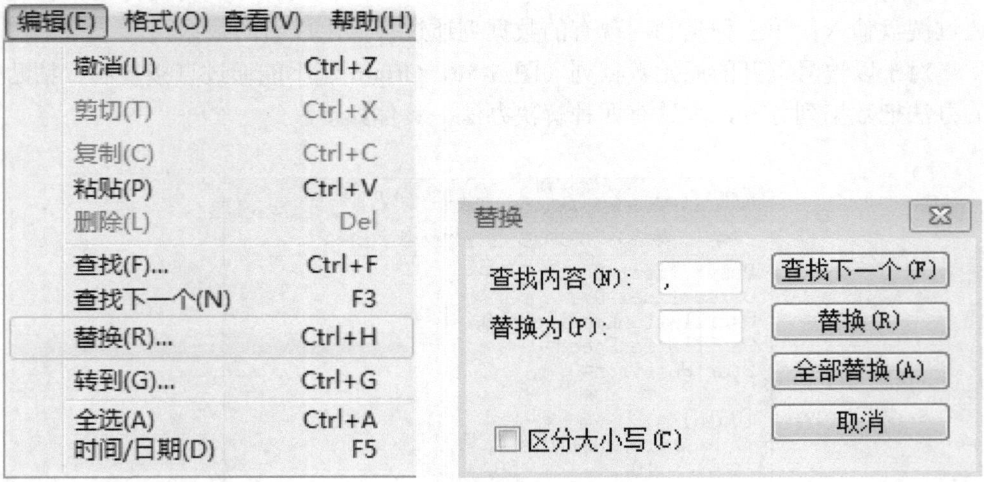

图 5-6　替换操作界面

3. Excel 分列后复制、粘贴

Excel 分列后复制、粘贴，即将含标点分隔符的原始数据分列后再复制、粘贴数据列至 Origin 中。

（1）导入文档，进入导入向导界面。在 Excel 文档编辑界面，单击“数据”菜单、“获取外部数据”功能区的“自文本”按钮

，如图 5-7 所示。

图 5-7　Excel 导入数据的自本文功能

在弹开的文本查找界面，找到文本，导入，进入文本导入向导界面，如图 5-8 所示。

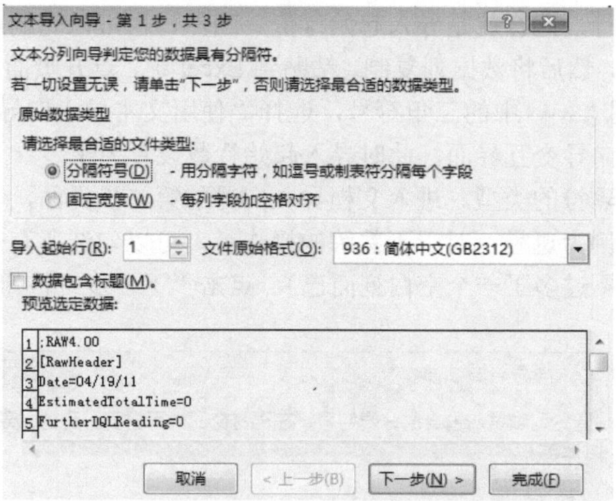

图 5-8　Excel 导入数据的文本导入向导原始数据类型选择

（2）选择数据列类型（具有分隔符的数据列），确定导入起始行值。选择“请选择最合适的文件类型”项下的分隔符号；拖动右侧的滑块和点击向上、向下的三角符号，找到数据列的首行位置，并在“导入起始行”输入该行值；点击“下一步”按钮，如图 5-9 所示。

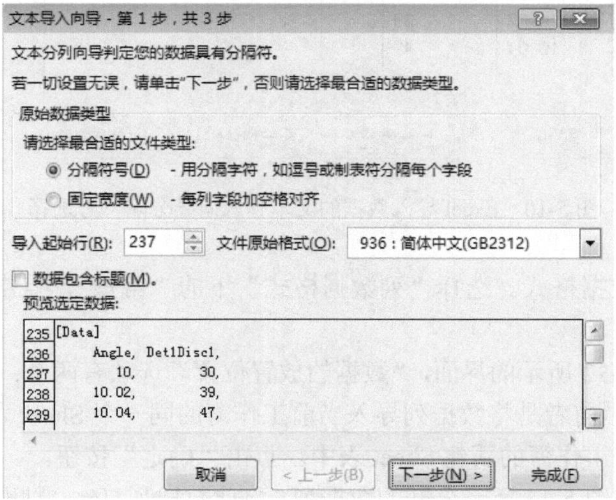

图 5-9　Excel 导入数据的文本导入向导起始行设置

为了避免在确定导入起始行数值时反复使用滑块、向上、向下符号之苦，可以打开原始数据记事本，去掉“格式”菜单“自动换行”左侧的勾号，勾选“查看”选项的“状态栏”，然后将光标置于数据列部分的第一行，在文档界面的右下端会显示第几行，此行就是导入起始行值。当然，也可以先删除原始数据文档的文字信息部分，然后将数据列复制、粘贴到 Excel 中，点开页面数据列下端“粘贴选项”按钮 (Ctrl) 中的三角符号，选择“使用文本导入向导”，进入与前述相同的文本导入向导交互界面，此时导入起始行数设置为 1。

（3）确定分隔符的类型。进入文档导入向导的第二步界面，勾选分隔符号下的相应符号（本例为逗号，对于不熟练的操作者，可以勾选所有的框，同样达到分开的效果，只不过多了一个空白列而已），点击“下一步”按钮（图 5-10）。

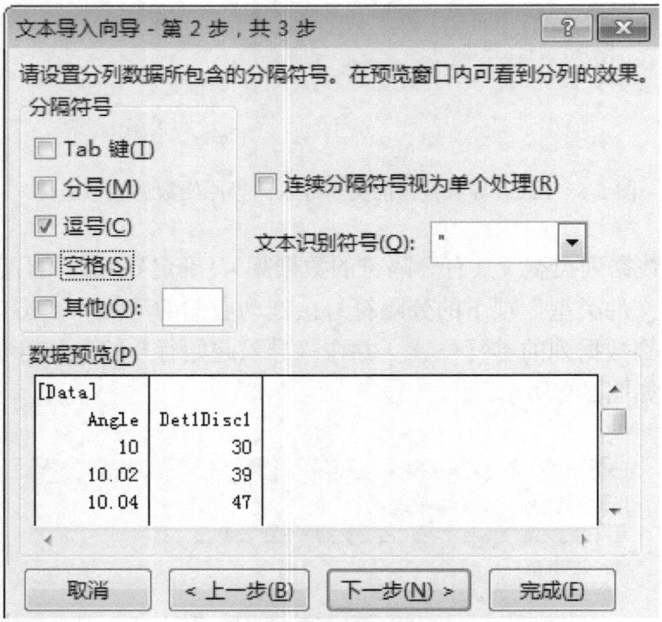

图 5-10　Excel 导入数据的文本导入向导分隔符号选择

（4）确定数据格式。选择“列数据格式”下的“常规”，点击“完成”按钮（图 5-11）。

弹出如图 5-12 所示的界面，“数据的放置位置”选项有两个：“现有工作表”和“新工作表”，前者是将数据列导入当前工作簿的同一个 Sheet 表中，后者是将数据列导入当前工作簿的新建 Sheet 表中。点击“确定”按钮。

最终得到如图 5-13 所示分开的数据列，将此数据列复制、粘贴到 Origin 软件编辑界面相应的列中即可。

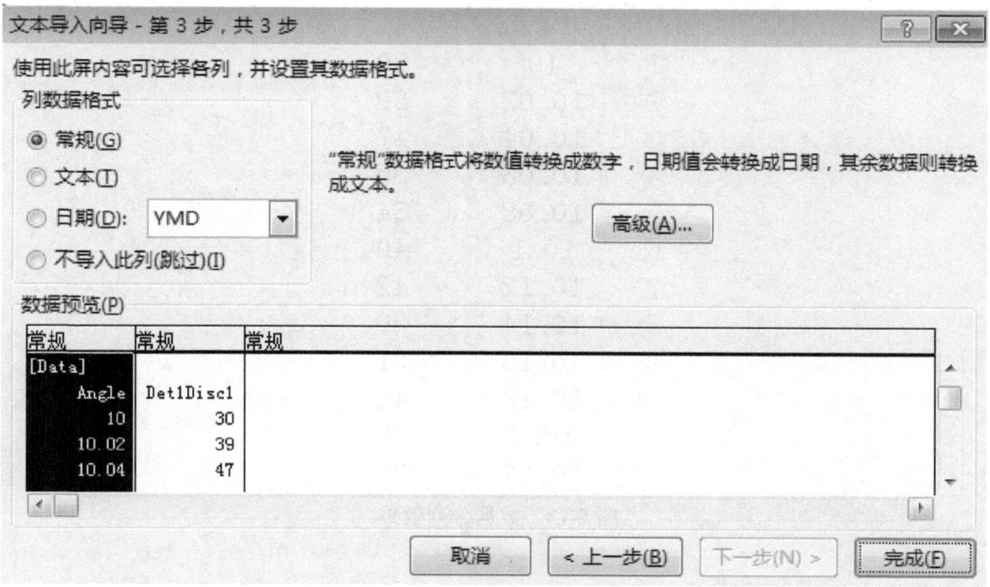

图 5-11　Excel 导入数据的文本导入向导列数据格式设置

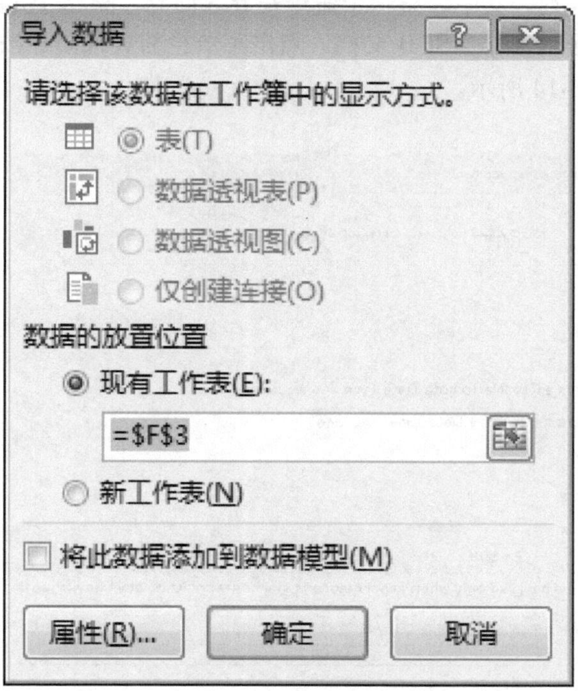

图 5-12　Excel 导入数据的文本导入向导数据放置位置设置

	A	B
1	10	30
2	10.02	39
3	10.04	47
4	10.06	35
5	10.08	34
6	10.1	40
7	10.12	42
8	10.14	30
9	10.16	31
10	10.18	44
11	10.2	25
12	10.22	38

图 5-13　数据分列效果

4. Origin 导入向导法

Origin 导入向导法，即选择 Origin 软件编辑界面菜单栏的导入命令按钮导入数据列。其中，第一个命令是导入向导，第二个是导入单个 ASCII 文档，第三个是导入多个 ASCII 文档。点击菜单栏的导入向导按钮，进入导入向导界面，如图 5-14 所示。

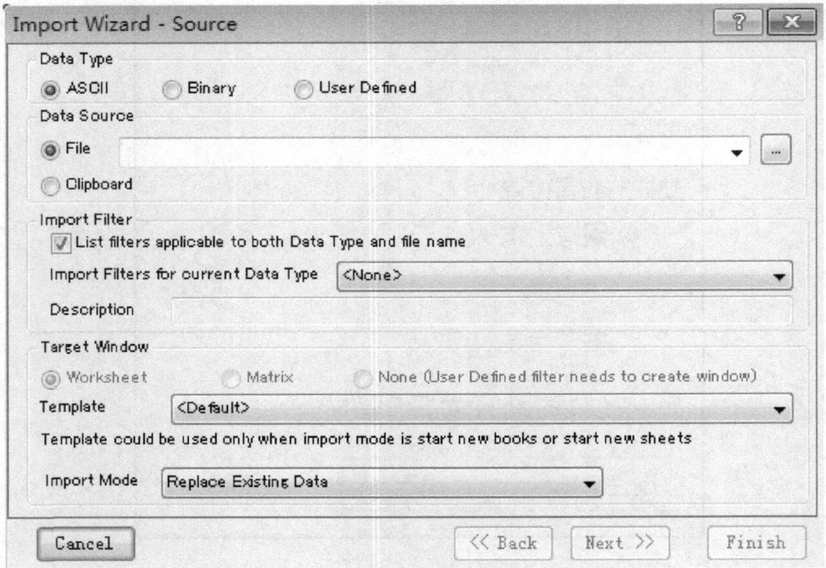

图 5-14　Origin 导入向导界面

其中，Data Type 为文档类型，一般选择 ASCII（默认，ASCII 编码能处理英文、数字等字符，但不能处理中文字符）；Data Source 为文档路径，单击 File 栏的右侧图标中找到需要导入的数据文档；Template 为模板，一般选择默认（对于数据列格式相同的多个文档，可以建立一个模板）；Import Mode 为导入模式，点开右侧的三角按钮，有 Replace Existing Data、Start New Books、Start New Sheets、Start New Columns、Start New Rows 五种模式可以选择（图 5-15）。使用者根据具体情况进行选择，Start New Sheets 和 Start New Columns 用得比较多，前者是将数据列导入新建的工作表中，后者是在当前工作表原数据列的基础上新增并导入数据列。

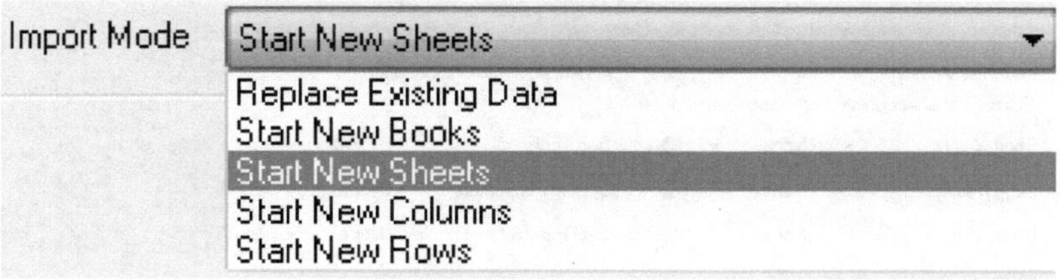

图 5-15　数据导入模式选择界面

若选择 Start New Sheets，单击 Next 按钮，弹出如图 5-16 所示界面。

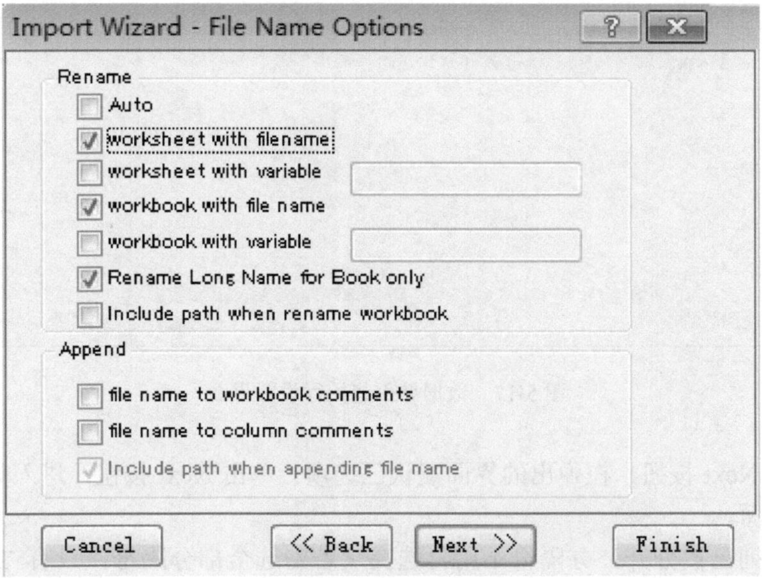

图 5-16　数据导入后工作表命名设置界面

默认已选项，单击 Next 按钮，进入数据导入起始行设置界面。去掉 Auto determine subheader lineq 前的勾号，Preview Lines 的值设置大一些（提供有 10、25、50、100、200、500 可供选择，也可手动输入某一数值），拖动右侧的滑动块找到数据列的首行，并在“Number of main header line（exclude subheader lines）”栏输入数据列上方文字信息部分所占的行数（本例为 236），Number of subheader lines 栏输入 0，或“Number of main header line（exclude subheader lines）”栏输入 0、Number of subheader lines 栏输入数据列上方文字信息部分所占的行数，结果如图 5-17 所示。

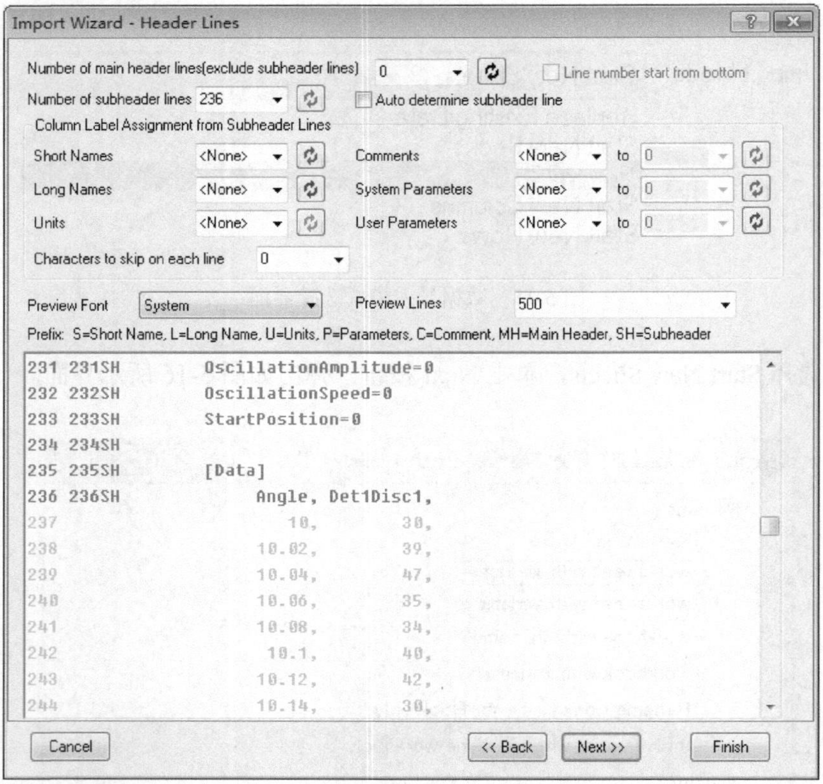

图 5-17　数据导入起始行设置界面

单击 Next 按钮，在弹出的界面默认已选项。单击 Next 按钮，进入如图 5-18 所示的界面。

数据列已被分开，分隔符不用再选择（若勾选全部分隔符，只有 Tab/Space 前的对钩是激活的，其他都是灰色的，这说明只有 Tab/Space 起作用）。点击 Next 按钮，进入导入的数据选择界面（图 5-19）。

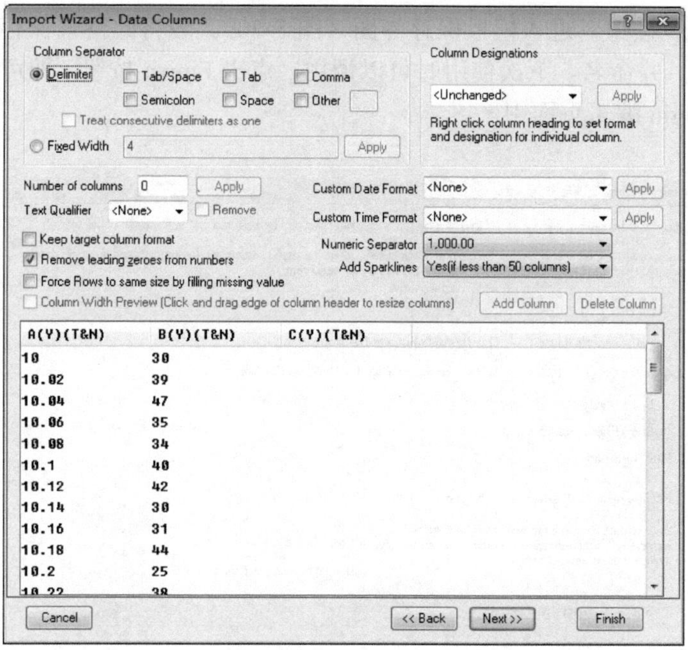

图 5-18　数据列分隔符设置界面

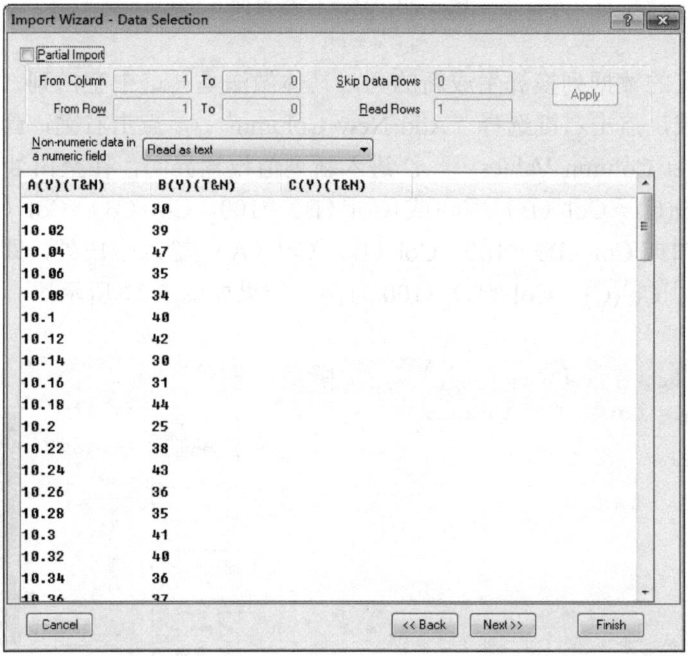

图 5-19　导入的数据选择界面

点击 Next 按钮，进入模板保存界面（图 5-20）。若将此格式保存为模板，勾选 Save filter，并命名，下次使用时可以调用。点击 Finish 按钮，即可完成数据列按列导入 Origin 编辑页面中。

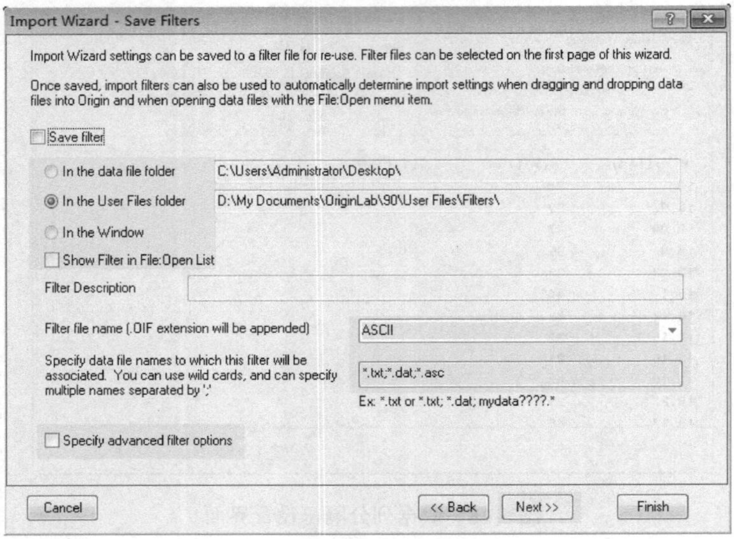

图 5-20　格式保存界面

通过已有的数据列换算生成新的列，具体做法是：选中空白列（没有时点击空白灰色区域，点击右键选择“Add New Column”），点击右键，弹出列值设置界面选择“Set Column Values…”；进入新列值设置界面，在空白处输入 C 列的值，比如 Col(C) = Col（B）/100[或 Col（B）*100、Col（B）/Col（A）]时，将 Col（B）/100[或 Col（B）*100、Col（B）/Col（A）]输入空白处，即可得到新增的 C 列值。以 Col(C) = Col（B）*100 为例，结果如图 5-21 所示。

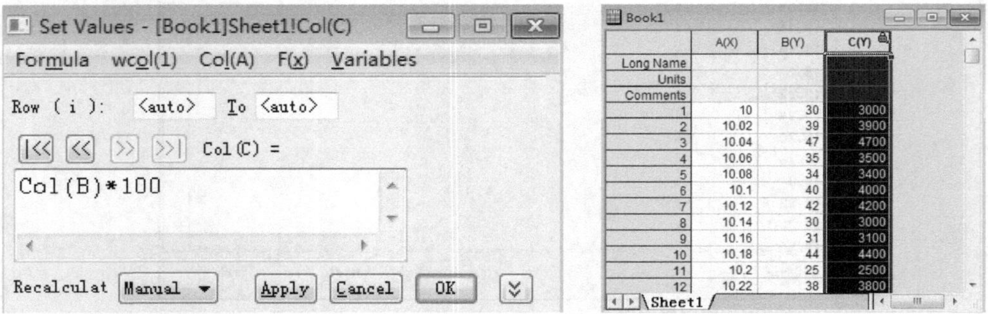

图 5-21　数据列通过换算生成新列

数据列的属性设置：以图 5-21 为例，选中某一列（如 C 列），点击“Column”菜单的 Set As X，或者点击右键，选择 Set As 下拉菜单中的 *X*，则 C 列由默认的 *Y* 轴变为 *X* 轴，结果如图 5-22 所示。

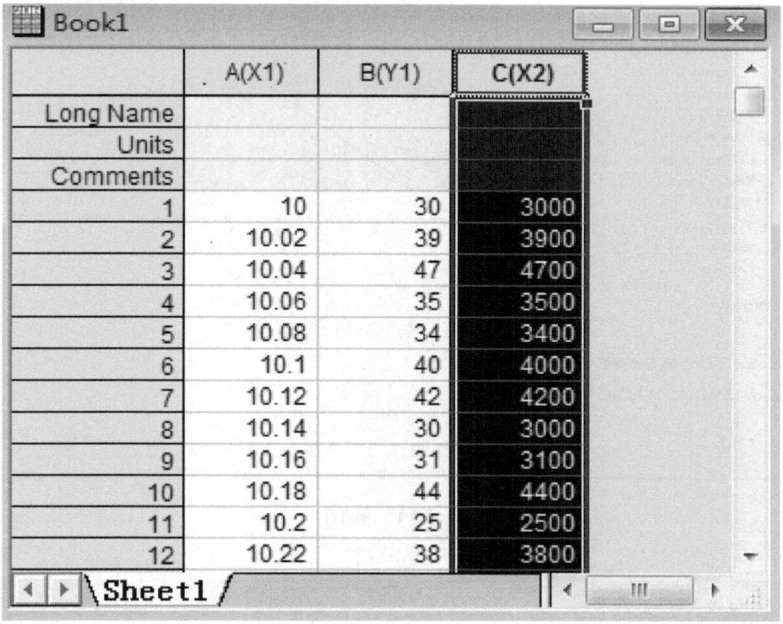

	A(X1)	B(Y1)	C(X2)
Long Name			
Units			
Comments			
1	10	30	3000
2	10.02	39	3900
3	10.04	47	4700
4	10.06	35	3500
5	10.08	34	3400
6	10.1	40	4000
7	10.12	42	4200
8	10.14	30	3000
9	10.16	31	3100
10	10.18	44	4400
11	10.2	25	2500
12	10.22	38	3800

图 5-22 数据列属性设置

5.2.2 图形模板的查阅与选用

1. 图形模板

在利用 Origin 软件绘制图形前，首先要明确构建什么效果的图形，然后从自带的模板中选择。如果对这些绘图模板及其效果不了解，可以点击 Plot 菜单（或绘图编辑界面下端）的 Template Library（“模板库”）按钮，查看各种图形模板的效果图。典型模板的效果图如图 5-23～图 5-34 所示。

2. 图形构建

数据列生成后，选中绘图所需要的数据，然后从 Line、Symbol、Line-Symbol、Column/Bar/Pie、Multiple-Curve 等类型（图 5-35）中选择一个，构建一个图形，部分曲线类型的下拉菜单如图 5-36 所示。

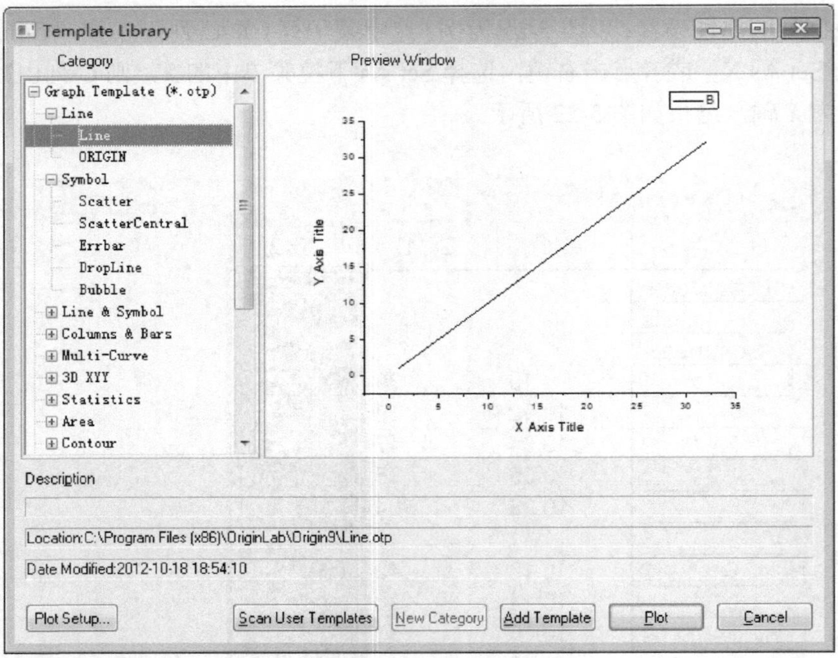

图 5-23　线图

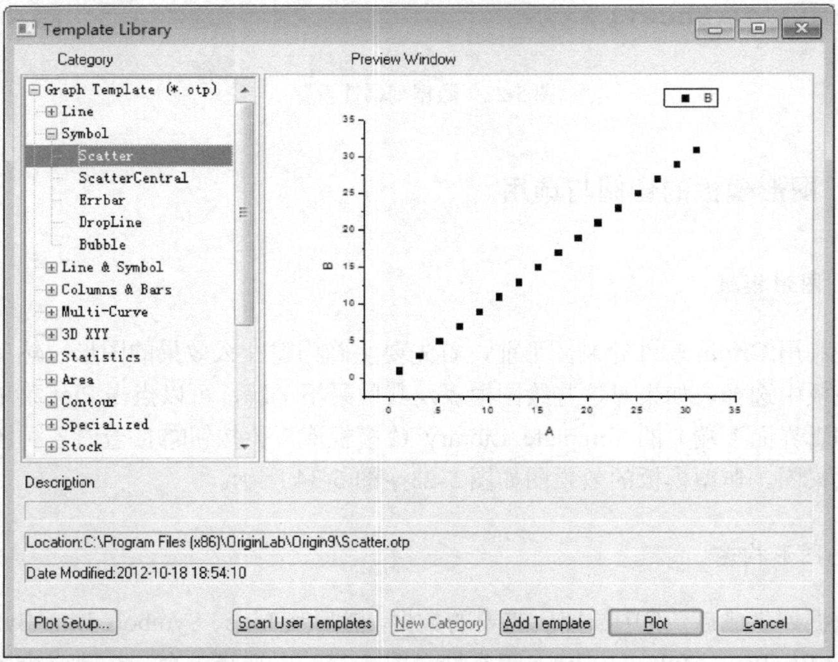

图 5-24　散点图

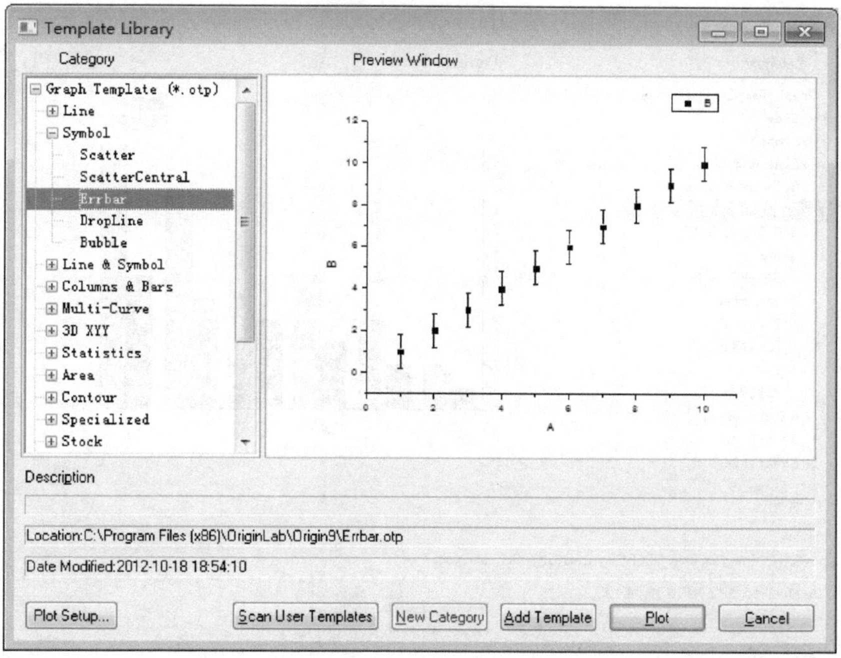

图 5-25　误差棒图

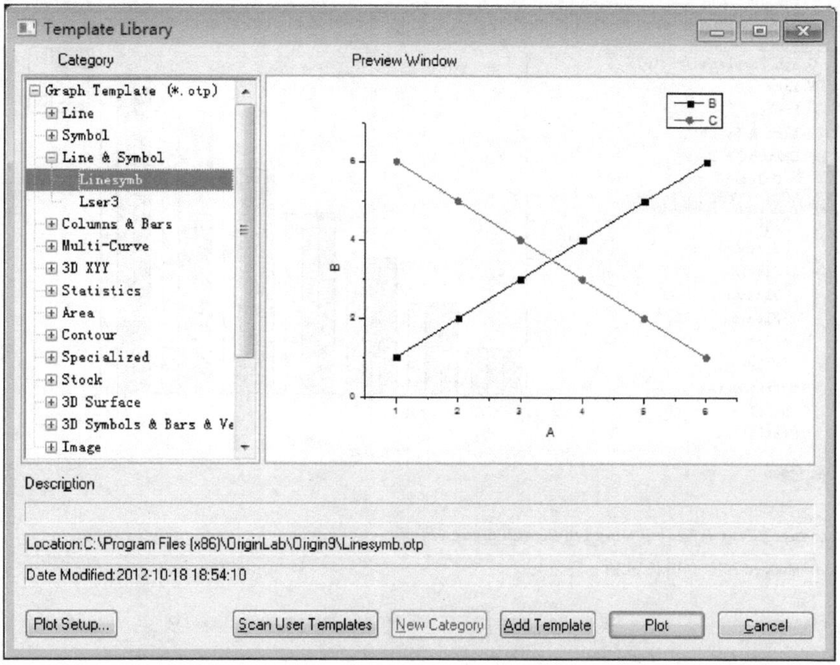

图 5-26　点线图

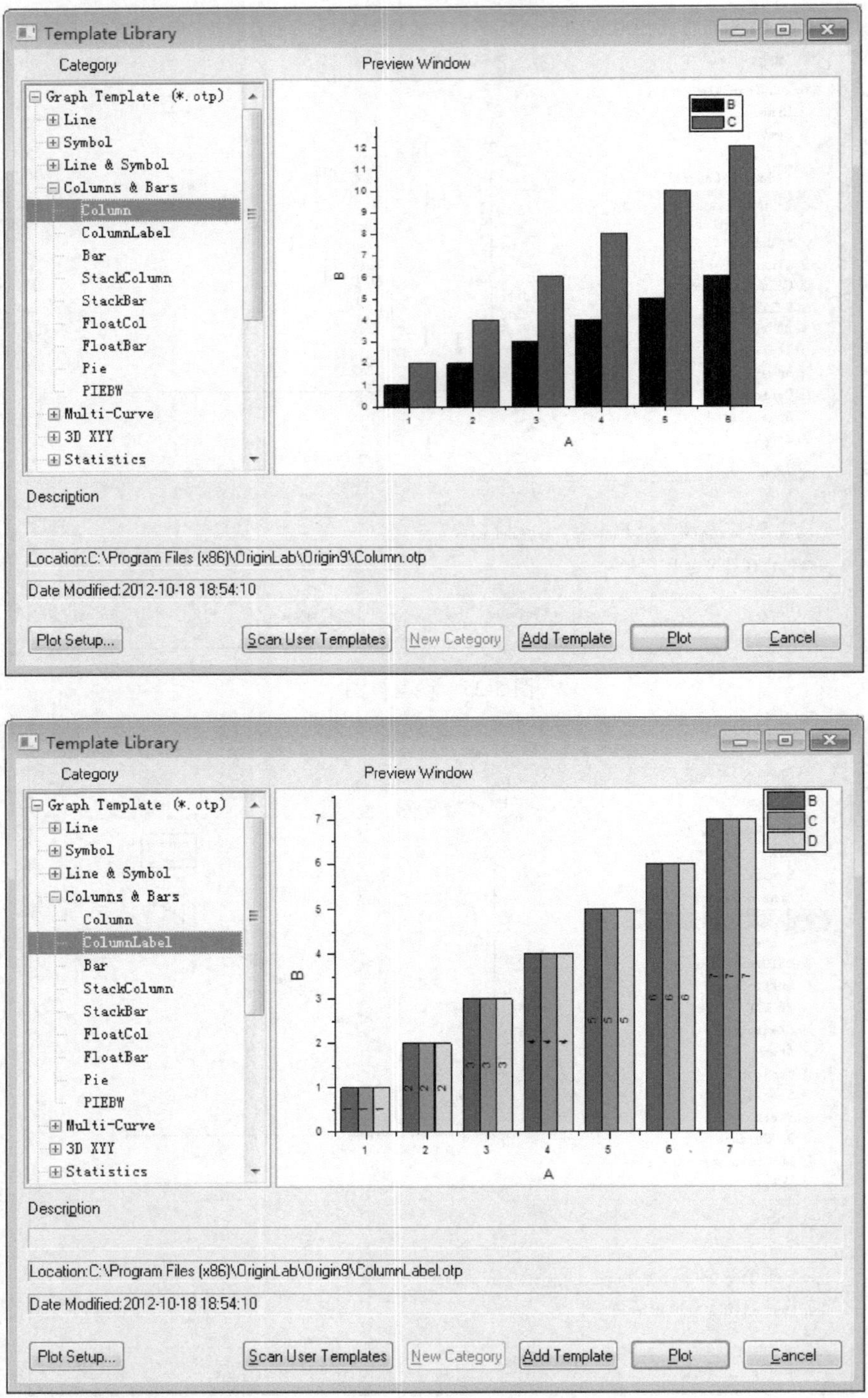

Template Library
Category
Preview Window
Graph Template (*.otp)
Line
Symbol
Line & Symbol
Columns & Bars
Column
ColumnLabel
Bar
StackColumn
StackBar
FloatCol
FloatBar
Pie
PIEBW
Multi-Curve
3D XYY
Statistics
Description
Location:C:\Program Files (x86)\OriginLab\Origin9\Column.otp
Date Modified:2012-10-18 18:54:10
Plot Setup...
Scan User Templates
New Category
Add Template
Plot
Cancel
Template Library
Category
Preview Window
Graph Template (*.otp)
Line
Symbol
Line & Symbol
Columns & Bars
Column
ColumnLabel
Bar
StackColumn
StackBar
FloatCol
FloatBar
Pie
PIEBW
Multi-Curve
3D XYY
Statistics
Description
Location:C:\Program Files (x86)\OriginLab\Origin9\ColumnLabel.otp
Date Modified:2012-10-18 18:54:10
Plot Setup...
Scan User Templates
New Category
Add Template
Plot
Cancel

图 5-27　柱状图

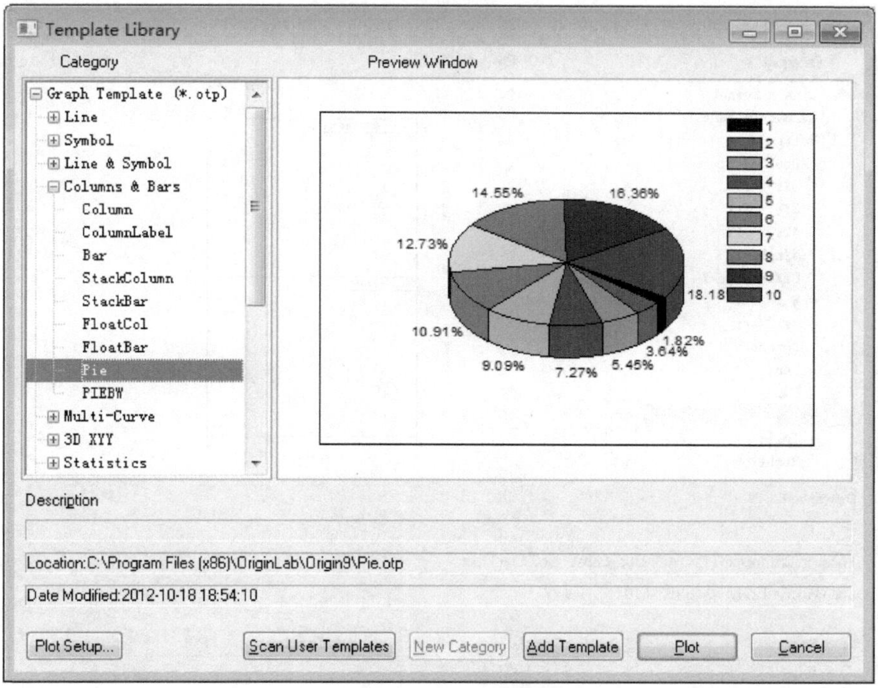
Template Library
Category
Preview Window
Graph Template (*.otp)
Line
Symbol
Line & Symbol
Columns & Bars
Column
ColumnLabel
Bar
StackColumn
StackBar
FloatCol
FloatBar
Pie
PIEBW
Multi-Curve
3D XYY
Statistics
14.55%
16.36%
12.73%
18.18
10.91%
1.82%
3.64%
9.09%
7.27%
5.45%
1
2
3
4
5
6
7
8
9
10
Description
Location:C:\Program Files (x86)\OriginLab\Origin9\Pie.otp
Date Modified:2012-10-18 18:54:10
Plot Setup...
Scan User Templates
New Category
Add Template
Plot
Cancel

图 5-28　饼图

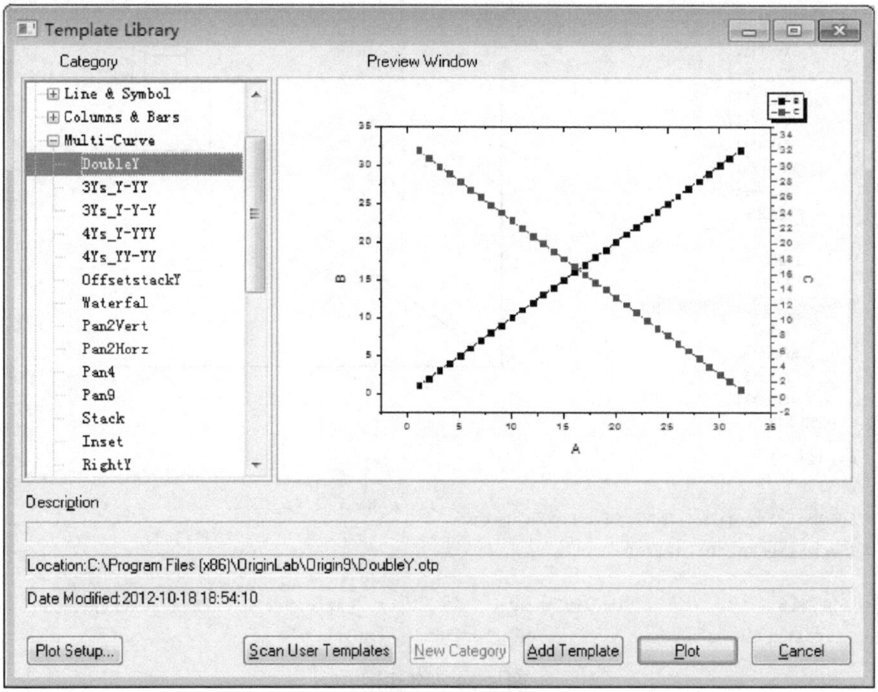
Template Library
Category
Preview Window
Line & Symbol
Columns & Bars
Multi-Curve
DoubleY
3Ys_Y-YY
3Ys_Y-Y-Y
4Ys_Y-YYY
4Ys_YY-YY
OffsetstackY
Waterfal
Pan2Vert
Pan2Horz
Pan4
Pan9
Stack
Inset
RightY
B
C
A
Description
Location:C:\Program Files (x86)\OriginLab\Origin9\DoubleY.otp
Date Modified:2012-10-18 18:54:10
Plot Setup...
Scan User Templates
New Category
Add Template
Plot
Cancel

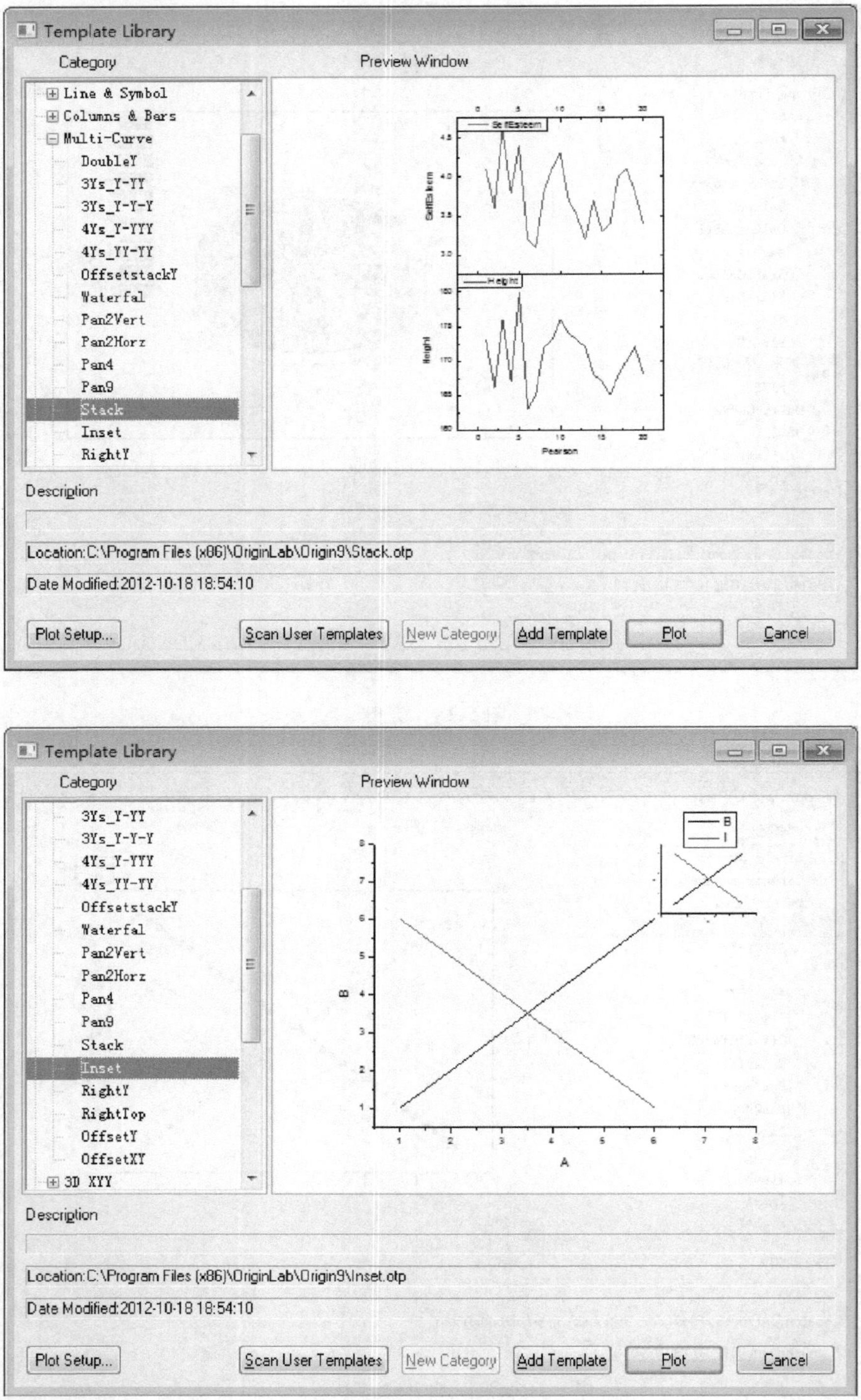
Template Library
Category
Preview Window
Line & Symbol
Columns & Bars
Multi-Curve
DoubleY
3Ys_Y-YY
3Ys_Y-Y-Y
4Ys_Y-YYY
4Ys_YY-YY
OffsetstackY
Waterfal
Pan2Vert
Pan2Horz
Pan4
Pan9
Stack
Inset
RightY
Height
Pearson
Description
Location:C:\Program Files (x86)\OriginLab\Origin9\Stack.otp
Date Modified:2012-10-18 18:54:10
Plot Setup...
Scan User Templates
New Category
Add Template
Plot
Cancel
Template Library
Category
Preview Window
3Ys_Y-YY
3Ys_Y-Y-Y
4Ys_Y-YYY
4Ys_YY-YY
OffsetstackY
Waterfal
Pan2Vert
Pan2Horz
Pan4
Pan9
Stack
Inset
RightY
RightTop
OffsetY
OffsetXY
3D XYY
B
I
A
Description
Location:C:\Program Files (x86)\OriginLab\Origin9\Inset.otp
Date Modified:2012-10-18 18:54:10
Plot Setup...
Scan User Templates
New Category
Add Template
Plot
Cancel

图 5-29　多线图

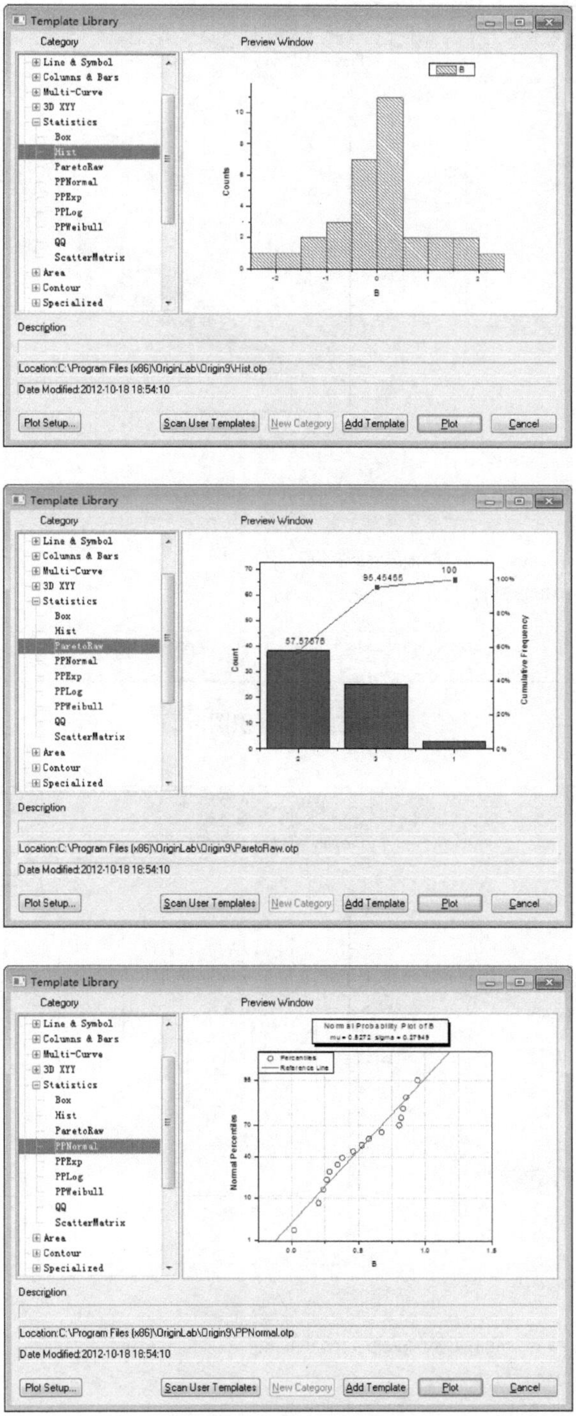
Template Library
Category
Preview Window
Line & Symbol
Columns & Bars
Multi-Curve
3D XYY
Statistics
Box
Hist
ParetoRaw
PPNormal
PPExp
PPLog
PPWeibull
QQ
ScatterMatrix
Area
Contour
Specialized
Counts
B
Description
Location:C:\Program Files (x86)\OriginLab\Origin9\Hist.otp
Date Modified:2012-10-18 18:54:10
Plot Setup...
Scan User Templates
New Category
Add Template
Plot
Cancel
Template Library
Count
Cumulative Frequency
57.57576
95.45455
100
Location:C:\Program Files (x86)\OriginLab\Origin9\ParetoRaw.otp
Date Modified:2012-10-18 18:54:10
Template Library
Normal Probability Plot of B
Percentiles
Reference Line
Normal Percentiles
Location:C:\Program Files (x86)\OriginLab\Origin9\PPNormal.otp
Date Modified:2012-10-18 18:54:10

图 5-30 统计图

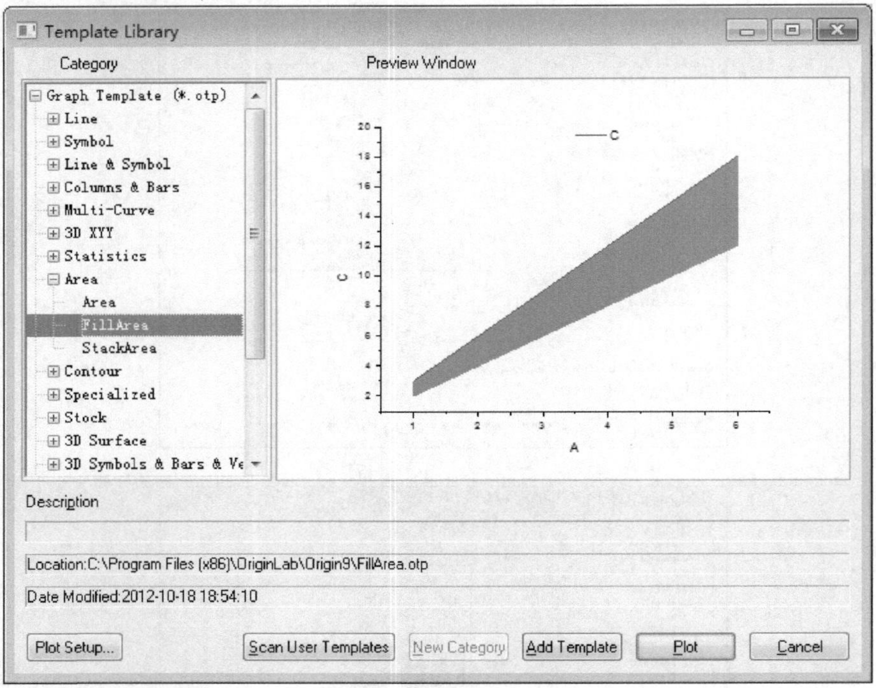
Template Library
Category
Preview Window
Graph Template (*.otp)
Line
Symbol
Line & Symbol
Columns & Bars
Multi-Curve
3D XYY
Statistics
Area
Area
FillArea
StackArea
Contour
Specialized
Stock
3D Surface
3D Symbols & Bars & Ve
C
A
Description
Location:C:\Program Files (x86)\OriginLab\Origin9\FillArea.otp
Date Modified:2012-10-18 18:54:10
Plot Setup...
Scan User Templates
New Category
Add Template
Plot
Cancel

图 5-31　面积图

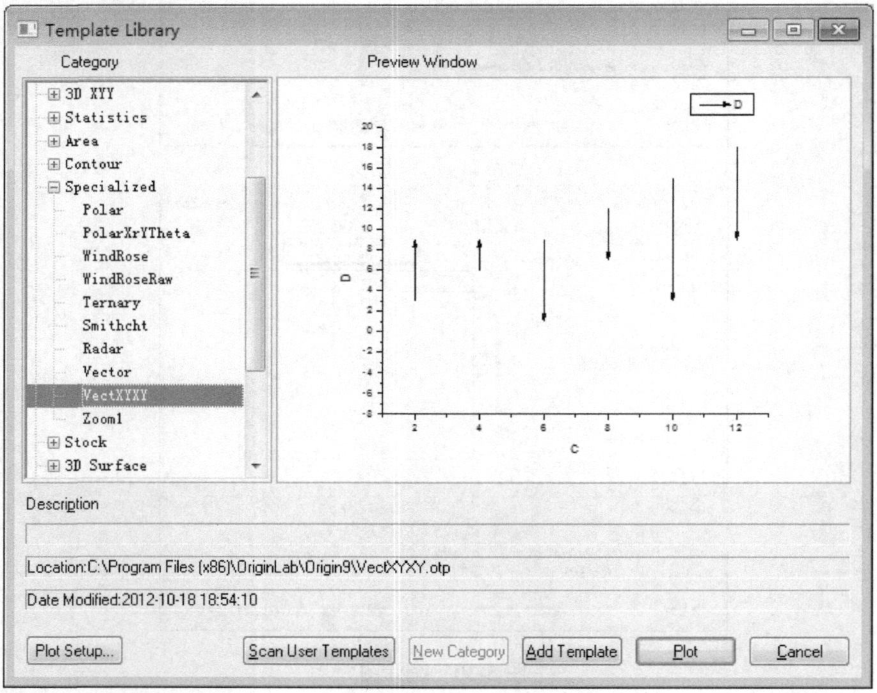
Template Library
Category
Preview Window
3D XYY
Statistics
Area
Contour
Specialized
Polar
PolarXrYTheta
WindRose
WindRoseRaw
Ternary
Smithcht
Radar
Vector
VectXYXY
Zoom1
Stock
3D Surface
D
C
Description
Location:C:\Program Files (x86)\OriginLab\Origin9\VectXYXY.otp
Date Modified:2012-10-18 18:54:10
Plot Setup...
Scan User Templates
New Category
Add Template
Plot
Cancel

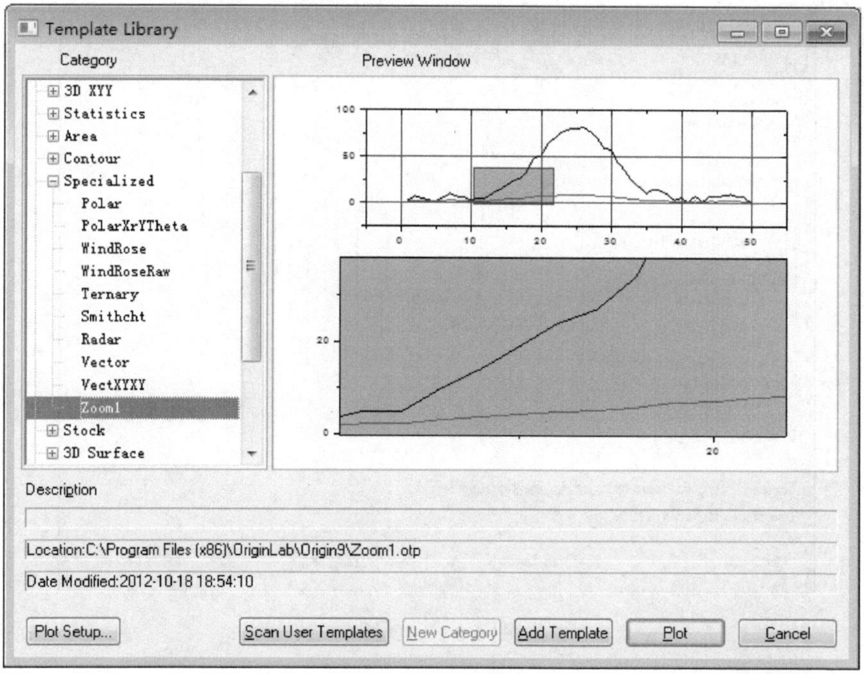

图 5-32　专业图

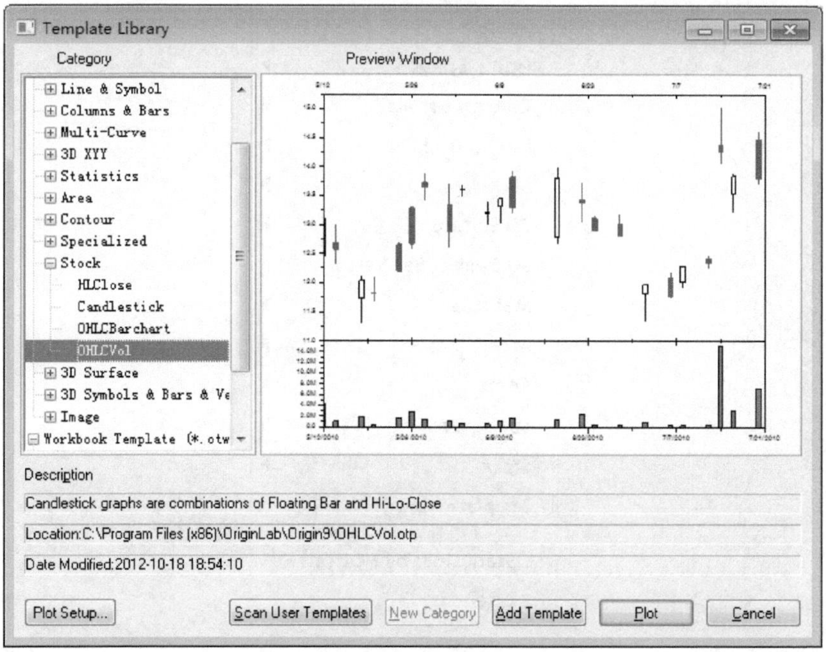

图 5-33　Stock 图

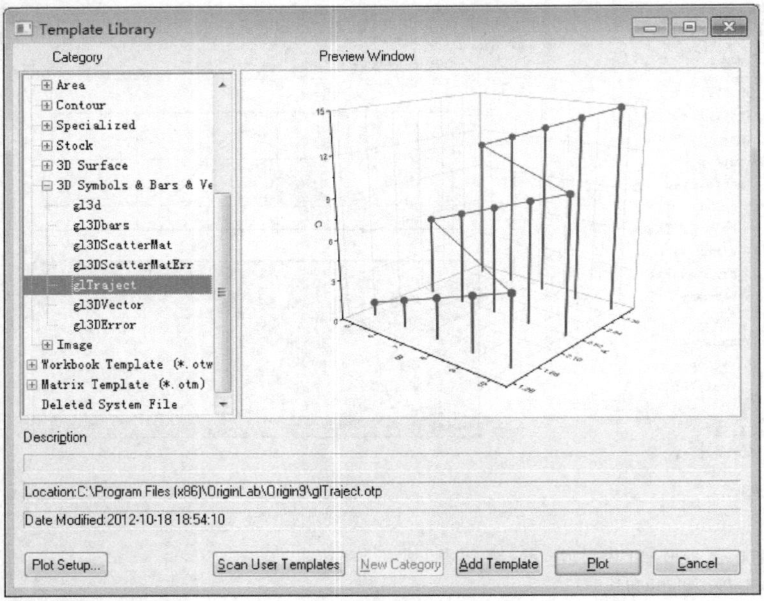

图 5-34　3D 图

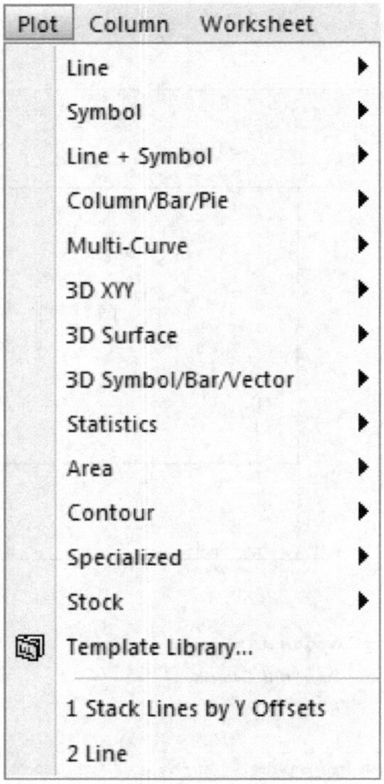

图 5-35　Plot 菜单的曲线类型

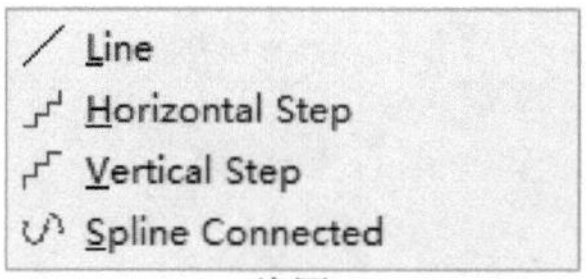

线图

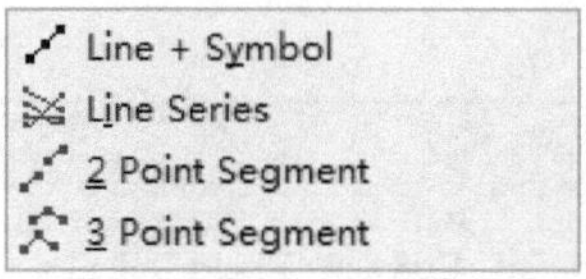

点线图

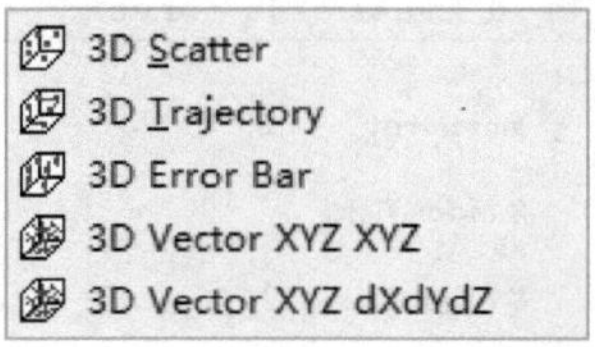

三维图

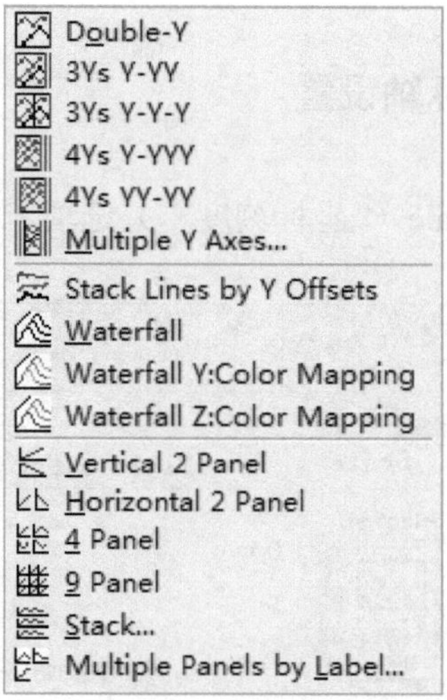

多线图

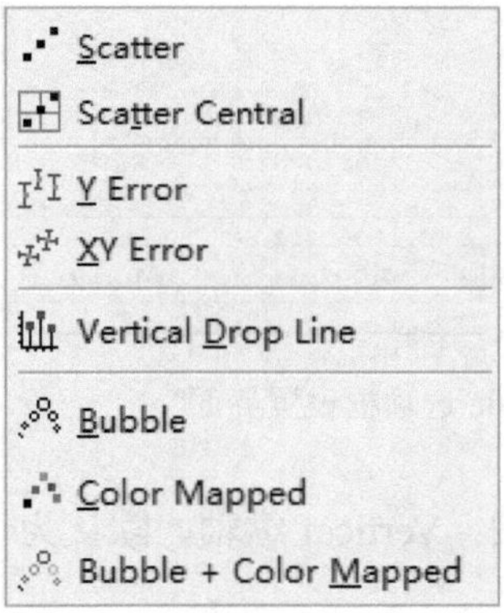

散点图

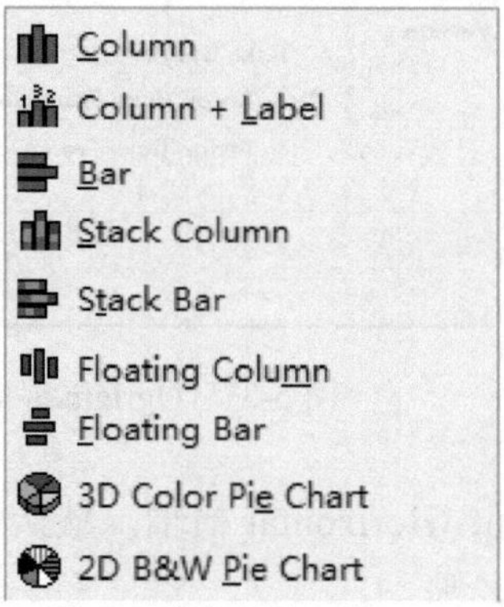

柱状图

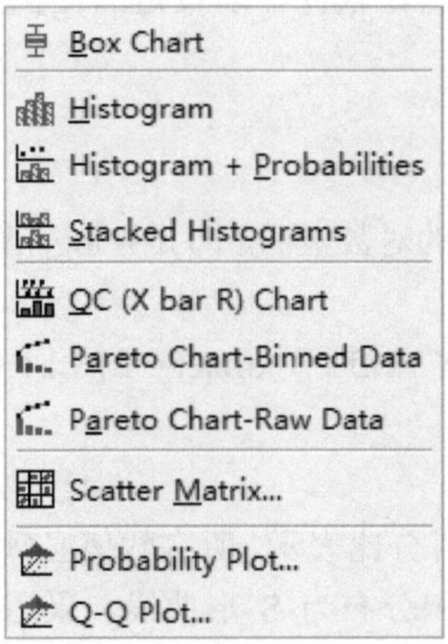

统计图

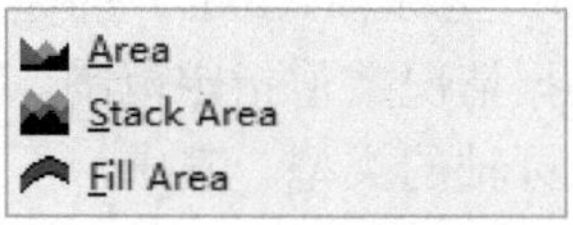

面积图

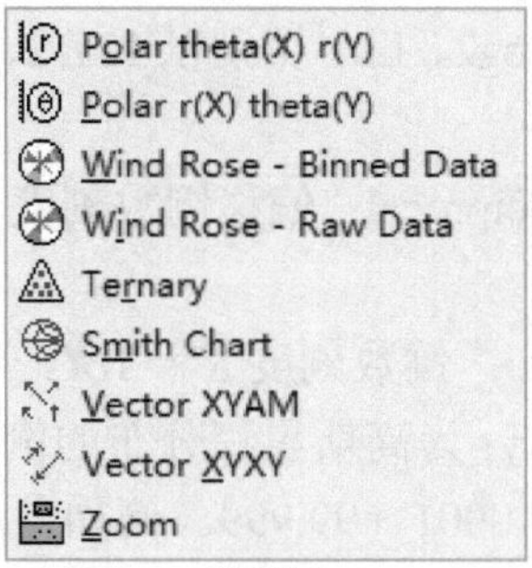

特殊图

图 5-36　部分曲线类型的下拉菜单

5.2.3　坐标轴设置

（1）Scale（“坐标刻度”）选项卡如图 5-37 所示。

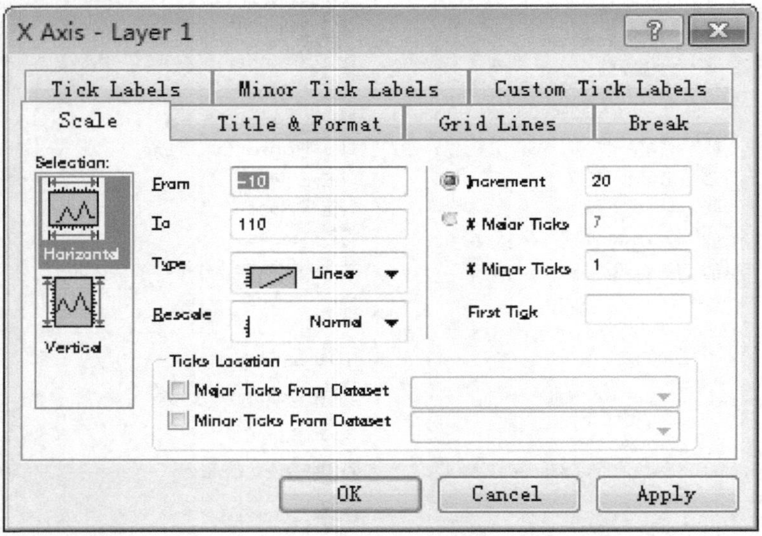

图 5-37　Ogrigin 界面的 Scale 选项框设置界面

Selection：Horizontal 横轴，默认为 X 轴；Vertical 纵轴，默认为 Y 轴。三维图形中出现 Z 轴。

From，To：坐标轴（axis）的起点和终点。软件自动设定的往往为最佳显示效果，也可根据情况数值指定范围。

Type：坐标轴的类型。其中，

Linear：标准线性刻度 $X' = X$（默认）。

Log10、Log2、Ln：分别以 10、2、e 为底的对数坐标，即 $X' = \log_{10}X$（或 $\log_2 X$，$\ln X$）。

Offset Reciprocal：偏移倒数刻度 $X' = 1/X + \text{offset}$，offset = 273.14（0℃的绝对温度）。

Reciprocal：倒数刻度 $X' = 1/X$。

Probability：为高斯累积分布的倒数，以百分比表示，所有数值必须在 0～100，刻度范围为 0.0001～99.999。例如，高斯累积分布为 S 形曲线，采用 Probability 刻度时变为直线。

Rescale：坐标轴重新调整。其中，

Normal：普通，可以用放大工具调整（默认）。

Manual：人工，不能调整。

Auto：与 Normal 相同，可以用放大工具调整，但也可以自动调整。

Fixed From，Fixed To：固定坐标轴的起始点和终止点。

Increment：坐标轴的递增步长。

Major Ticks：坐标轴的主刻度数量。

Minor：主刻度之间的次刻度数量。

First：针对日期刻度，指定起始刻度的位置。

（2）Title & Format（“标题与格式”）选项卡如图 5-38 所示。

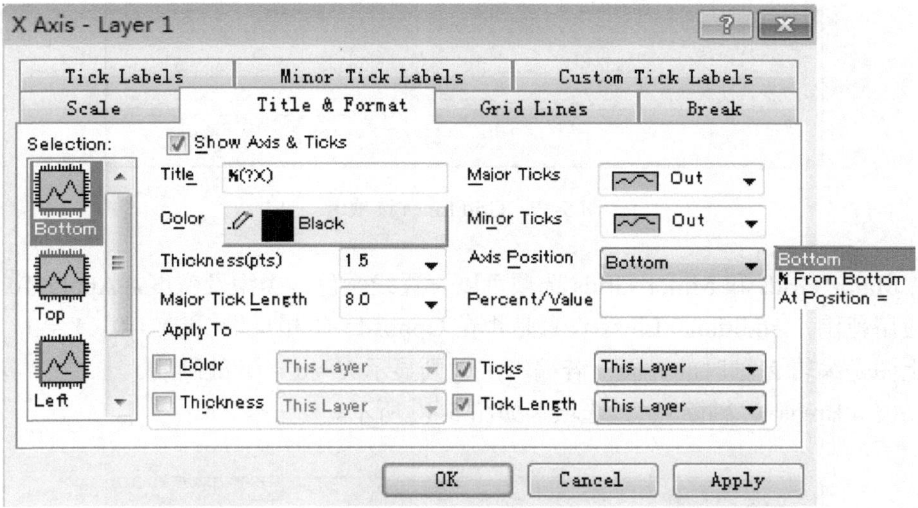

图 5-38　Title & Format 选项卡

Show Axis & Ticks：选择该选项显示所选坐标轴的轴和刻度。

Selection：坐标刻度值的选择。可以选择 Bottom（底部 *X* 轴坐标）、Top（顶部 *X* 坐标）、Left（左边 *Y* 轴坐标）和 Right（右边 *Y* 轴坐标）。

Title：坐标轴的标题。%（？Y）是系统内部代码，不用更改。

Major Ticks，Minor Ticks：主、次刻度显示的方式，包括内、外、无、内外四种。

Color：坐标轴线的颜色。

Thickness：坐标轴线的粗细。

Axis：坐标轴的位置，一般不更改。

Major Tick Length：主刻度的长度。

Percent/Value：偏离默认的位置。Bottom 为默认位置；%From Bottom 为从默认位置偏移；At Position 为移动到制定的 *X* 或 *Y* 值处。

（3）Grid Lines（“网格线”）选项卡如图 5-39 所示。

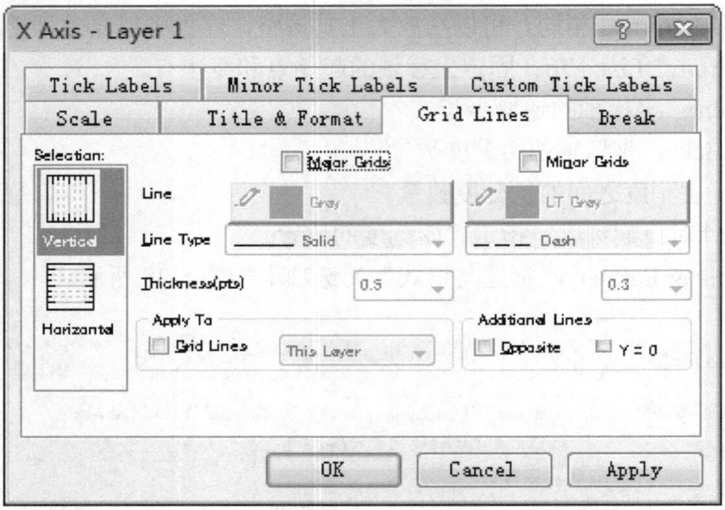

图 5-39　Grid Lines 选项卡

Major Grids 和 Minor Grids 选项可以设置线颜色、类型及宽度，Apply To 选择应用范围，Additional Lines 设置是否在 Opposite（“相反”）和 $X=0$（$Y=0$，注意上图是编辑 X 轴时的界面，若编辑 Y 轴则显示 $X=0$ 时）处画线。

（4）Break（“轴断点”）选项卡如图 5-40 所示。

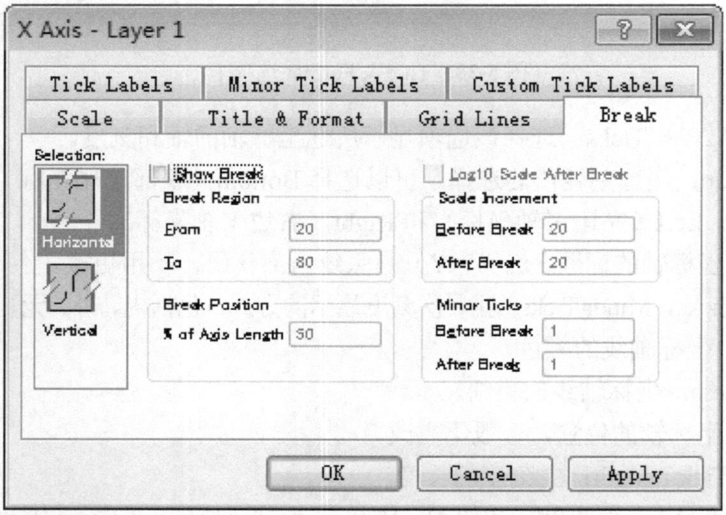

图 5-40　Break 选项卡

Selection：Horizontal 横轴，Vertical 纵轴，默认为 Horizontal。
Show Break：坐标轴显示断点。
Break Region：断点的起始点和结束点，From 起点，To 终点。
Break Position：数字表示断点在坐标轴上的位置。
Log10 Scale After Break：断点后的坐标为对数坐标。
Scale Increment：断点前（Before Break）、后（After Break）步长。
Minor Ticks：断点前（Before Break）、后（After Break）次刻度的数目。
（5）Tick Labels（“主刻度标签”）选项卡如图 5-41 所示。

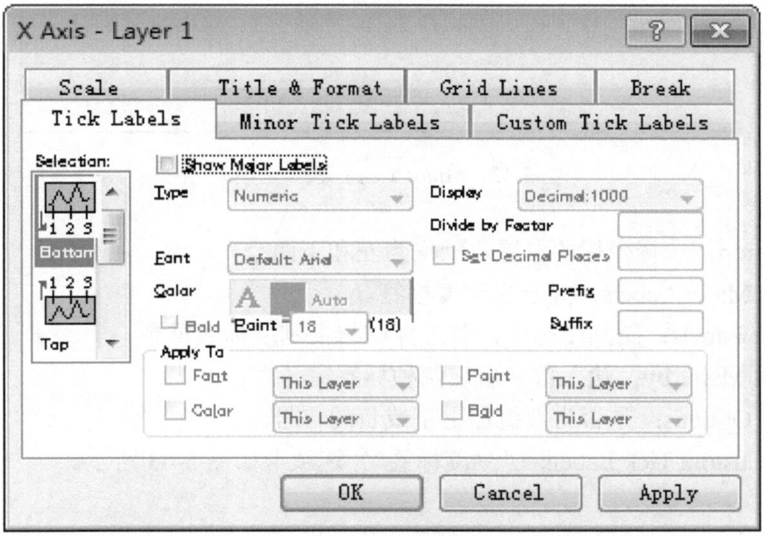

图 5-41　Tick Labels 选项卡

Selection：坐标轴的选择。可以选择 Bottom（底部 *X* 轴坐标）、Top（顶部 *X* 坐标）、Left（左边 *Y* 轴坐标）和 Right（右边 *Y* 轴坐标），系统默认的是 Bottom 和 Left。

Type：数据类型。与作图前的设置一样。也可以修改为其他数据类型。
Display：数据的格式。如十进制、科学计数法等。
Divide by：整体数值除以一个数值。默认为除以 1000 倍。
Set Decimal Places：勾选后，输入自然数字即为坐标轴数值的小数位数。
Prefix/Sufix：标签前缀/后缀。如可以填入单位，但单位一般不在此处输入。
Font：字体设置。可以设置格式、大小、颜色等。
Apply To：各种设置应用的范围。默认为左边和底部的坐标轴。
（6）Minor Tick Labels（“次刻度标签”）选项卡如图 5-42 所示。

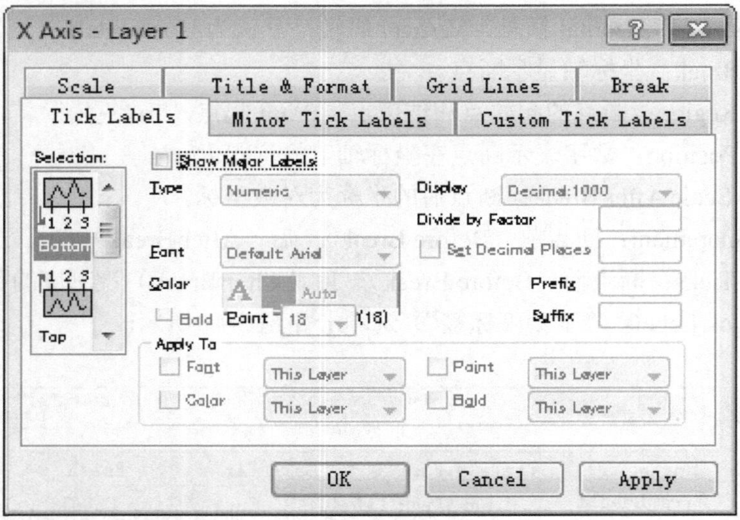

图 5-42　Minor Tick Labels 选项卡

Selection：选择坐标的位置，默认为左和下两个。

Show Major Labels：显示主刻度标签。

Minor Labels：副刻度标签，若选择则与主刻度标签重叠。

Offset Major by：输入数字后使两种标签错开。

Other Options：是否为数值加上正或负的符号。

（7）Custom Tick Labels（“刻度标签”）选项卡如图 5-43 所示。

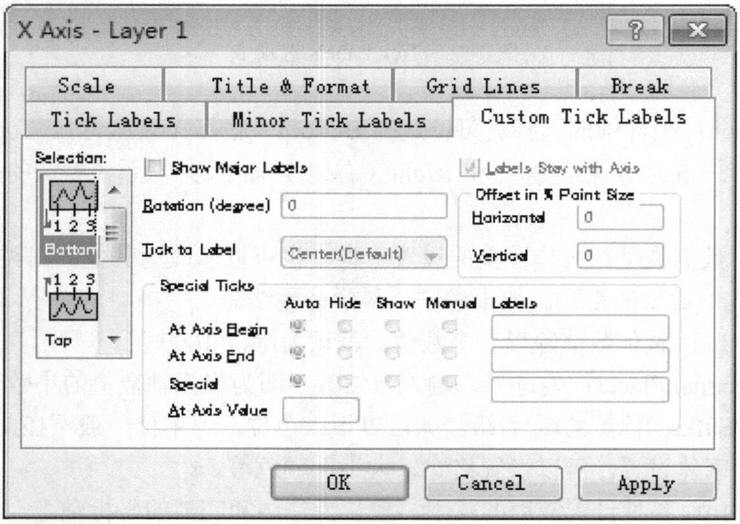

图 5-43　Custom Tick Labels 选项卡

Selection：坐标刻度值的选择。可以选择 Bottom（底部 X 轴坐标）、Top（顶部 X 坐标）、Left（左边 Y 轴坐标）和 Right（右边 Y 轴坐标）。

Show Major Labels：显示主刻度标签。

Rotation（degree）：坐标轴标签旋转的角度。正数表示逆时针旋转的度数，负数表示顺时针旋转的度数。

Tick to Label：标签对齐方式，其中，

Center（Default）：标签中间对齐坐标轴刻度（默认）。

Center Between Ticks：标签在相邻两个刻度间。

Next to Ticks：标签的左边对齐刻度。

Labels Stay with Axis：勾选后刻度标签临近坐标轴，随坐标的移动而移动。

Offset in % Point Size：刻度标签与坐标轴的位置距离。

Horizontal：水平距离。

Vertical：垂直距离。

Special Ticks：标签显示的选项。其中，

Auto：默认

Hide：隐藏标签

Show：显示指定的标签

Manual：显示文本框中的坐标值。

5.2.4　图例与文本

图例（legend）是对图中所有数据图或图中标识说明的汇总，只能见缝插针地紧凑排列于框内（或框外）的空白区域，不能喧宾夺主。

选中图例按 Delete 键即可删除图例。点开 Graph 菜单的 New Legend 命令，或者点击绘图界面右侧 Graph 功能区中的 New Legend 按钮即可添加图例。若刚刚删除图例，也可通过撤销键（Ctrl + Z）撤销删除操作。右键单击图例，点开 Properties，在弹出的对话框中，可以设置图例的外框、背景类型、旋转角度、字体类型，在文本修改框中手动改变用斜杠、百分号等字符表示的曲线图例标注位置，调整图例显示顺序；按退格键将图例标注连接起来（使用空格键相隔开），将图例横向排列（默认纵向排列）。点击 Graph 菜单的 Update Legend 命令，进入图例设置界面更新图例。

点击 Toolbars（“常用工具栏”）中的 Text Tool（“文本工具”）按钮**T**，或者右键点击编辑页面的空白区域，选择 Add Text...命令，在页面光标闪烁的位置处输入文字；在文字编辑状态（光标闪烁）下，点击右键进入 Symbol Map（“符号库”）界面，选中需要的符号，然后点击 Insert 按钮即可插入符号。

Toolbars（“常用工具栏”）除了文本之外，还有箭头、直线矩形（正方形）、圆形等图形工具及显示比例放大、坐标显示等工具（图 5-44）。自定义工具栏的方法：点击 View 菜单下的 Toolbars…选项，弹出 Customize Toolbar 设置界面，勾选 Toolbars 栏中的 Tools（点击 Button Groups 会显示工具栏已选的工具按钮），如图 5-45 所示，即可将工具栏显示在编辑页面上，通过双击工具之外的区域，还可以实现块状与条状两种显示方式的相互切换。

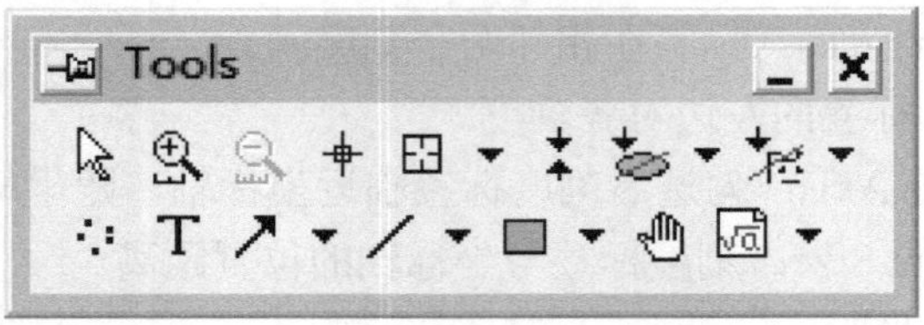

图 5-44　Origin 的常用工具栏

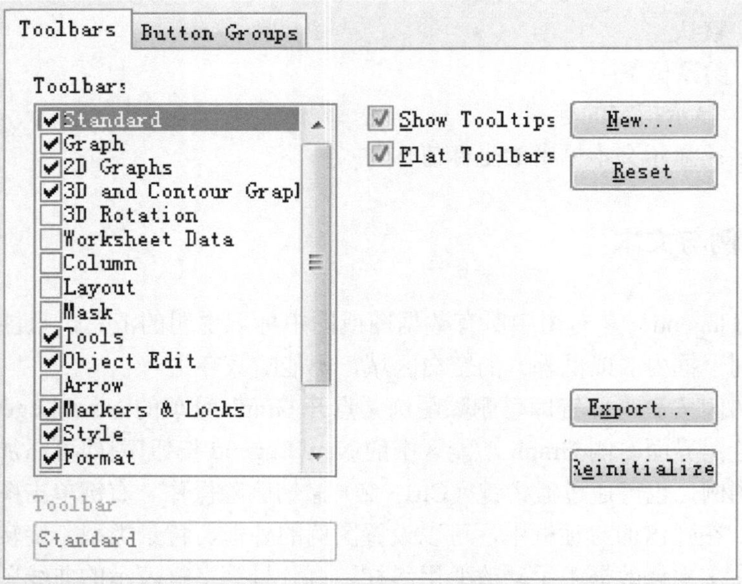

图 5-45　Origin 自定义工具栏

使用 Text Format 工具，设置刻度值、文本的字体、字号和上下标。

5.2.5　图形输出

图形绘制好后，不仅需要保存为 opj 格式的文档，还需要导出图片文档用于文稿。点击 File 菜单的 Export Graphs 命令，选择 Open Dialog（不要选择〈Last used〉或者〈default〉，弹出图片导出参数设置界面，如图 5-46 所示。

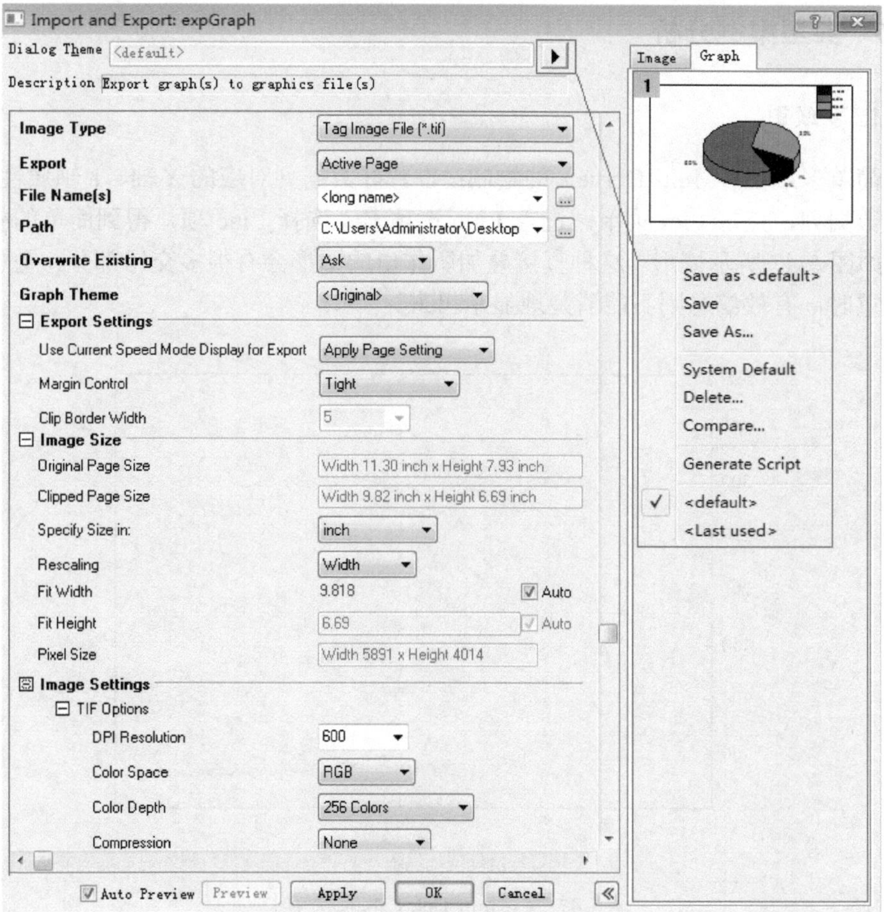

图 5-46　Origin 导出图片设置界面

（1）输出格式定制：单击 DialogTheme 栏右侧的设置按钮▶，选择 Save as〈default〉，把当前的格式保存为默认格式，自动作为下次图像输出的模板格式，省去了每次输出图片时逐个设置的麻烦。由于可以将默认格式修改保存为新的默认格式，因此可以定制格式，非常方便输出图片。

（2）Image Type：图片格式，期刊论文一般为 tif 格式。

（3）Path：保存路径。

（4）Overwrite Existing：选择 Ask，遇到拟保存的文件与现有的文档同名时确认是否覆盖。

（5）Margin Control：选择 Tight，无页边空白。

（6）Auto Preview：勾选时会即时显示图像，方便预览查看效果。

5.2.6 典型案例分析

1. 多线图

简单多线图（Multi-Curve）的绘制：设置好数据列对应的 *X* 轴、*Y* 轴属性后，选中数据列，点击 Plot 菜单，进入 Line 选项卡，选择 Line 项，得到简单的叠加图，如图 5-47 所示情形。这种直接叠加所作出的图形会有很多交错部分，叠加程度严重时，有效信息则不能清楚地显示出来。

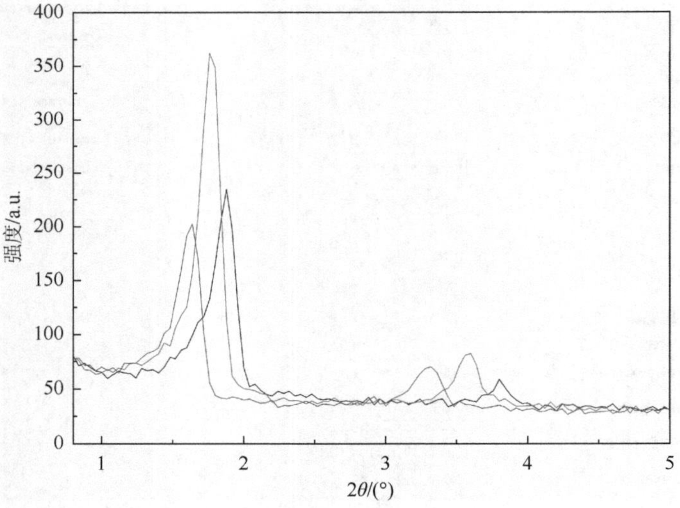

图 5-47 Custom Tick Labels 选项卡

平移（Offset）图的绘制：设置好数据列对应的 *X* 轴、*Y* 轴属性后，选中数据列，点击 Plot 菜单，进入 Multi-Curve（“多曲线”）选项卡，选择 Stack line by Y Offsets（“沿 *Y* 轴平移”）按钮，如图 5-48 所示。得到 *Y* 轴间隔排布图，曲线沿着 *Y* 轴方向被隔离开。由于显示的是经过平移处理之后的曲线，此时纵坐标值已不是原始的数据值，因此 *Y* 轴刻度值不应再标注。

堆叠（Stack）图的绘制：设置好数据列对应的 *X* 轴、*Y* 轴属性后，选中数据列，从界面底端点开多线图模板的设置按钮（三角图标），点击 Stack（“堆叠”）按钮 Stack...，或者点击 Plot 菜单的 Multi-Curve 选项，在下拉菜单中选择 Stack（“堆叠”）按钮 Stack...。弹出如图 5-49 所示界面。

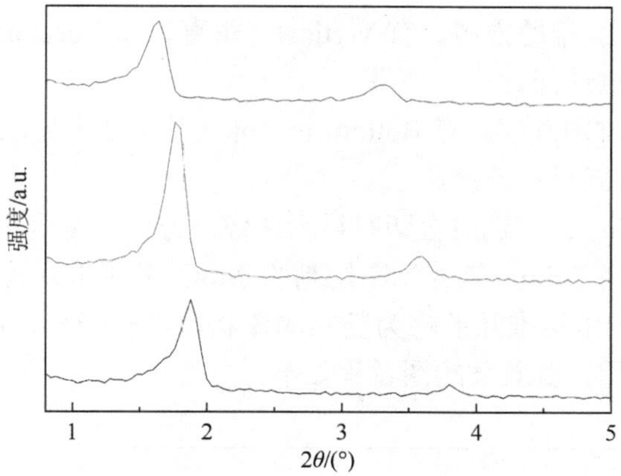

图 5-48　沿 Y 轴平移后的效果图

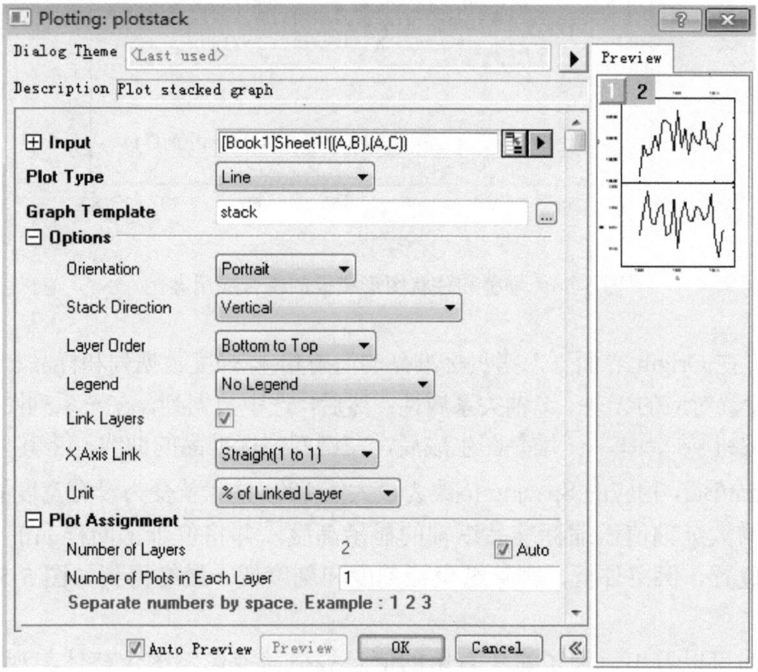

图 5-49　Stack 图模板设置界面

（1）Dialog Theme：此为图片导出默认格式的设置界面。

（2）Plot Type：对所有曲线进行统一性设置，不能单独设置某条曲线。

（3）Options：

Orientation：构图大小。有两种方式可供选择，选择 Portrait 时左右窄、上下宽；选择 Landscape 时左右宽、上下窄，宽 25.5cm。叠加图建议采用第二种方式。

Stack Direction：堆叠方向。有 Vertical（垂直）和 Horizontal（水平，*X-Y* 轴交换）两种方式可供选择。

Layer Order：排图顺序。有 Bottom to Top（从下往上排图）和 Right to Left（从右往左）两种方式可供选择。

（4）Auto Preview：勾选时会即时显示图像，方便预览查看效果。

图 5-50 是利用 Origin 软件绘图绘制的 MoO_3 样品和标准品的 X 射线衍射（XRD）数据图，图中标准品的峰为竖立的棒状，没有峰宽。该图是堆叠和柱状图形模板的综合应用，其具体绘图过程如下。

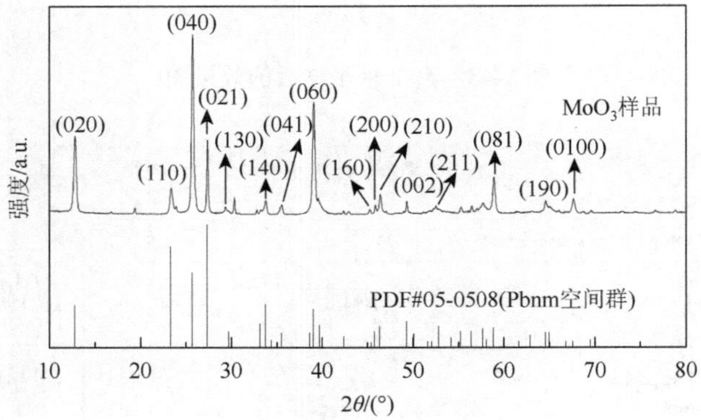

图 5-50　堆叠和柱状图形模板的综合应用案例

首先，在 Origin 界面下，拷贝标准品的衍射角-峰强度数据列和样品相应的数据列，逐列设置对应的 *X* 轴、*Y* 轴关系属性；然后，选中数据列，在一系列图形模板中选择堆叠按钮 Stack...；堆叠图生成后，左键双击标准品的曲线，将其 Plot Type 改为 Column/Bar，相应的 Spacing 值改为最大值 100，柱状就变为没有宽度的棒状了。

通过增大纵轴值压缩标准品纵轴的显示高度，并将位于上面样品的曲线图下移至合适位置，保留外框，删除纵坐标刻度和刻度值，最终得到如图 5-50 所示的效果图。

由上述可以看出，为了避免有用的信息被掩盖或影响图像整体美观，通常采取平移、堆叠等方式将多条曲线区分开。实际上，曲线条数不是太多时，在不改变原始数据的情况下，利用 Line + Symbol（“点线图”）模板，可以将各曲线分别设置为点图、线图、点线图等不同类型的图从而区分开来，而且图形所占区域小，操作简单。绘制过程如下：

（1）选中各数据列，点击菜单栏 Plot 菜单的 Line + Symbol（“点线图”）选项，得到初步的数据图，各曲线均为点线图。

（2）点线图变为点图：双击某一条曲线，弹出 Plot Details-Plot Properties 界面，当前为 Group 选项卡（图 5-51），选择 Edit Mode 栏下的 Independent（单独对某一曲线设置）；点击 Line 选项卡，将 Connect 项设置成 No Line；点击 Symbol 选项卡，点击符号设置按钮▼选择需要的符号，设置 Symbol Color（“颜色”）项、Size（“大小”）项。注意当 Connect 项为 No Line、Size 项为 0 时曲线被隐藏。

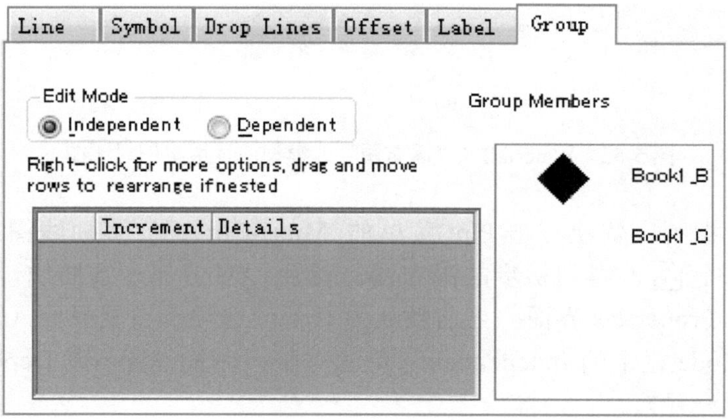

图 5-51　Line + Symbol 曲线 Group 属性设置界面

（3）点线图变为线图：双击另一条曲线，弹出 Plot Details-Plot Properties 界面，当前为 Group 选项卡，选择 Edit Mode 栏下的 Independent（单独对某一曲线设置）；点击 Line 选项卡，将 Connect 项设置为 Straight，Style 设置为 Solid（“实线”）；点击 Symbol 选项卡，Size（“大小”）设置为“0”，点击符号设置按钮▼选择需要的符号，并设置 Symbol Color（“颜色”）。

2. 瀑布图

如何去掉图 5-52（a）、（b）中的曲线背景、首尾位置垂线，获得如图 5-52（c）所示的曲线无遮挡、首尾位置处无垂线的瀑布效果图？

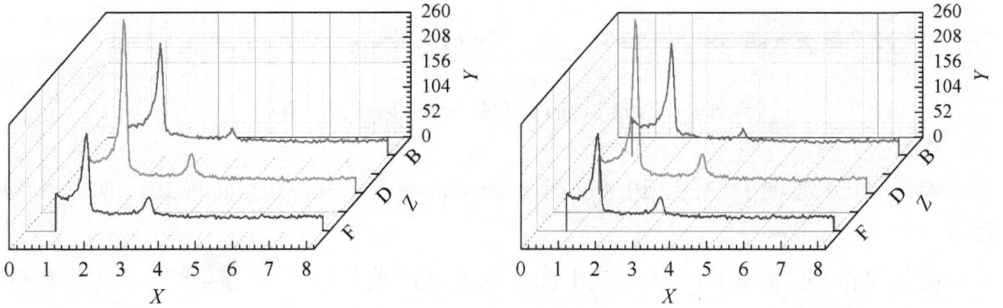

(a)　　(b)

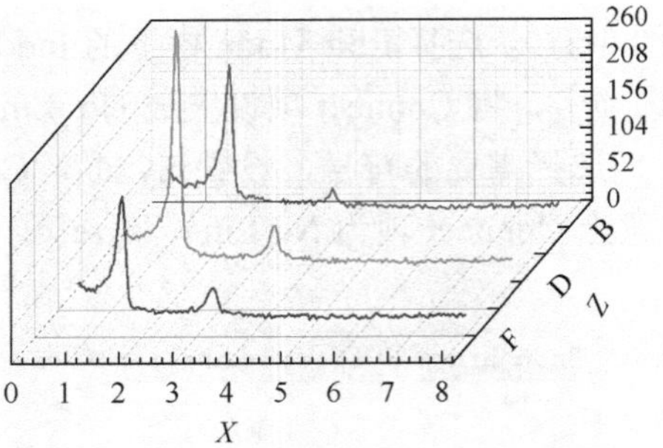

(c)

图 5-52　Waterfall（“瀑布图”）模型的运用案例对比图

选中数据列，依次点击 Plot 菜单的 Multi-Curve（“多曲线图”）选项、Waterfall 按钮，得到初步的瀑布图。然后，双击任一条曲线，弹出 Plot Details-Plot Properties 界面，当前默认为 Group 选项卡设置界面（图 5-53），选择 Edit Mode 栏下的 Independent（单独对某一曲线设置）或 Dependent（多曲线图统一设置）。

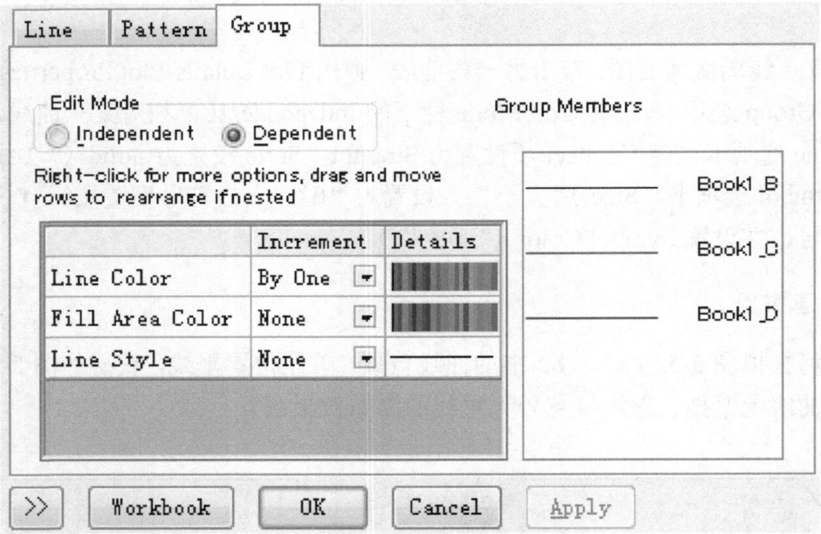

图 5-53　Multi-Curve 曲线 Group 属性设置界面

勾选 Line 选项卡中的 Fill Area Under Curve，选择 Normal 模式，如图 5-54 所示。

点开 Pattern 选项卡，点击 Fill 选项的 Color 设置按钮 Black，选择标注有 None 的无色块（注意它与白色块是不同的），如图 5-55 所示。

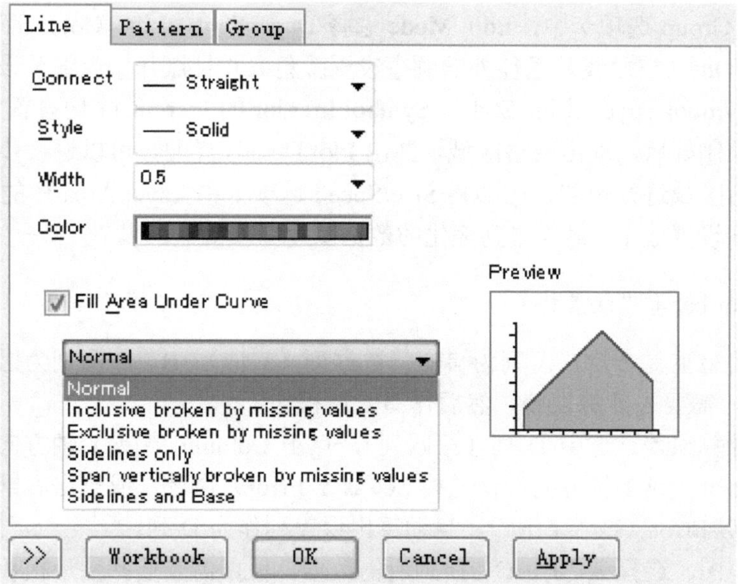

图 5-54　曲线 Line 属性设置界面

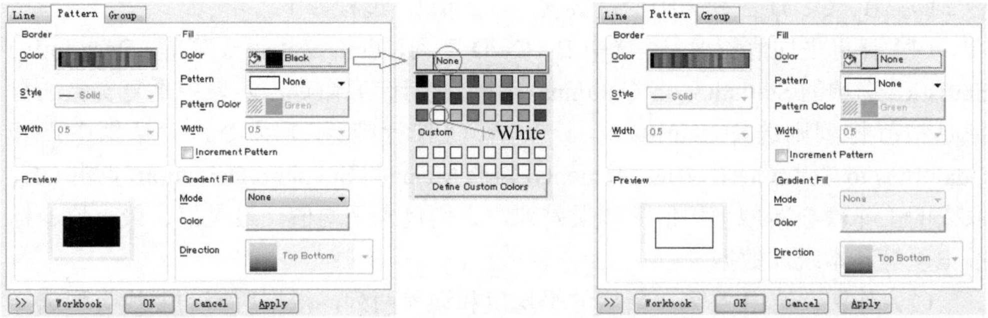

(a)　　　　　　　　　　(b)

图 5-55　曲线 Pattern 属性设置界面

单击 Apply 可以预览效果，若对线的粗细、颜色不满意还可以继续调整，最终得到无遮挡的瀑布图［图 5-52（b）］。然而，获得的曲线虽然无遮挡，但是首尾处有垂线。

可以通过以下绘制操作可以获得曲线无遮挡、首尾无垂线的曲线图：选中数据列，点击菜单栏的 Plot 菜单的 Multi-Curve（“多曲线图”）选项，点击 Waterfall 按钮，得到初步的瀑布图。然后，双击任一曲线，弹出 Plot Details 界面，进行以下设置：界面左侧的 Plot Type 栏设置为 Line+Symbol；Line 选项卡中，Transparency 设置为 0%，不勾选 Fill Area Under Curve；Symbol 选项卡中，Size

设置为 0；Group 选项卡中，Edit Mode 选择 Dependent，Line Color 的 Increment 设置为 By One（按曲线从里往外的顺序设置颜色）并且点开颜色细节设置图标逐个设置，Symbol Tpye、Line Style、Symbol Interior 的 Increment 均设置为 None。

曲线绘制好后，双击网格区域，弹出 Plot Details 界面，可以进一步对曲线图的页边空白区域进行设置，比如将 Size/Speed 选项卡中 Layer Area 栏的 Left 设置成 22，Top 设置成 1，最终得到美化的数据图［图 5-52（c）］。

3. Error bar（“误差棒”）图

假设实验重复 2 次，A 列为自变量数据列（*X* 轴），B、C 两列为因变量数据列（*Y* 轴），需要先计算误差，然后作图，过程如下。

（1）计算误差。选中 D 列（第四列），点击 Column 菜单 *X* 轴方向的误差棒 Set as X Error（或 *Y* 轴方向的误差棒 Set as Y Error）命令，或点击右键，依次选择 Set as、X Error（或 Y Error），自动算出误差列作为 D 列。

（2）作图。选择 A、B、C、D 列所需数据，根据需要选择图形模板（如点线图 Scatter and Line），得到对应 *X* 轴（或 *Y* 轴）方向有 Error bar 的图形。

假设重复实验次数较多（≥3），以实验重复 3 次为例，A 列为自变量数据列（*X* 轴），B、C、D 三列为因变量数据列（*Y* 轴），过程如下。

（1）计算平均值和误差。选中 B、C、D 三列，点击 Statistics 菜单、Descriptive Statistics 选项的 Statistics on Columns（“按列统计”）命令，若表中重复实验的数据是按行排列则选择 Statistics on Rows（“按行统计”）命令，对话框中点开 Quantities to Compute 栏中的 Moments，勾选 Mean 和 Standard Deviation，点击 OK，原来的工作簿会新增平均值列和误差列，它们包含平均值、最大值、最小值、标准偏差等基本统计数据。

（2）作图。选中 A 列、新增的平均值和误差两列，根据所需的曲线类型选择 Line + Symbol 图形模板作图。得到 *Y* 轴（选择“按行统计”Statistics on Rows 时为 *X* 轴）方向各坐标点均有 Error bar 的点线图，根据此图可以比较各组数据的相对离散程度大小。

点击误差棒，可以设置 Error bar 的颜色、粗细等属性。

在大多数情况下各数据点的正负误差绝对值是相同的，若不相同（包括只有正误差或负误差）时，按照上述的方法，则新增平均值和两个误差列；选中自变量数据列（*X* 轴）、因变量数据列（*Y* 轴，即新增的平均值列和两个误差列）作图；左键双击误差棒，出现的对话框中左半部分对应工作簿中数据列（如 Positive Error 和 Negative Error）（若弹出的对话框中没有左半部分时，点击对话框左下角的箭头图标即可显示），先选中正误差列 Positive Error，然后在右侧 Direction 中勾选 Plus；根据同样方法设置负误差列 Negative Error（对应勾选 Minus）。

4. 饼图

对于数据列和文本列组成的数据列，绘制过程如下。

设置各列属性（文本列为 *X* 轴、数据列为 *Y* 轴），选中各列，点击 Plot 菜单 Column/Bar/Pie 选项的 3D Color Pie Chart（“三维饼图”）按钮，即可得到饼图。注意饼图中的各数据是根据原始数据算出的百分率。

双击图中饼的任意一点，弹出图形属性设置界面（图 5-56）；点击 Pie Geometry（“饼几何图形”）选项，对饼图的空间位置进行设定，包括 View Angle（“视图角度”）、Rotation（“旋转”）、Rescale Radius（“大小”）、Horizontal Offset（“水平方向平移”）、Explade Wedge（“从饼图中脱离”）。勾选 Explade Wedge 下拉框中的某图，设置代表脱离程度的 Displacement 值。

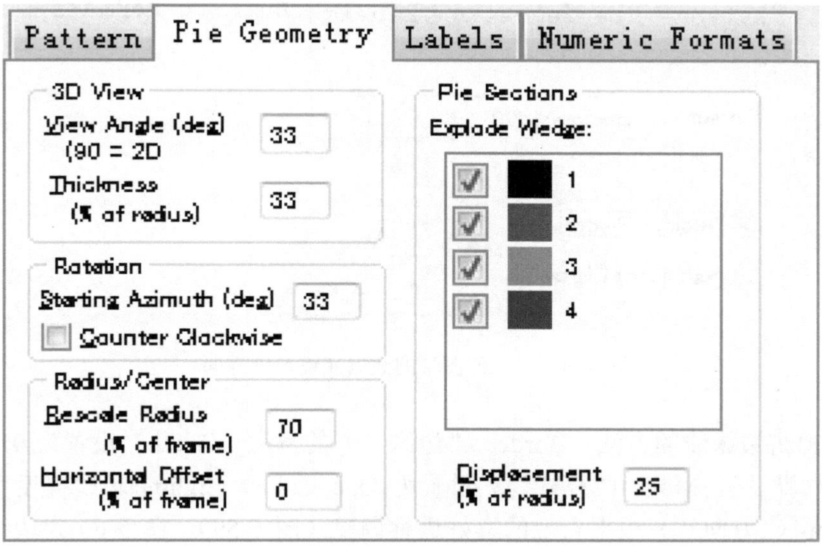

图 5-56　饼几何图形的属性设置界面

点击 Labels 选项卡，Format 栏勾选 Percentages（显示百分比），另外，Values 为显示数据列的数值、Categaries 为显示文本列；Position 栏勾选 Associate with Wedge（标签与饼图为一个整体，位置相对固定，其距离可以通过 Dist from Pie Edge 值来设置）。不勾选 Associate with Wedge 则可以自由移动和调整标签的位置（图 5-57）。

点击 Numeric Formats 选项卡，Format 栏设置计数方法，如常规方法 Decimal：1000、科学计数法（Scientific）；Decimal Places 表示小数点后位数，Significant Digits 表示有效数字个数（图 5-58）。

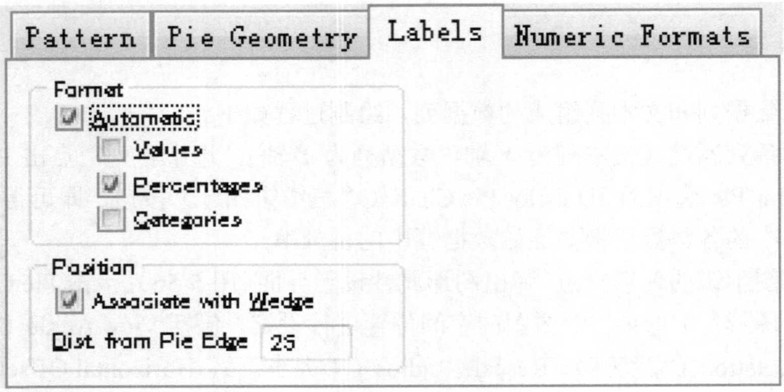

图 5-57　饼几何图形的标签属性设置界面

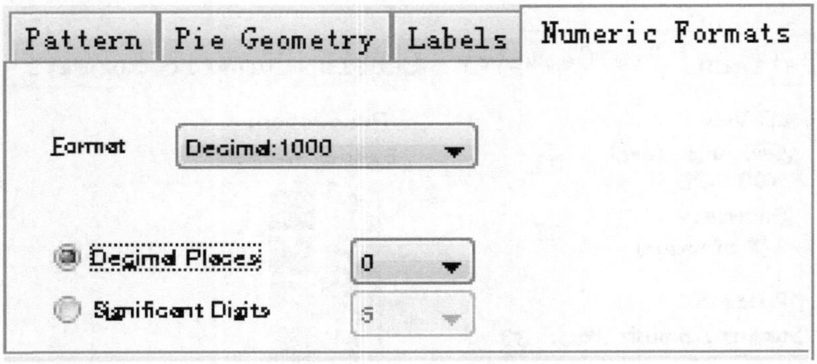

图 5-58　饼几何图形的数据属性设置界面

去掉饼边缘线的方法：Border（“边缘”）的宽度（Width）设置为 0，透明度为 0（默认），Mode（“模式”）设置为 One Color，Lightness（“亮度”）和 Direction（“方向”）根据自己的喜好进行调整（图 5-59）。图 5-60 为边缘线设置效果对比图。

5. 小数刻度的设置

坐标刻度值为零点几的小数时，有时候会遇到坐标原点显示为 0.0（或 00.0），刻度值显示为.1、.2、.3、.4…（小数点前的 0 不显示），或 0.25、0.5、0.75、1…（小数点后位数不一致）等不合要求的情形。

（1）将坐标原点的横坐标或纵坐标显示由 0.0（或 00.0）修改为 0 的方法：双击某一坐标轴（或刻度值），进入“X（或 Y，此为所选坐标轴的属性）Axis-Layer 1”界面（图 5-61），在 Custom Tick Labels 标签下，将 Special Ticks 栏下的 At Axis Begin 输入方式选为 Manual，对应的 Labels 栏输入 0 即可。

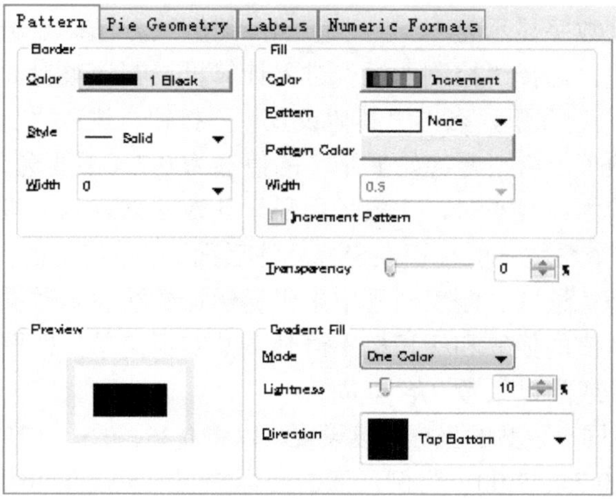

图 5-59　饼图边缘线的设置界面

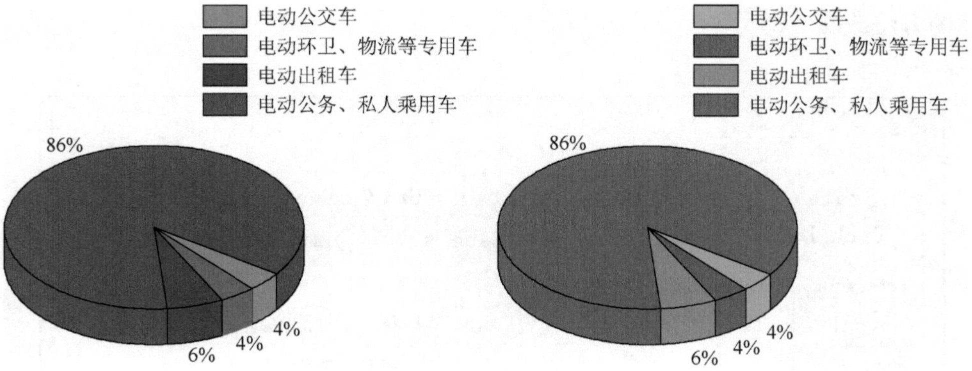

图 5-60　饼图边缘线的设置效果对比图

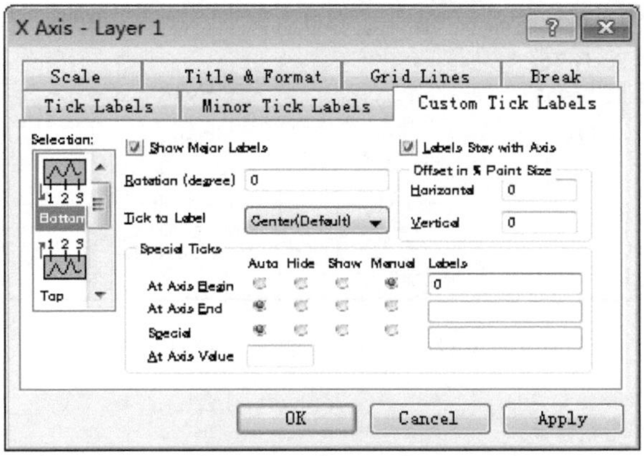

图 5-61　坐标原点的显示方式设置

（2）坐标刻度数字显示为.1、.2、.3、.4…的解决办法：点击计算机屏幕左下端的“开始”按钮，选择“控制面板”进入计算机设置调整界面；点击“区域和语言”，在“格式”选项下，点击“其他设置…”按钮，进入“自定义格式”设置界面；在数字选项下，将“零起始显示”的值选为 0.7（不要选.7），确定。

当原始数据较大或较小时，一般采用科学计数法来表示。坐标值同时乘以或除以一个系数，这个系数一般标识在坐标标注后面、单位符号的前面（有单位时）。

需要注意的是，绘图、制表过程中采用科学计数法表示数据时，有的人对单位前的系数与真实值的换算和标识搞不清楚，其实很简单，即图（表）中的读数等于真实数值乘以或除以系数（含单位）。

（3）小数点后同一位数的坐标刻度设置。以将 0.25、0.5、0.75、1…坐标刻度值改为 0.25、0.50、0.75、1.00…为例。双击坐标轴（或刻度值），进入“X（或 Y，此为所选坐标轴的属性）Axis-Layer 1”界面（图 5-62），在 Tick Labels 标签下，将 Set Decimal Places 栏的值输入 2。此时，坐标原点横坐标显示为 0.00，按照前述的方法改回 0 即可。

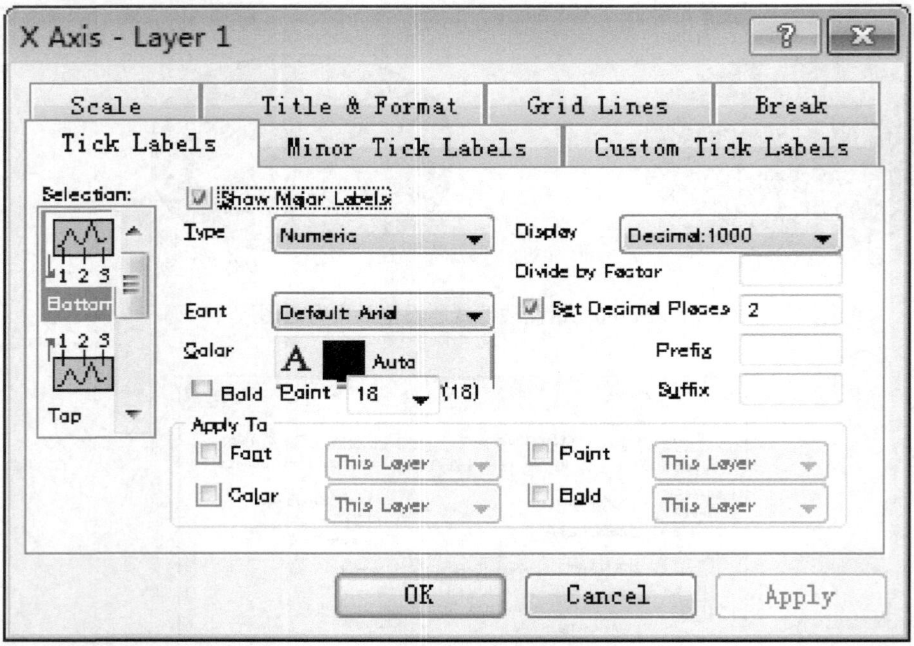

图 5-62　刻度标签设置小数界面

6. 百分比刻度的设置

百分比刻度是以百分数标识刻度值，如将坐标轴的刻度值 0.01、0.02、0.03…

以 1%、2%、3%…标识。其操作过程为：双击原图对应的坐标轴或刻度值，进入图形设置界面；点击 Tick Labels 选项，勾选 Show Major Labels 命令，Type 栏选择 Numeric，Divide by Factor 栏输入 1/100（或 0.01，即把原来的纵坐标值均乘以 100），Suffix（“后缀”）项输入%（图 5-63）。此时，刻度值变为 1%、2%、3%…，但同时相应的坐标原点变为 0%，按照前述的方法改回 0 即可。此过程可以简单记为：坐标刻度值乘以 100（即等价于除以 0.01），再除以 100（以%表示），最后修改坐标原点。

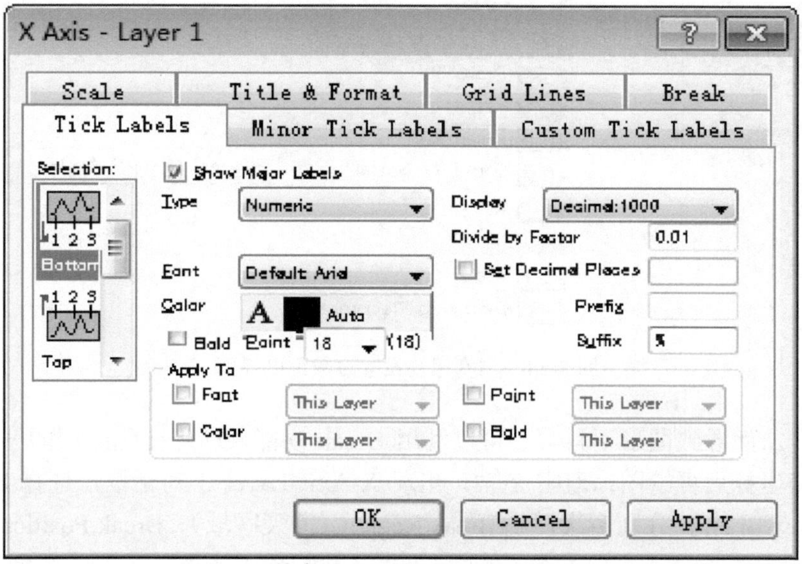

图 5-63　刻度标签设置百分比刻度界面

7. 非连续刻度

对数刻度是非等分刻度（刻度线和刻度值不是等分、连续的），它是将原始数据换算为以 10 为底的自然对数（Log10）后再绘图。双击图中需要设置对数刻度的坐标轴（或选中坐标轴，右键单击，打开 Properties 菜单），弹出图层设置对话框“X（或 Y，即所选坐标轴的属性）Axis-Layer 1”，进入“Scale”选项卡设置坐标轴刻度：Selection 栏下的 Horizonal 和 Vertical 图标可以选定需要设置的坐标轴；Type 项选择 Log10，最后点击 OK（单击 Apply 可以预览效果）（图 5-64）。

8. Break 功能

因变量（*Y* 轴）在很长一段内变化不明显，无变化区所占区域太宽，导致图形不美观；或者一旦出现突变，如果直接作图，往往会把前面的因变量变化趋势信

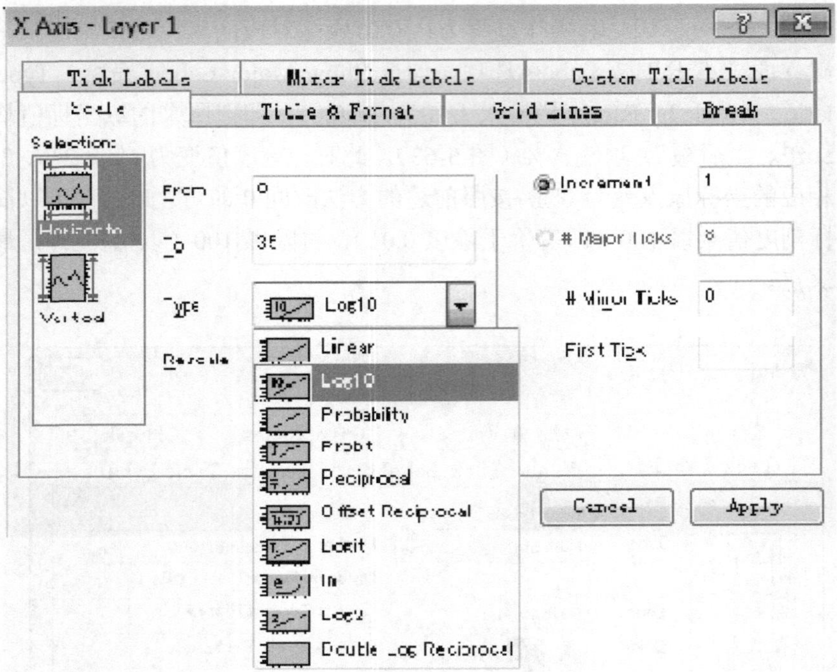

图 5-64　刻度标签设置对数刻度界面

息掩盖，从而导致图形不科学。可以利用 Break 功能截断无变化区域的一部分所对应的横坐标后再绘图：双击 *X* 轴，出现 X-Axis-Layer 1 对话框，选择 Break，勾选 Show Break，分别多次调整 Break Region（断裂区域）、Break Position（断裂位置）和 Scale Increment（标尺范围），点击 Apply 预览效果，直至修改满意为止，最后点击 OK 结束。

9. 内插图与局部放大图

（1）Zoom 模板法：Specialzied 类型曲线的 Zoom 模板可以在主曲线图的基础上绘制局部放大图，局部放大图默认位于主曲线图之外，也可以移至主曲线图之内构成内插图（Insert）的效果。

（2）新图层添加法：先绘制主曲线，然后点击 Graph 菜单，选择 New Layer（Axes）下的 Inset（Linked Dimension）命令或 Inset With Data（Linked Dimension）命令（图 5-65），或者点击界面右侧 Graph 功能区的 Add Insert Graph 按钮（或 Add Insert Graph with Data 按钮）。第一个没有数据，需要在这个新坐标图层中另行导入数据：点击 Graph 菜单下的 Layer Contents…，导入数据。第二个新图层带有与原图层相同的数据，可以在此基础上任意选取绘图数据范围，当然也可以实现局部放大的效果。

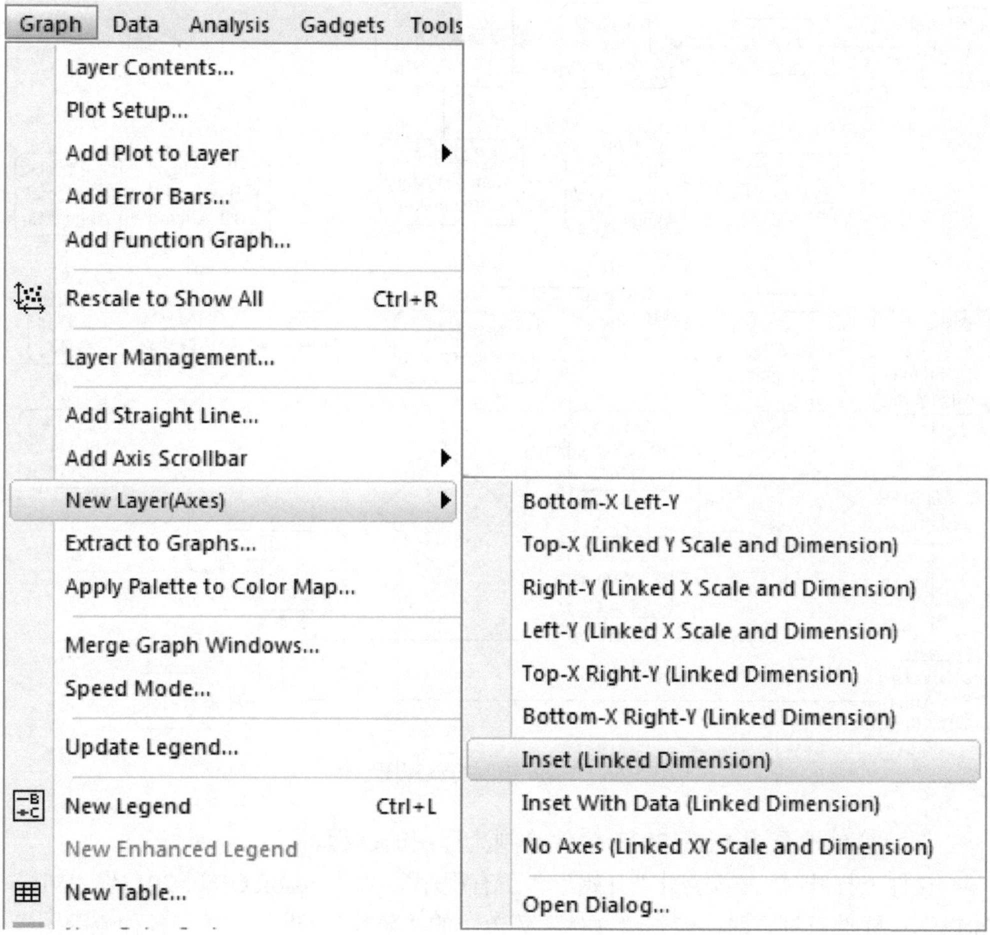

图 5-65　新图层添加方法

5.3　流　程　图

Office Visio 软件最初是由杰瑞米（Jeremy Jaech）、戴夫（Dave Walter）和泰德·约翰逊开发的，2000 年该软件公司被微软公司收购，此后 Visio 并入 Microsoft Office 一起发行。Visio 提供了业务流程的流程图、网络图、工作流程图、数据库模型图和软件图等的模板，这些模板能够帮助用户快速绘制工作中遇到的可视简化业务流程图、组织结构图、项目管理图、网络图、日程表、思维导图等图表，通过多种图表可以直观地记录、设计和完全了解业务流程和系统的状态，功能强大，操作简单，只要会 Word 就能轻松上手。图 5-66 是以 Visio 软件绘制的流程图。

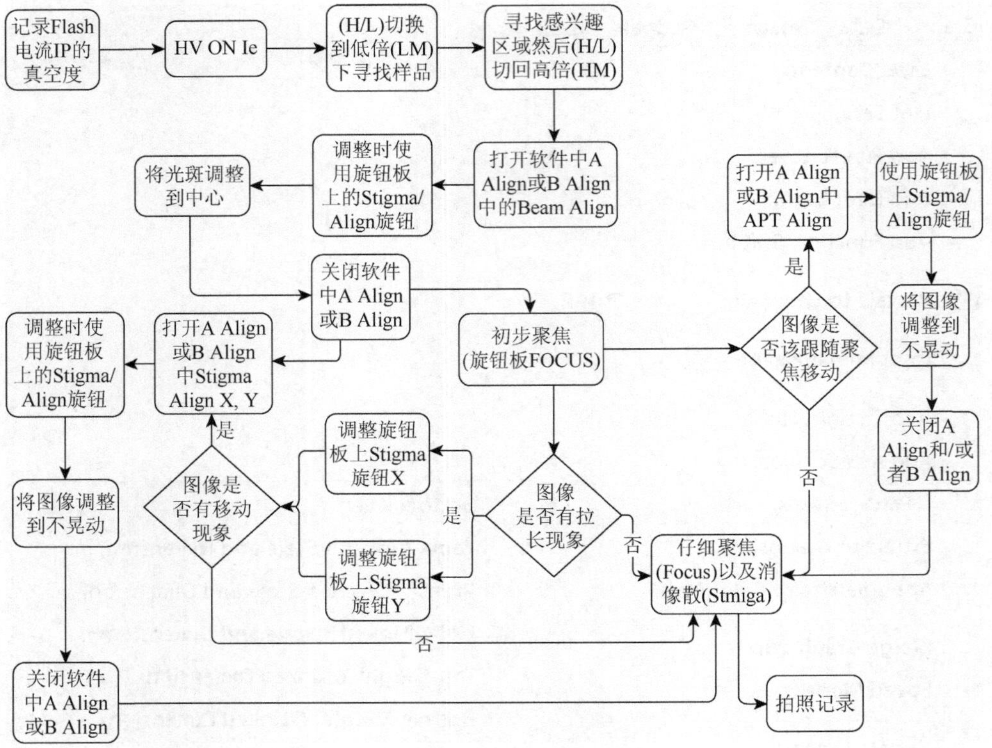

图 5-66　Visio 绘制的流程图示例

下面简单地介绍 Visio 2013 软件绘制流程图的过程。

软件未打开时，依次点击“开始”“所有程序”“Microsoft Office 2013”“Visio 2013”；软件已打开时，点击“文件”菜单中的“新建”，进入“显示各种流程图”选择界面，点击“基本流程图”图形，进入创建界面，如图 5-67 所示。

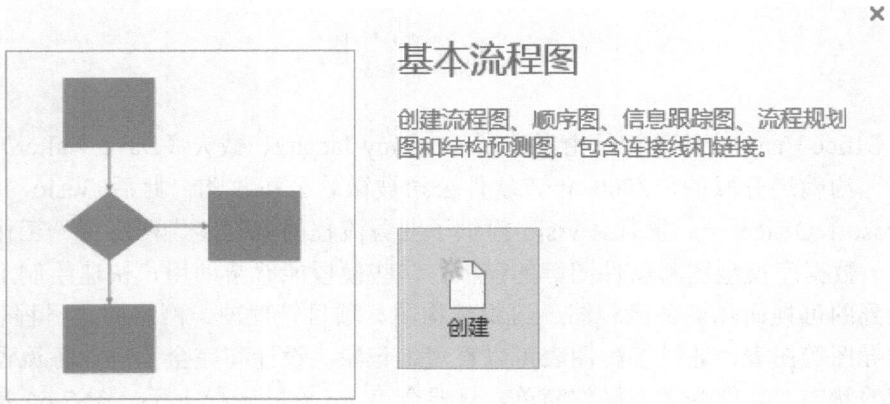

图 5-67　Visio 基本流程图的创建界面

点击“创建”图标，进入基本流程图的绘制主界面，把绘制流程图所需“形状”，拖拽到绘图区（图 5-68）。

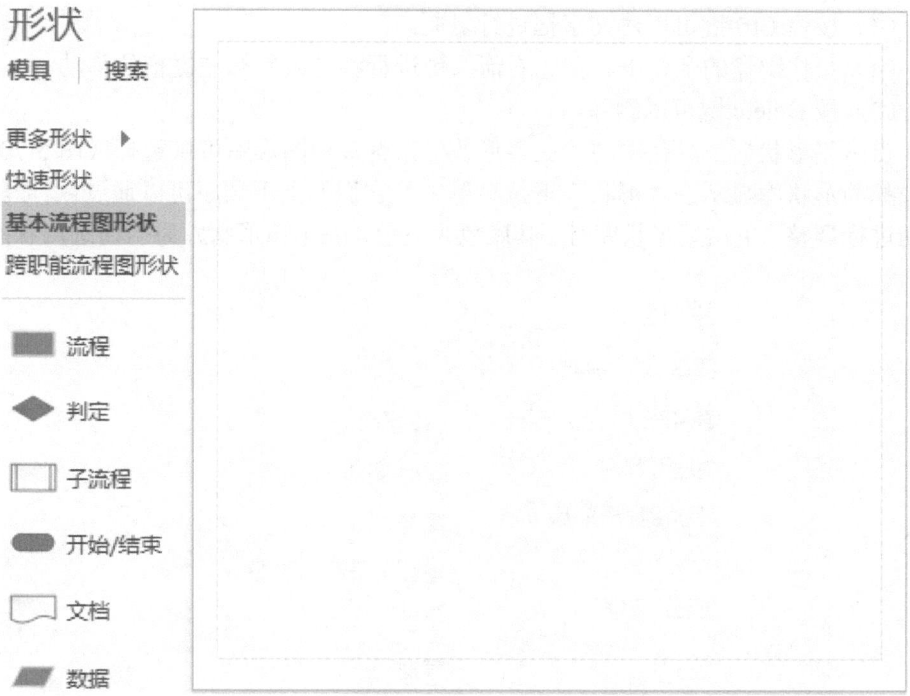

图 5-68　Visio 基本流程图绘制主界面和自定义形状工具

然后选择“形状样式”菜单中的某一个主题样式，如图 5-69 所示，点开右侧的图标，会呈现更多的主题样式可供选择。

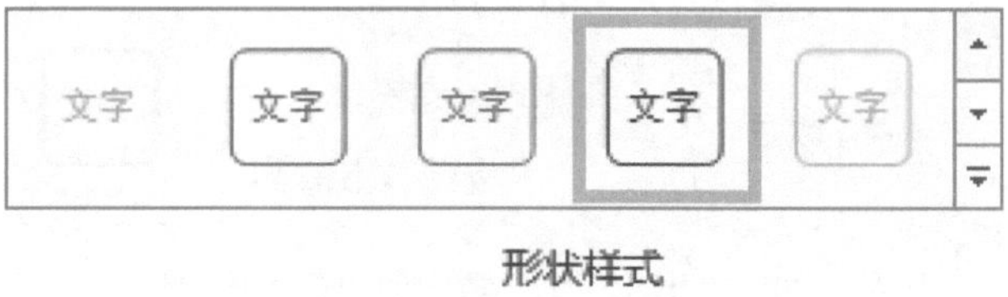

图 5-69　Visio 形状样式菜单

双击绘图区中的文字框，可以输入内容，对文字设置字体、大小、颜色等。

点击绘图区中的文字框，四个边框会出现多个小正方形，这表示文字框处于编辑状态，此时可进行如下多种操作。

（1）可以对文字字体、大小、颜色等进行调整。

（2）将指针置于文字框上，出现双箭头图标时可以在水平方向、垂直方向及水平/垂直方向对文字框的长度，高度大小，方向进行调整，这与 Word 文档中对插入的文本框形状大小调整类似。

（3）按住 Ctrl 键可以对文字框进行复制。

（4）按住键盘的上、下、左、右箭头键进行移动或鼠标左键拖住移动。

（5）按 Delete 键可以删除。

点击“形状”工具栏中的“更多形状”，有多种图形库可供选择（图 5-70）。所选择的形状库显示在“形状”下拉菜单中，它们的上下顺序可以通过鼠标左键拖动进行调整；单击某形状库时，其底色为蓝色，表示该形状库为当前选用状态。

图 5-70　“形状”工具栏中的“更多形状”

可以利用“自动连接”功能连接现有形状。它是将指针放置在一个形状上，形状四周会显示自动连接箭头（三角形状，没有线段），将指针放置在按其方向添加形状的箭头上，出现连接线段，浮动工具栏显示包含目前在快速形状模具中的前四个快速形状，点击要添加的形状，即可生成图形，而且这两个图形自动被连接起来。如图 5-71 所示。

图 5-71　Visio 文字框的自动生成与连接

同上，无论文字框是否处于编辑状态，其外部上、下、左、右四个方向连接点出现三角符号时，光标放到连接点上三角符号的颜色变深时拖动鼠标至另一个文字框，即可将这两个文字框连接起来（图 5-72）。

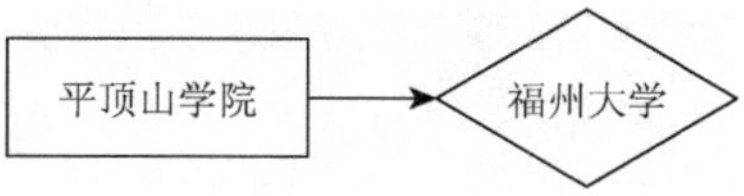

图 5-72　Visio 文字框之间的自动连接

类似文字框的编辑操作，点击连接线，连线上出现小正方形框，表示连接线处于编辑状态，此时可以拉长、缩短，可以按住 Ctrl 键不动、拖动鼠标左键进行复制，可以按住键盘的上、下、左、右箭头键进行移动或鼠标左键拖住移动，也可以按 Delete 键删除。

图表“自动连接”功能的调用：首先，打开所有图表中的“自动连接”功能。点击“文件”菜单的“选项”，在“Visio”选项中，点击左侧的“高级”，勾选右侧“编辑选项”栏的“启用自动连接”（清除自动连接复选框以停用自动连接）。然后，勾选“视图”菜单“视觉帮助”选项卡的“自动连接”选项。

选择多个图形时，按住 Ctrl 键不动，连续点击文字框（或连线），或按快捷键（Ctrl+A）可以选择所有的内容。通过复制、粘贴到 Word 文档里，双击就可以在 Word 文档里进行编辑操作，非常方便。

Visio 是目前绘制流程图使用率最高的软件之一，其他绘制流程图的工具还有 Axure、Mindjet MindManager、Photoshop、OmniGraffle（MAC 系统专用）等，其中 OmniGraffle 是评价最高的流程图工具，但仅限于苹果系统使用。SAM 是业务流程梳理工具软件，为流程从业者梳理流程业务提供了便捷、标准化的建模工具，为开展流程梳理、固化、发布工作提供最佳工具支持。

5.4　示　意　图

5.4.1　PowerPoint

图 5-73 显示的是二氧化钛（TiO_2）纳米棒阵列（棒附着量子点）光催化降解示意图，是用 Office PowerPoint 软件绘制的。下面以 PowerPoint 2013 软件讲解图形绘制的基本操作。

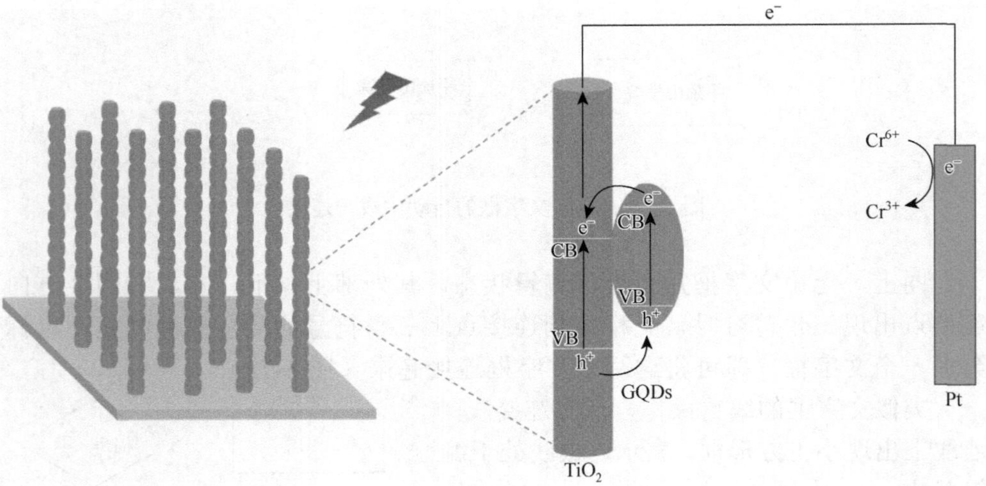

图 5-73　Office PowerPoint 绘制的示意图示例

1. 图形插入

在 PowerPoint 编辑主界面，点击“插入”菜单，与图形构建相关的主要有“表格”、“图像”（包括“图片”“屏幕截图”“相册”等类型）、“插图”（包括“形状”“SmartArt”“图表”等类型）、“文本”（包括“文本框”“艺术字”“对象”等类型）、“符号”（包括“公式”“符号”两种类型），这些选项卡所在工具栏的部分截图如图 5-74 所示。

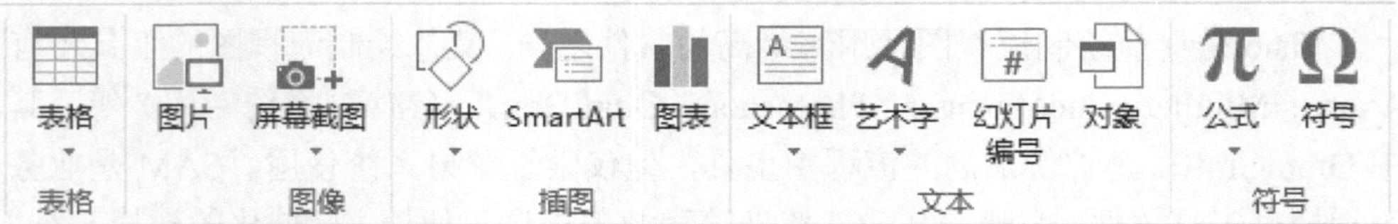

图 5-74　Office PowerPoint 的插入菜单

其中，“表格”是即插即绘表格，与 Word 文档中插入表格的操作是一致的；“图片”是插入已有的图片文档；“屏幕截图”是捕获屏幕截图，包括屏幕桌面打开的任何窗口快照，叠放在 PowerPoint 编辑主界面上；SmartArt 图是信息和观点的视觉表示形式图，虽然也可以包含流程图、组织结构图等，但相对简单粗放，没有 Visio 软件绘制的精细漂亮；“图表”是插入 Excel 绘制的图形，可以更改图形模板、重新绘制图形，如图 5-75 所示。

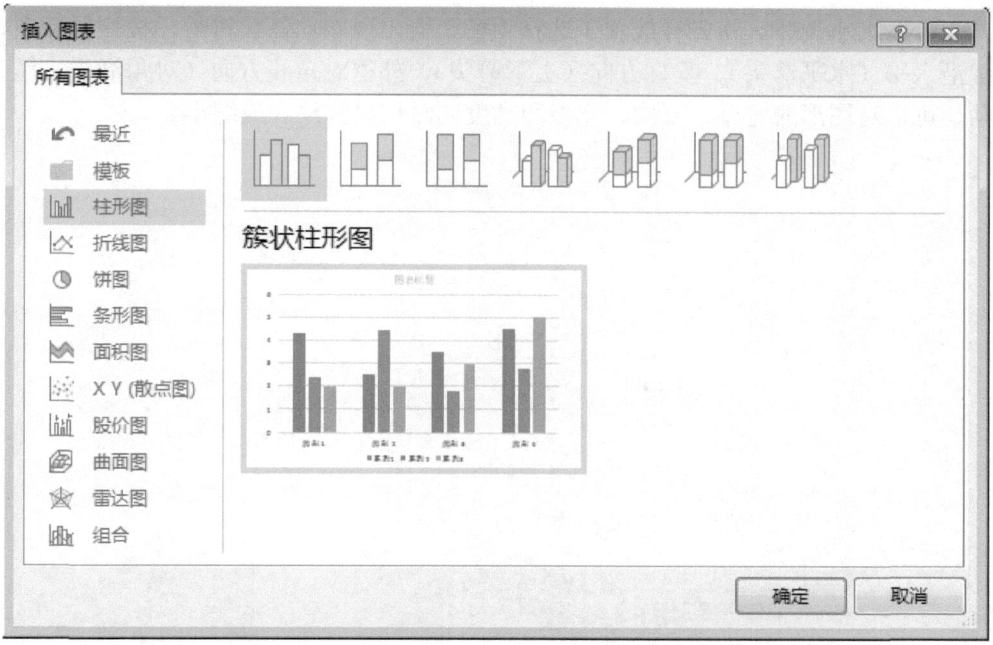

图 5-75　Office PowerPoint 的插入图表界面

“文本框”是插入文本框，输入文本，其框线、文本等设置后面有详细的介绍。

“对象”是在文档中插入另一文档，包括 Microsoft 3.0 公式（绘制分数、化学分子式）和 Origin 图、Excel 图等。下面重点讲解“形状”菜单。

点击“插入”菜单下的“形状”选项卡，弹出如图 5-76 所示的形状选择界面。

其中，“基本形状”栏包含椭圆、三角形、平行四边形、六边形、圆柱形、六方体、棱台等形状。需要绘制圆形、等边三角形、菱形、正六边形等图形时，可以先点击图形图标（如椭圆），然后按住 Shift 键不动、使用鼠标左键在页面上拖放，即可绘制出一个圆（不按 Shift 只画出一个椭圆），大小修改时也必须按住 Shift 键不动、使用鼠标左键进行拖放。

2. 图形编辑

点击所绘制的图形，出现一个外框，框线上有多个小方块，框上端有一个旋转符号，这表示该图形处于编辑状态。其中小方块和旋转符号称为选择手柄（分为边选择手柄、角选择手柄、旋转手柄），类似 Visio 软件，可以进行如下编辑操作。

（1）大小调整。将光标放置于选择手柄上会出现双向箭头符号，按住鼠标左键沿水平（水平箭头）、垂直方向（上下箭头）、外框对角线方向（对角箭头）拖动，可以对图形的宽度、高度、宽度和高度同时按比例放大或缩小。

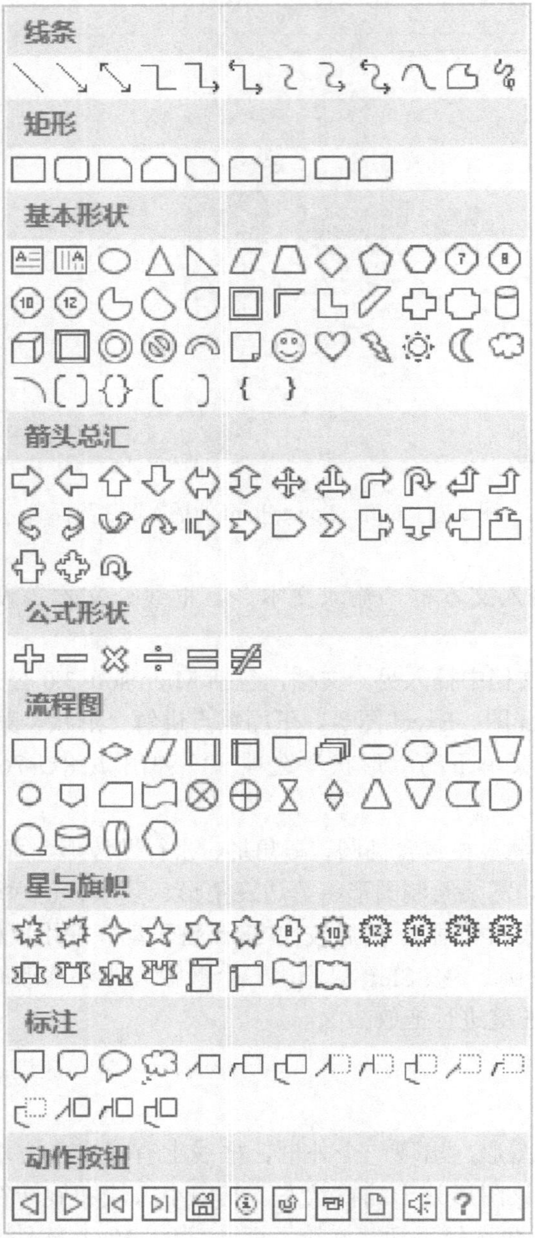

图 5-76　Office PowerPoint 的基本形状

（2）旋转。将光标置于旋转手柄上方会出现黑色的旋转符号，按住鼠标左键转动，图形也跟着旋转。

（3）形状更换。点击“插入”菜单的“形状”选项卡，在下拉菜单中选择需要的图形；或者双击该图形，点击“插入形状”选项卡，依次选择“编辑形状”“更改形状”，进入基本形状界面，选择需要的图形。

（4）底色调整。首先，点击“开始”菜单中的“绘图”选项卡，或双击图形后点击“形状样式”选项卡；然后，点击“形状填充”或“形状轮廓”按钮，在弹出的色板界面中选择合适的颜色，前者设置中心区域的颜色，后者设置边缘线的颜色。如图 5-77 所示。

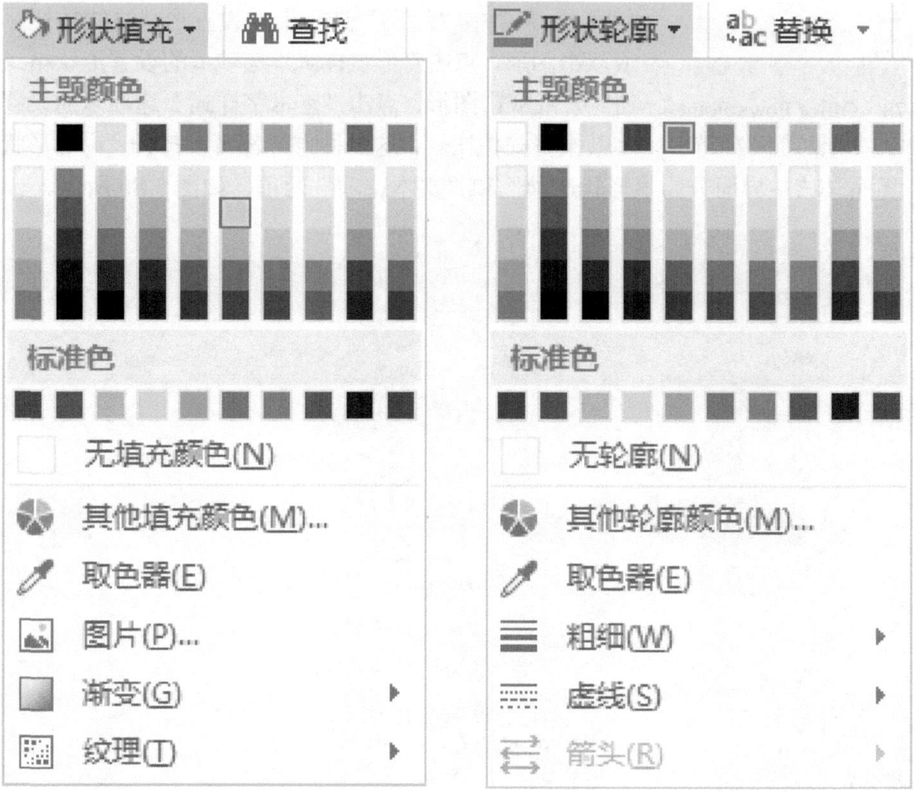

图 5-77　Office PowerPoint 的形状填充色或形状轮廓颜色的设置

（5）位置调整。按住键盘的上、下、左、右箭头键进行移动或鼠标左键拖住移动。

（6）复制与删除。按住 Ctrl 键不动、拖动鼠标左键即可复制图形。按 Delete 键可删除图形。

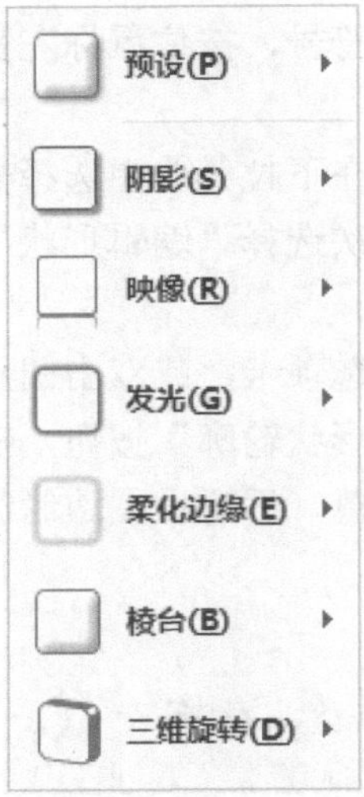

图 5-78　Office PowerPoint 的形状效果设置下拉菜单

（7）形状效果设置。先点击“开始”菜单中的“绘图”选项卡，或双击图形、点击“形状样式”选项卡，然后单击“形状效果”，弹出如图 5-78 所示的下拉菜单。

图 5-79 分别为预设、阴影、映像、柔化边缘、发光、三维旋转、棱台的设置界面图。单击设置界面最上端的“无预设”“无阴影”“无映像”“无发光”“无柔化边缘”“无棱台效果”“无旋转”等按钮，可以取消对某个形状所做的相应设置。

（8）进入“设置形状格式”界面进行全面设置。点击“开始”菜单中“绘图”选项卡的设置形状格式按钮，或双击图形，点击“形状样式”选项卡的设置形状格式按钮，或双击图形，点击“艺术字样式”选项卡的设置文本效果格式按钮，这三种方式都可以打开“设置形状格式”界面。该主界面分为“形状选项”和“文本选项”两项，如图 5-80 所示。

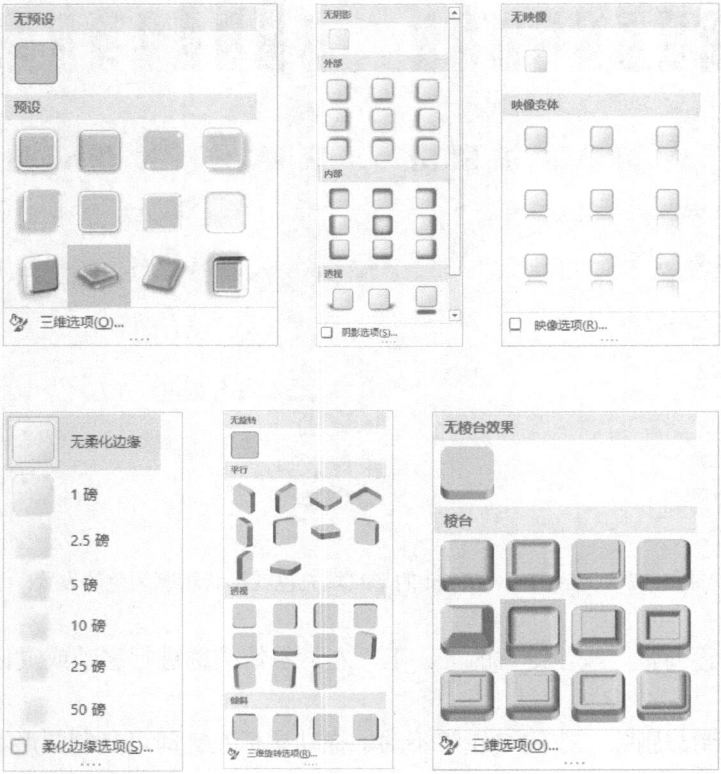

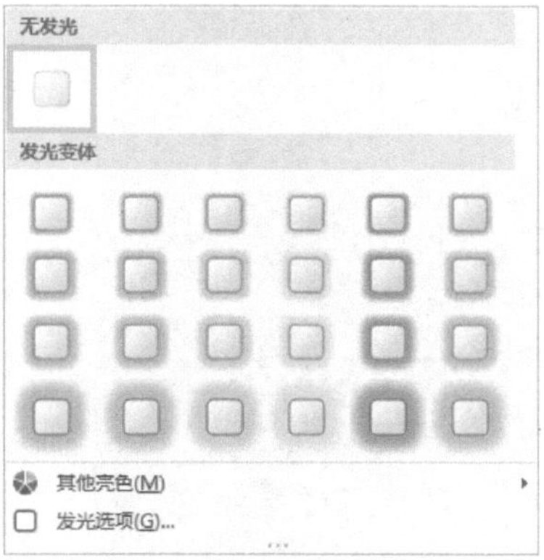

图 5-79　Office PowerPoint 不同形状效果的设置界面

点击“形状选项”，可以选择图形填充线条、效果、大小属性等设置按钮进行设置。

（a）填充线条设置见图 5-81，其可以设置线条的类型、颜色、粗细等。软件默认线条的粗细最低为 1 磅。

（b）效果设置见图 5-82。

（c）大小属性设置见图 5-83。

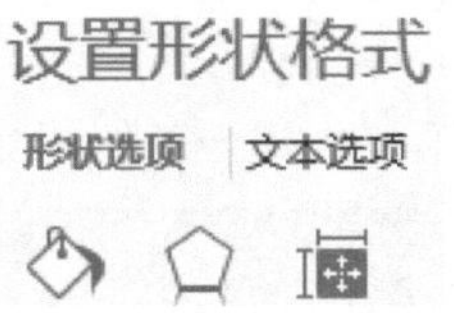

图 5-80　Office PowerPoint 设置形状格式界面

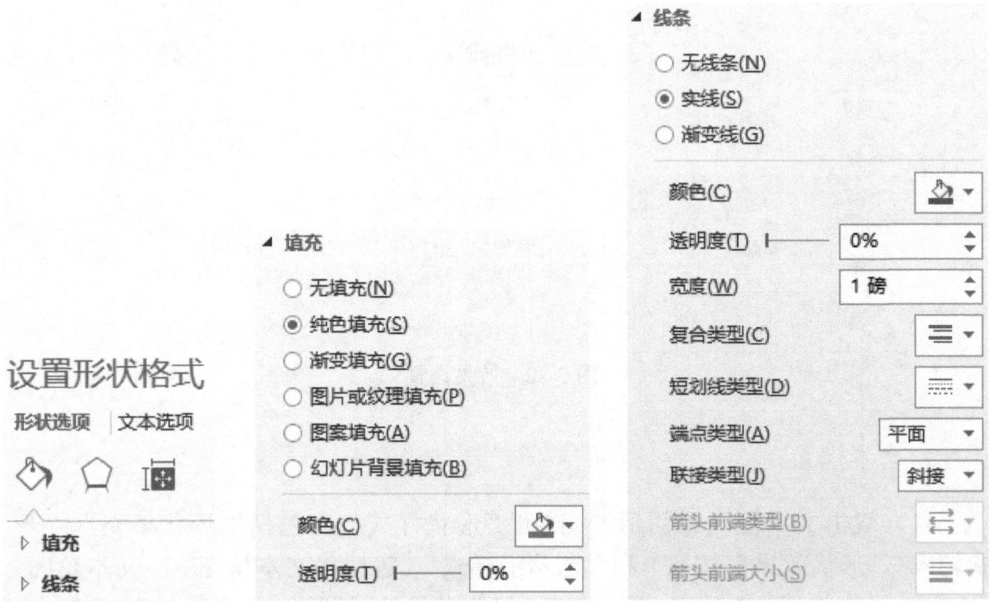

图 5-81　填充线条设置

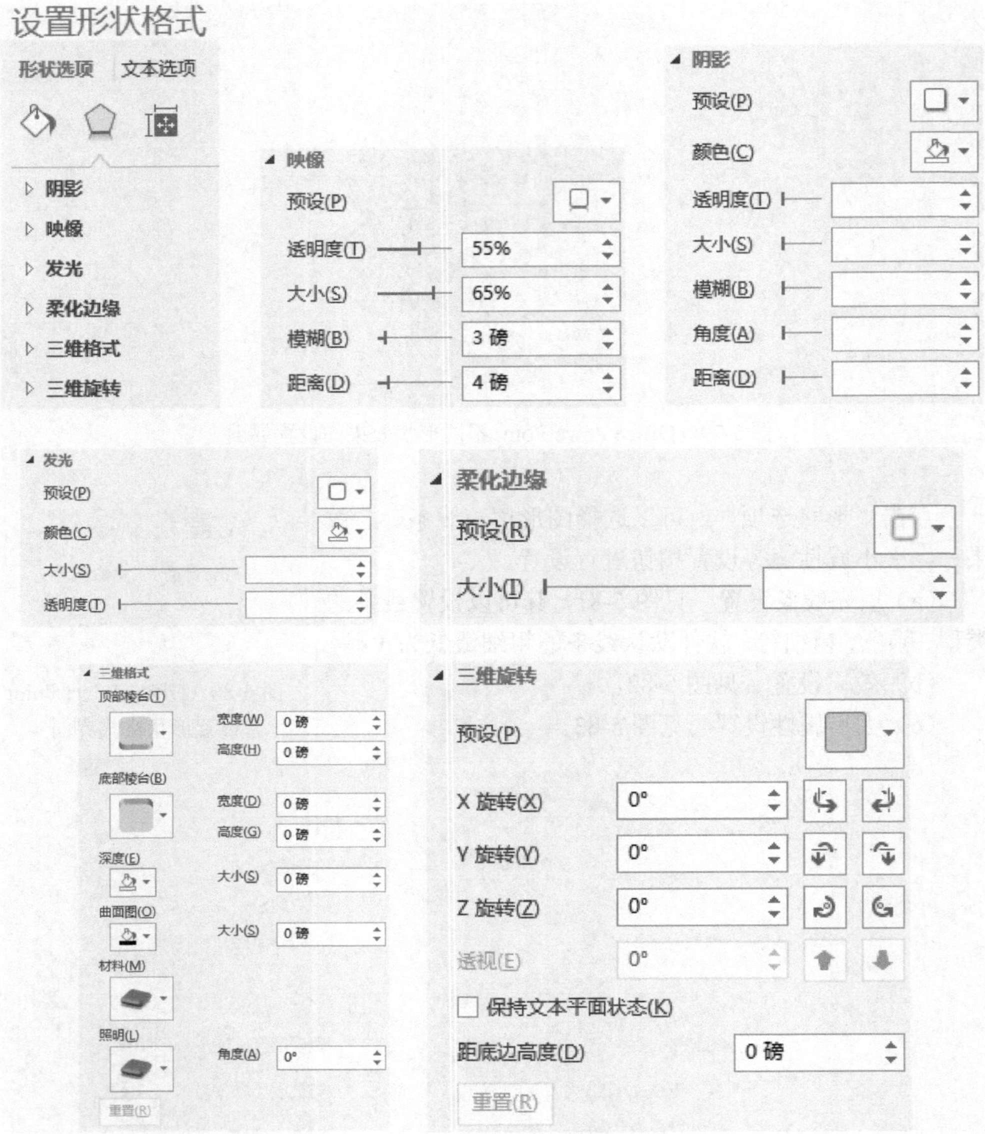

图 5-82　效果设置

3. 文本设置

（1）双击文本框（或图形），弹出“形状样式”（包括“形状填充”“形状轮廓”“形状效果”按钮）和“艺术字样式”（包括“文本填充”“文本轮廓”“文本效果”按钮）选项卡（图 5-84），但前者只针对图形，后者只针对文本（含框线）。

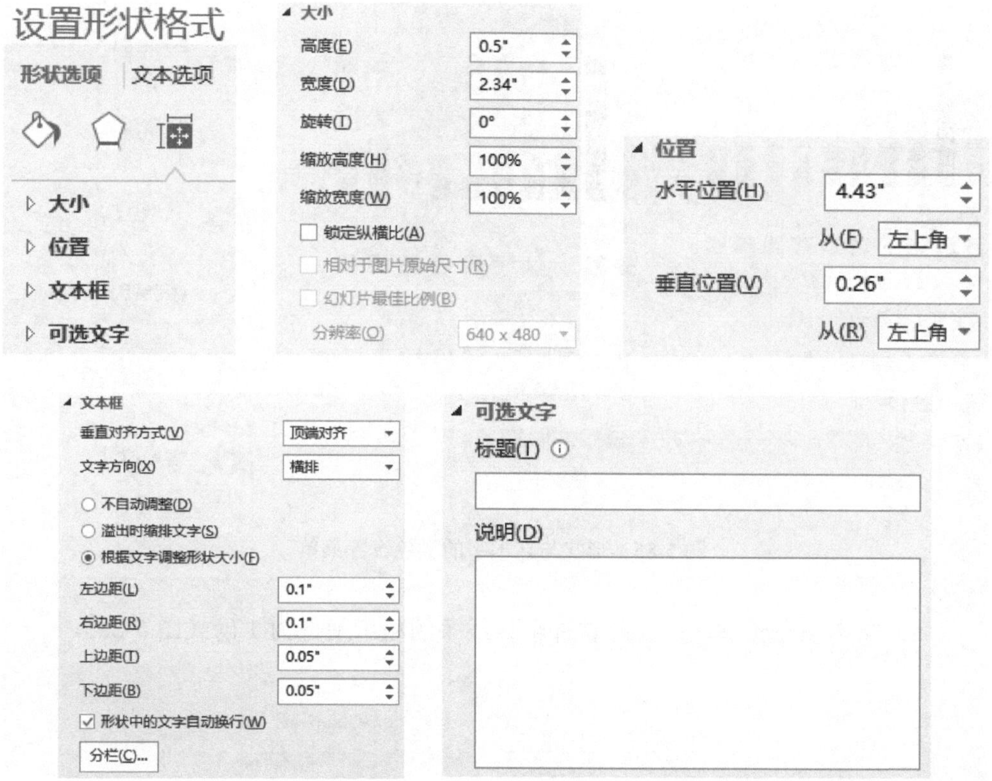

图 5-83　大小属性设置

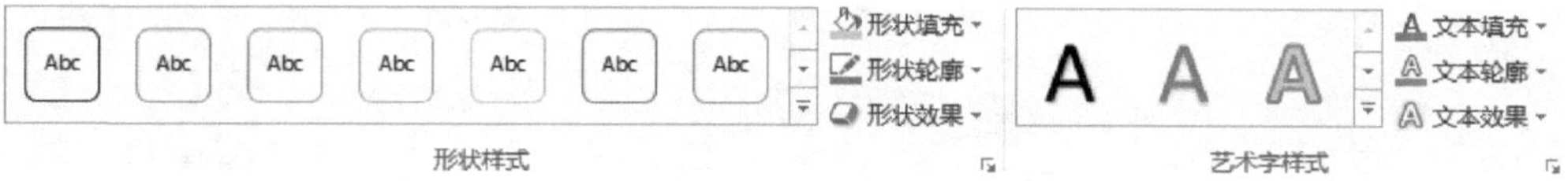

图 5-84　形状样式与艺术字样式菜单

（2）注意软件默认文本框是无框线的，框线实线、虚线等类别的选择需要进入“设置形状格式”界面设置：点击“开始”菜单中“绘图”选项卡的设置形状格式按钮，或双击图形，点击“形状样式”选项卡的设置形状格式按钮，或双击图形，点击“艺术字样式”选项卡的设置文本效果格式按钮。

（3）点击“开始”菜单中的“字体”选项卡可以设置文本的字体和颜色（图 5-85）。

（4）进入“设置形状格式”界面全面设置。双击图形，点击“艺术字样式”选项卡的设置文本效果格式按钮，或按照前面所述的方法进入“设置形状格式”界面，点击“文本选项”的文本填充轮廓标、文本效果、文本框等设置按钮对文本进行设置。

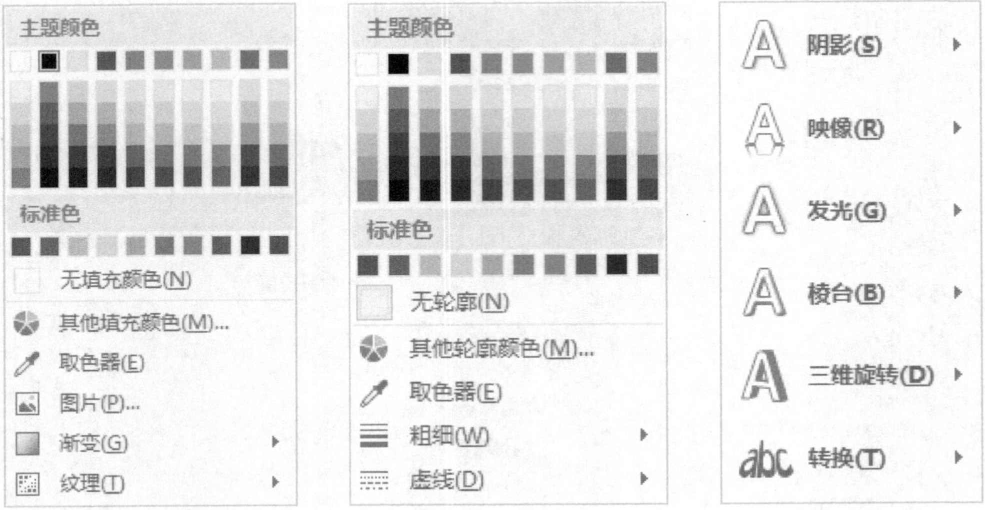

图 5-85　形状与艺术字的颜色设置菜单

（a）文本填充轮廓：注意软件默认线条的粗细最低为 1 磅（图 5-86）。

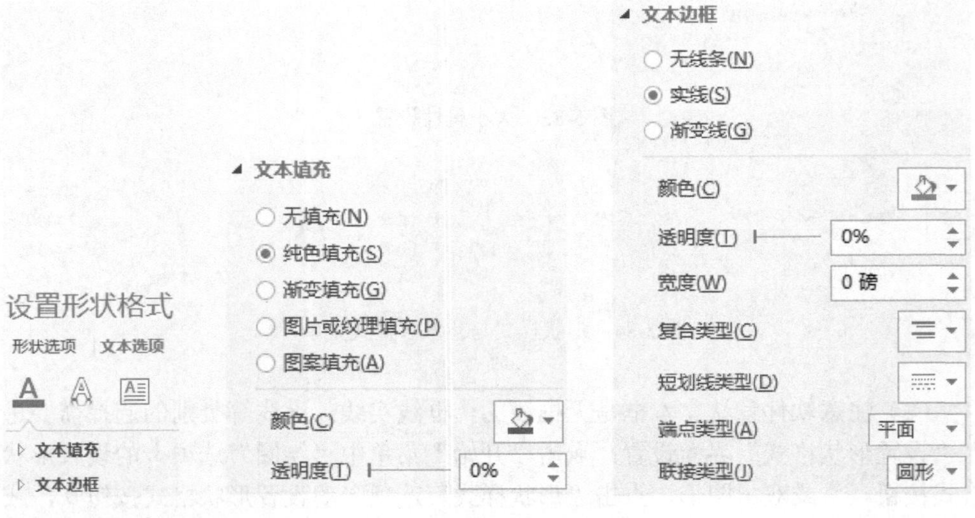

图 5-86　文本填充轮廓设置

（b）文本效果：与图像的设置取消操作一样，若取消对文本所做的阴影预设设置，打开预设选择界面，选择“无预设”即可，“映像”“三维旋转”“发光”“三维格式”等设置的取消与之类似（图 5-87）。

（c）文本框：文本框的设置如图 5-88 所示。

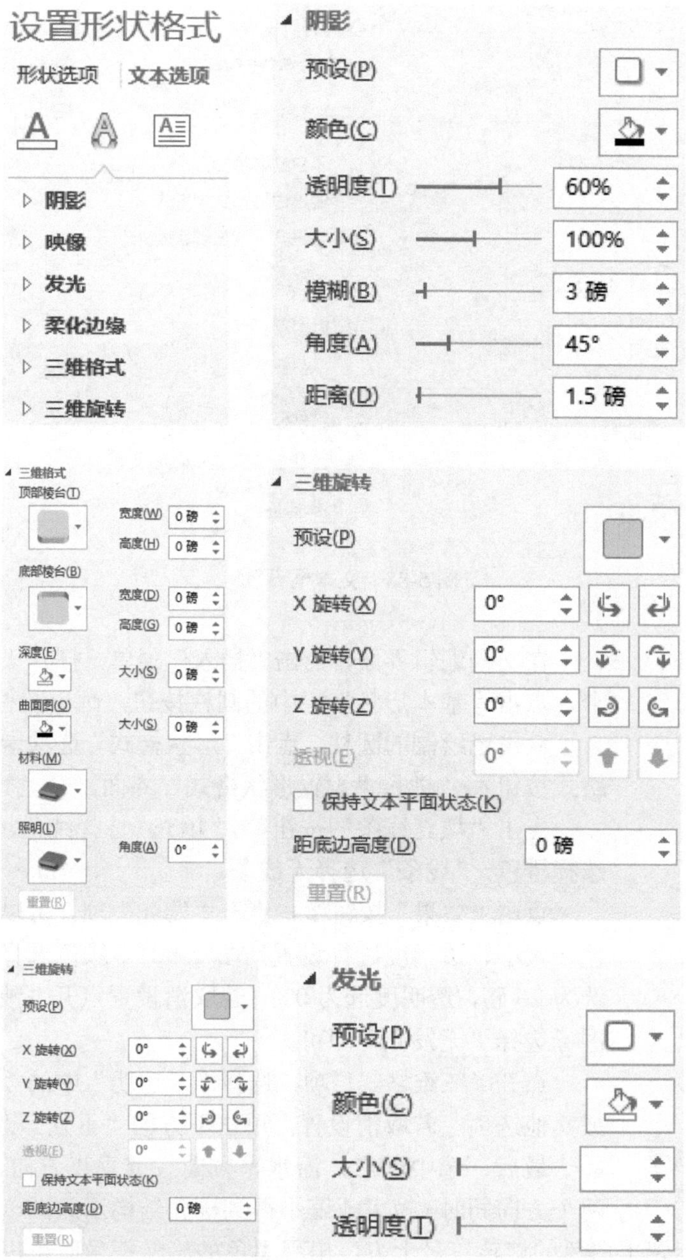

图 5-87　文本效果设置

4. 绘图案例

（1）棒状核壳结构示意图如图 5-89 所示。

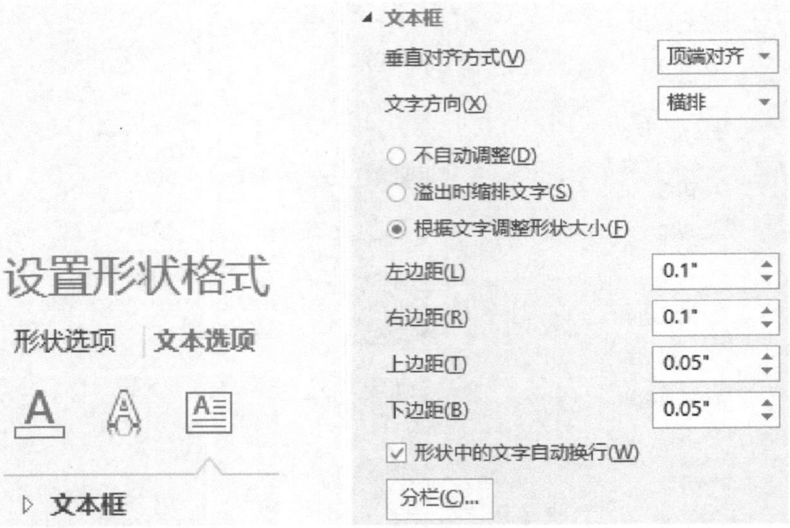

图 5-88　文本框设置

图 5-89　棒状核壳结构图形示例

在文档编辑界面，点击“插入”菜单，打开“形状”选项卡，点击“基本形状”栏中的圆柱按钮，画出圆柱。

双击已绘制的圆柱，点击“形状样式”选项卡的设置形状格式按钮，进入“设置形状格式”界面。

点击“填充线条”按钮，“填充”选择纯色填充，“颜色”选择橙色，“线条”选择无线条。

点击“效果”按钮，点开“发光”项，可以对壳层的颜色、大小、透明度进行设置，图 5-90 中颜色选择紫色，大小选为 20 磅，透明度选为 0%。若取消设置点开“预设”右侧的图标选择“无发光”即可。

点开“三维格式”项，选择“半透明”中的“半透明粉”或其他选项。若取消设置，单击下方的“重置”即可。

最后，选中图形，沿水平方向（或垂直方向、水平/垂直两个方向同时）拉大或缩小得到核壳结构示意图以满足自己的需要；将光标置于白色的旋转符号上方，出现黑色的旋转符号时可以拖住鼠标左键进行旋转；将光标置于黄色小方块上方，按住鼠标左键上下拖动可以调整圆柱上表面的倾斜度。

也可以通过两个图组合的方式实现核壳结构效果，但与上述方法存在差别。先绘制里面的圆柱，选择纯色填充，颜色为橙色、透明度 19%，无线条；外面的圆柱颜色选择紫色，无线条。效果图如图 5-91 所示。

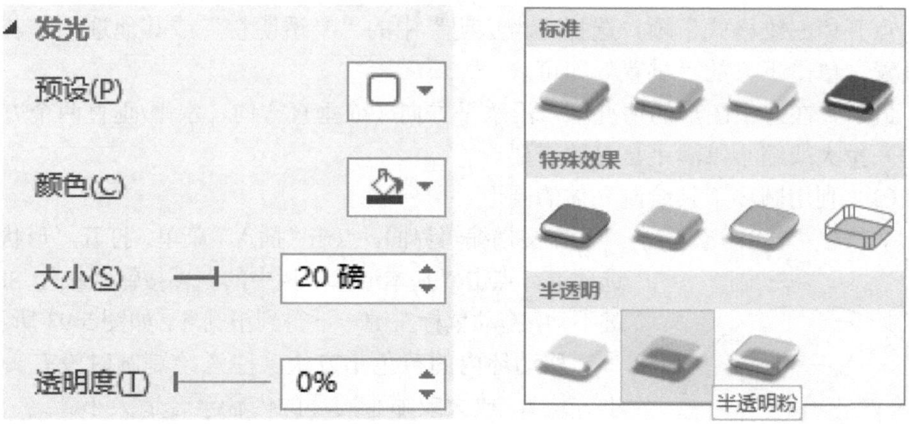

图 5-90　发光和三维格式设置

（2）太阳示意图如图 5-92 所示。

图 5-91　组合方式绘制棒状核壳结构图形

图 5-92　太阳示意图

在文档编辑界面，点击“插入”菜单，打开“形状”选项卡，点击“基本形状”栏中的椭圆形按钮，按住 Shift 键不动，拖动鼠标左键一下得到圆形；双击已绘制的圆，点击“形状样式”选项卡的设置形状格式按钮，进入“设置形状格式”界面。

点击“填充线条”按钮，点开“填充”，下拉菜单中“填充”选择“纯色填充”（注意不能选择“无填充”，否则日晕无法添加），“颜色”选择白色、“线条”选择“无线条”。

点击“效果”按钮，点开“发光”命令，可以对壳层的颜色、大小、透明度进行设置，图 5-92 绘制时颜色选择红色，大小选为 20 磅，透明度选为 60%；或点开“预设”选项，选择一种效果后再调整颜色、大小、透明度。若取消设置，点开“预设”右侧的图标，选择“无发光”即可。

点开“三维格式”项，选择“半透明”中的“半透明粉”或其他选项。若取消设置，单击下方的“重置”即可。

最后，在选中图形的情况下，沿水平方向（或垂直方向、水平/垂直两个方向同时）拉大或缩小以满足自己的需要。

（3）利用圆环工具绘制立体的圆形。

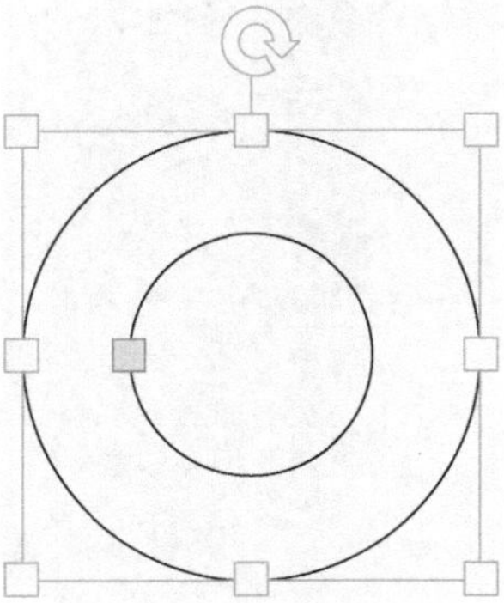

图 5-93　正圆环示意图

在文档编辑界面，点击“插入”菜单，打开“形状”选项卡，点击“基本形状”栏中的圆环按钮，按住 Shift 键不动，拖动鼠标左键一下得到正圆环，如图 5-93 所示。

移动环内的黄色小方块（注意绘制圆时没有黄色小方块），放大或缩小圆环的内径至合适大小。

双击绘制的正圆环，点击“形状样式”选项卡的设置形状格式按钮，进入“设置形状格式”界面；点击“填充线条”按钮，“填充”选择纯色填充，“颜色”选择蓝色，“线条”选择实线；最后，在选中图形的情况下，沿水平方向（或垂直方向、水平/垂直两个方向同时）拉大或缩小以满足要求，如图 5-94 所示。

若点击“效果”选项，在下拉菜单中将“三维格式”的宽度和高度设为 6 磅，得到如图 5-95 所示效果的圆，与上述的圆相比，立体感更强一些。

图 5-94　正圆环填充与整体放大缩小

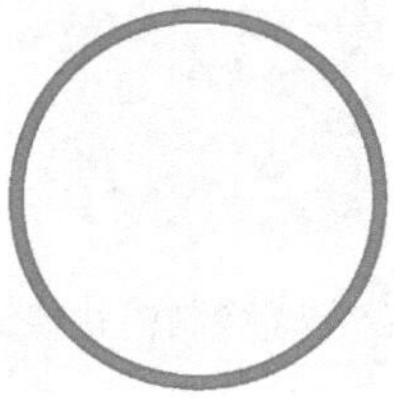

图 5-95　正圆环三维格式设置

当然，可以利用圆形工具直接画圆：在文档编辑界面，点击“插入”菜单，打开“形状”选项卡，点击“基本形状”栏中的椭圆形按钮，按住 Shift 键不动，拖动鼠标左键一下得到圆形；双击已绘制的圆，点击“形状样式”选项卡的设置形状格式按钮，进入“设置形状格式”界面。选择“填充线条”选项中的“线条”，设置颜色为蓝色，宽度设置为 4 磅。也可以这样设置：插入圆形图后，点开“三维格式”选项，“顶部棱台”的宽度为 0，高度设为 10 磅，“曲面图”的大小设为 6 磅（图 5-96）。

另外，圆环不能设置内圆区域的颜色，对于中心区域需要涂色的图形，可以通过小圆嵌入大圆的方式得到。

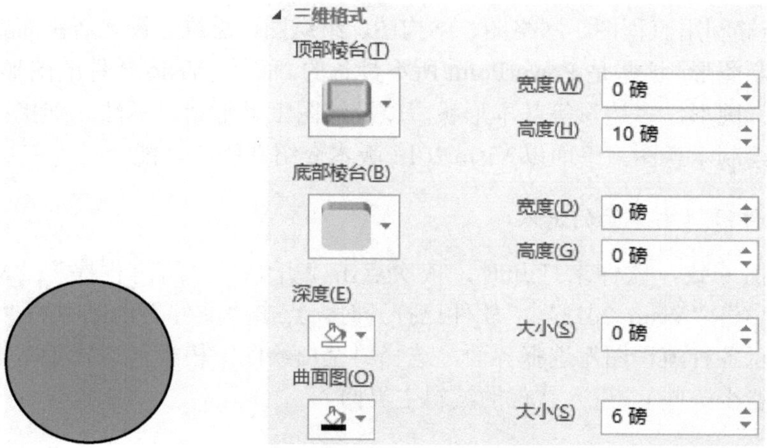

图 5-96　圆形三维格式设置

（4）烧杯的绘制。

对于烧杯、水杯、水槽之类的图形，先绘制圆柱体的主体，设置好高度、宽度、上表面的倾斜度、轮廓的颜色与粗细等细节；然后绘制椭圆形作为圆柱的底部，调整大小，与圆柱体的底部大小一致，在高显示比例（如 200%）下进行叠放的精细操作，调整椭圆形的透明度为 80%，宽度为 3 磅。若点开“线条”中的“短划线类型”，将上述底部的椭圆形设置为虚线，得到立体感更强的图形，对比图如图 5-97 所示。

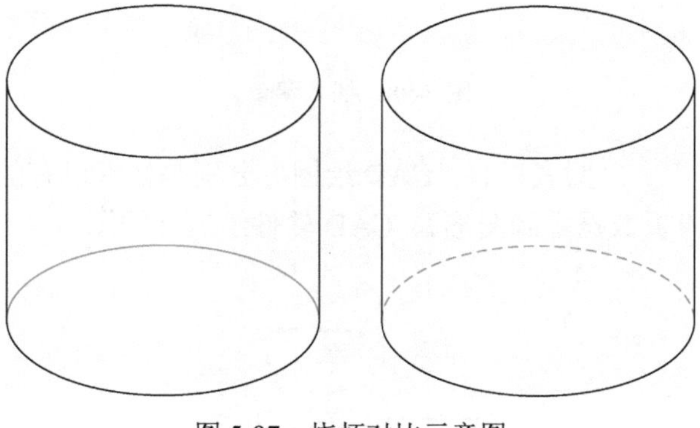

图 5-97　烧杯对比示意图

在 PowerPoint 中绘制好图形后，将各个图形组合、复制，然后在 Word 文档中单击右键，“粘贴选项”选择图片按钮，以图片的形式粘贴即可。

5.4.2　Visio

如前面所述，微软公司的 Visio 软件具有自动连线功能、操作简单（拖拽式绘图），能够利用流程图、网络图、结构图、组织图、思维导图、居室布置图等众多模板绘制图形，这些是 PowerPoint 所不具备的。而且，Visio 软件的图形种类多，包括箭头、圆形、多边形等基本形状，以及绘图工具形状、标注、连接符等，也可以用来绘制示意图。下面以 Visio 2013 版本介绍其绘制功能。

1. 软件编辑主界面的进入

与前面一致，软件未打开时，依次点击“开始”“所有程序”“Microsoft Office 2013”“Visio 2013”；软件已打开时，点击“文件”菜单中的“新建”，进入“显示各种流程图”选择界面，选择“空白绘图”模板（选择基本框图模板时绘图功能少一些），进入软件的编辑主界面。

2. 图形的插入

在软件的编辑主界面，可以通过插入、形状窗口拖拽的方式绘制图片。

（1）插入图形。点击“插入”菜单，常用的有“图片”“图表”“CAD 绘图”“容器”“标注”“连接线”“文本框”“对象”等工具（图 5-98～图 5-100），其没有“形状”工具，而是固定地显示在编辑主界面的左侧，这一点与 PowerPoint 软件有所不同。

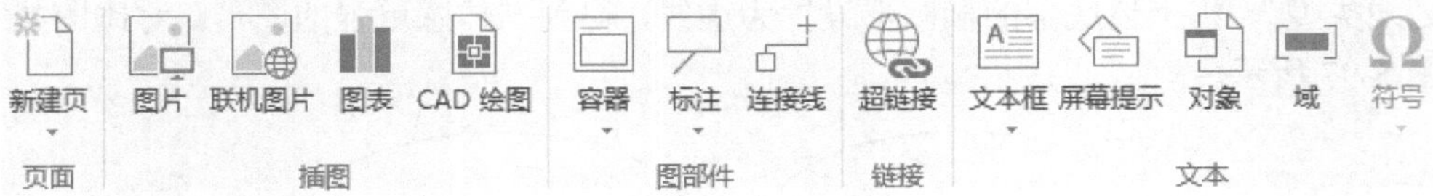

图 5-98　插入菜单

其中，“图片”、“图表”、“CAD 绘图”分别是插入已有的图、Excel 绘制的柱状图（修改模板数据定制图形）、CAD 软件绘制好的图。

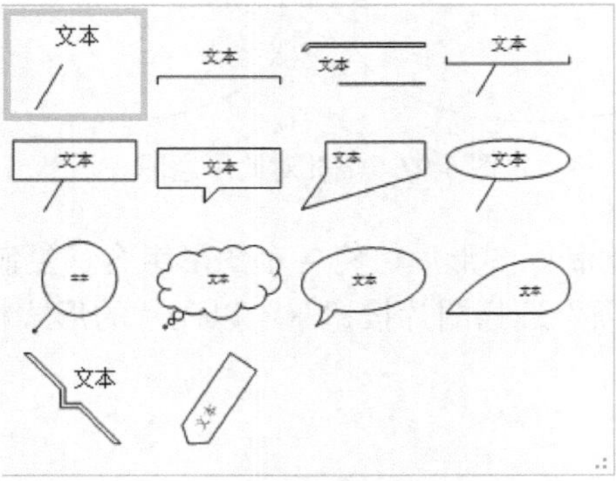

图 5-99　标注样式选择界面

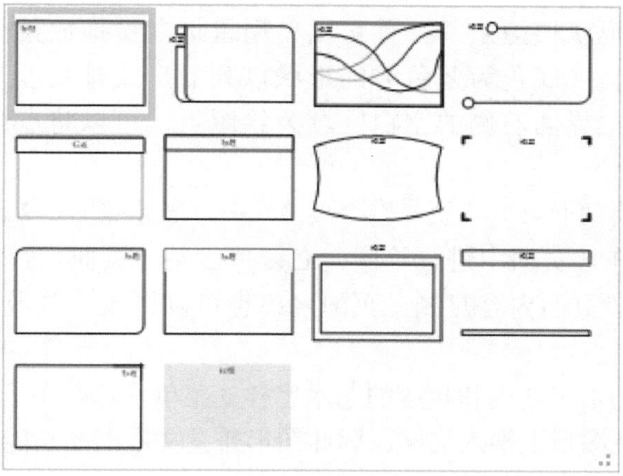

图 5-100　容器样式选择界面

“容器”工具可以将一个或多个图形放在一个框式“容器”内成为独立的图形，如图 5-101 所示，标题位置可以输入文字。点击框线以选中“容器”，点击右键选择“设置形状格式”进入形状设置界面，设置框线的粗细、类型、颜色等；框线以外允许多次添加“容器”；容器以内可以插入多个图形，每个图形在容器内可以任意拖动放置。

“连接线”是将绘制的两个图用连线连接起来，线上还可以输入文本，线自动断开（文本可以移离连线，且连线自动“愈合”），效果见图 5-102。

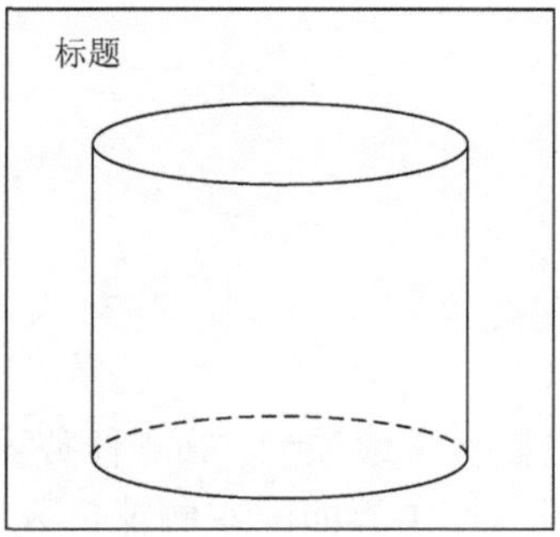

图 5-101　容器工具的功能

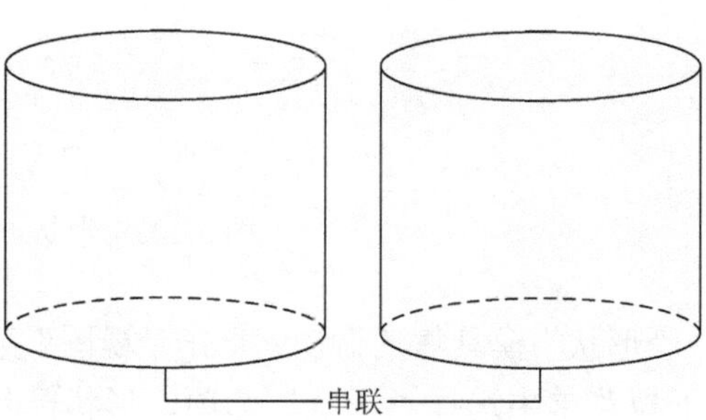

图 5-102　连接线工具的功能

“文本框”是插入文本框，输入文本，在菜单栏中可以选择“形状样式”菜单对其进行框线、颜色、效果等设置。

“对象”是将在文档中插入另一文档，包括 Microsoft 3.0 公式（绘制分数、化学分子式）和 Origin 图、Excel 图等。下面重点讲解“形状”菜单。

（2）拖拽图形。在主界面左侧的“形状”模具集中，点击“更多形状”

可以调出更多的形状快捷工具，并可以使用鼠标左键拖放某个工具进行上、下排序；所选工具（底色为蓝色）的形状以列的形式排列展开显示在快捷工具栏的最下方；主界面右侧的空白区域为绘图页，可以将左侧的形状拖拽到里面（图 5-103）。

绘图页下方有“页-1”“页-2”“页-3”…，表示第 1、2、3…页面，单击某一页面就可以在该页面中进行绘图；右键单击某一页面，弹出对话框，选择“重复”，可以把该页面内容复制，页面名称也可以更改；单击⊕图标，可以增加页面。

菜单栏没有艺术字功能和相应的艺术字样式菜单，这是由于该软件在拖拽图形后，可以继续在图形上输入文字，因此图形兼具文本框的功能。

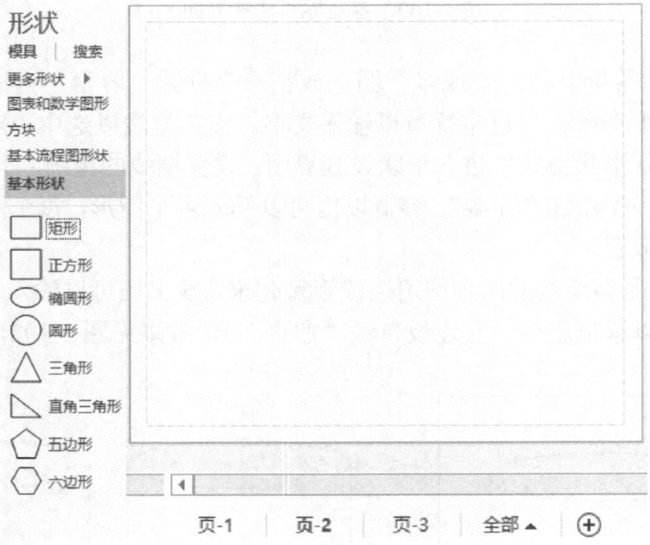

图 5-103　形状工具与绘图页

“形状”模具集的调出：点击“视图”菜单的“显示”选项卡，在“任务窗格”的下拉菜单中选择“形状”选项，形状模具集就显示在主界面的左侧窗口区域。

3. 形状编辑

（1）将已绘制的几个形状同时选中后，单击右键选择“组合”，或对已组合的图形选择“取消组合”；点击“开始”菜单，打开“排列”选项卡，可以对每个形状设置叠放时的上下层关系。

（2）按住 Shift 键，逐个点击图形，可以同时选择多个图形；按 Ctrl+A 组合键同时选择本窗口的编辑界面中所有的图形；可以按上、下、左、右箭头键移动图形。选中图形，待出现四向箭头符号后，可以单击鼠标右键选择复制、粘贴（或按 Ctrl+C 键复制、Ctrl+V 键粘贴），还可以按 Ctrl 键、拖动鼠标左键进行复制。

（3）当需要精确确定图形的相对大小和位置时，可以点击“视图”菜单的“显示”选项卡，勾选下拉菜单中的“标尺”和“网格”选项，在具有格线和标尺的界面进行绘制，如图 5-104 所示。

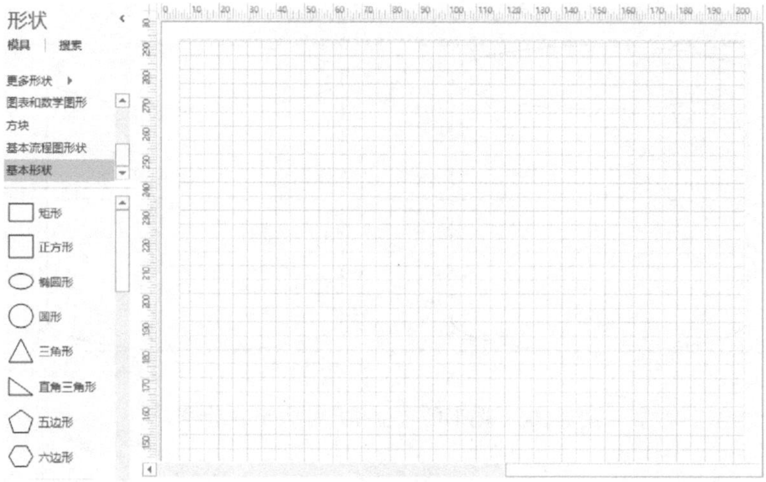

图 5-104　带有网格的页面

在图 5-104 中，点击“形状”工具栏的“形状”最小化窗口按钮图标 ‹，可以隐去文字信息部分，效果如图 5-105 所示。

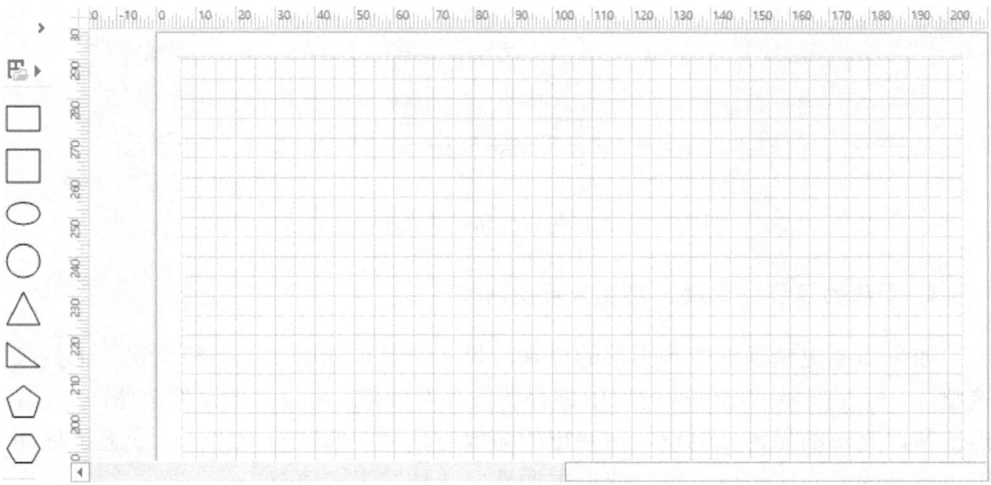

图 5-105　形状工具栏的最小化窗口界面

（4）选中图形后按住 Shift 键和上、下、左、右箭头移动键，可以微调形状位置。

（5）选中图形后，按住鼠标左键则在图形的顶部、中部、底部位置出现水平线，可以方便地拖放定位、图形大小比较和调整，如图 5-106 所示。

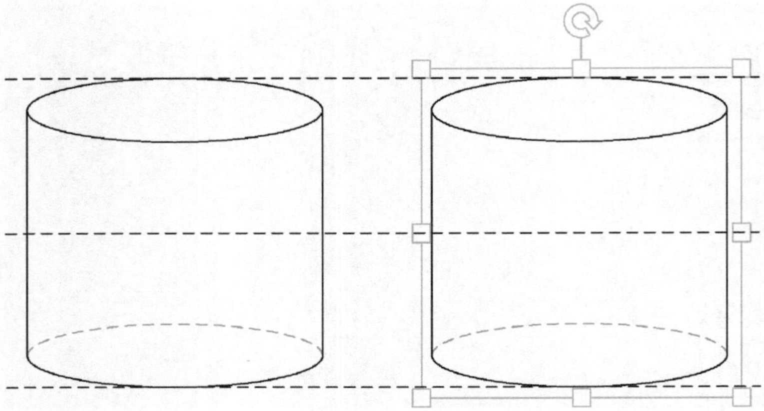

图 5-106　图形的定位和尺寸大小参考线

（6）将绘制好的图形复制、粘贴到 Word 中后，点击“视图”菜单，勾选“显示”选项卡的“网格线”选项，在具有网格线的编辑主界面下，选中对比的图形，通过比较背景区域来初步判断位置、尺寸情况［图 5-107（a）］；还可以将对比图形一起选中、背景变为灰色的情况下，点击目标图形进行拉大缩小［图 5-107（b）］。

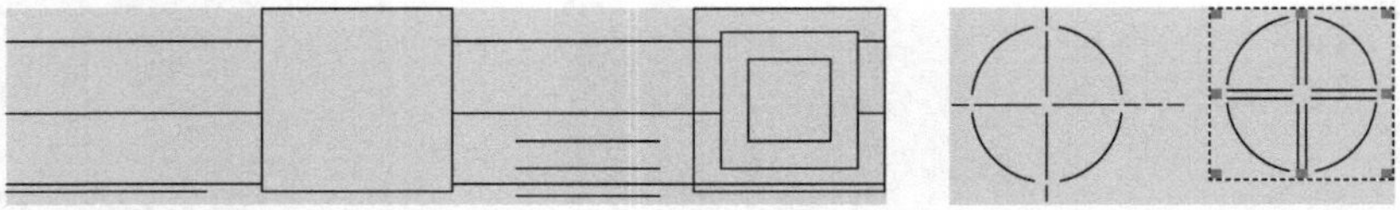

(a)　(b)

图 5-107　图形的定位和尺寸大小参考方法

4. 形状的位置、长度、宽度与角度调整

如果需要更精确地控制图形的位置、尺寸，必须使用“大小和位置”工具来调整，一般在高显示比例的窗口中进行调整查看效果。窗口显示比例的修改方法：点击窗口底部的显示比例值，在弹出的缩放对话栏中修改百分比值，或通过拖动窗口底部的显示比例调节块，或点击加号、减号按钮来调节。

点击“视图”菜单的“显示”选项卡，点击“任务窗格”的下拉菜单，选择

“大小和位置”选项。选择要调整的形状，出现“大小和位置”窗口，如图 5-108 所示。在位置 *X* 和 *Y*、宽度、高度、角度框输入新值和度量单位，在旋转中心点位置框中选择需要的位置。

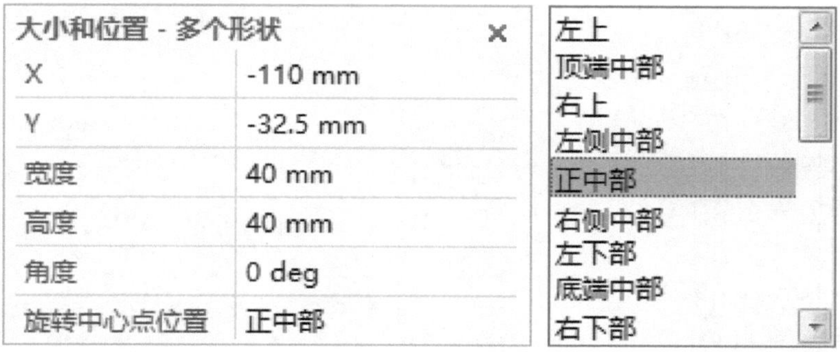

图 5-108　形状的大小和位置设置

在所选形状中，*X* 和 *Y* 字段中的值显示了图表中原点到固定位置的距离。原点通常位于绘图页的左下角，但在某些模板中它可以位于其他位置。要查找绘图中的原点，选择一个形状并将 *X* 和 *Y* 值设置为 0，形状将移动至其固定位置，即在原点位置。

5. 形状的对齐与间距调整

按住 Ctrl 键，连续单击多个形状，或者点击“开始”菜单的“编辑”命令，在“选择”的下拉菜单中选择一种选择工具（“全选”“选择区域”“套索选择”三选一），然后选择想要对齐的形状。

点击“开始”菜单的“排列”命令，在下拉菜单中选择对齐方式，如图 5-109 所示，默认为“自动对齐”。

图 5-109　形状对齐方式

然后，点击“位置”按钮，在下拉菜单中选择“调整间距方式”，如图 5-110 所示，默认为“自动调整间距”。

6. 连接线、连接点、矩形、椭圆、线条、任意多边形、弧形、铅笔工具

点击“开始“菜单，其“工具”选项卡含有“指针工具”“连接线”“文本”“连接点”“文本块”按钮、绘图工具（位于指针工具的右侧）六类工具；点开绘图工具设置按钮（三角符号），下拉菜单包含矩形、椭圆、线条、任意多边形、弧形、铅笔六种工具（图 5-111），分别可以绘制矩形（正方形）、椭圆（圆形）、直线、不规则形状、曲线和圆弧。

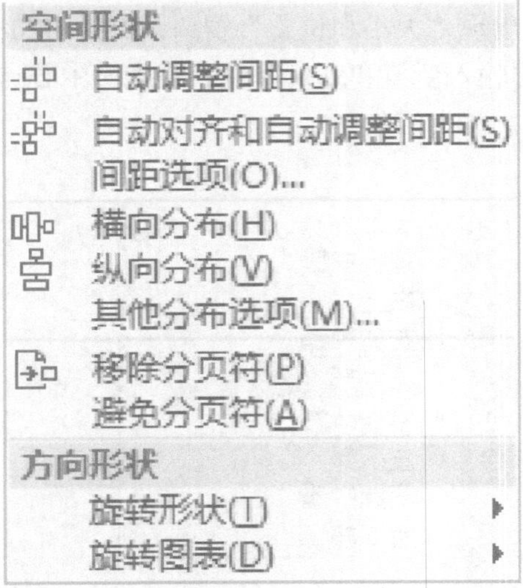

图 5-110　形状间距设置

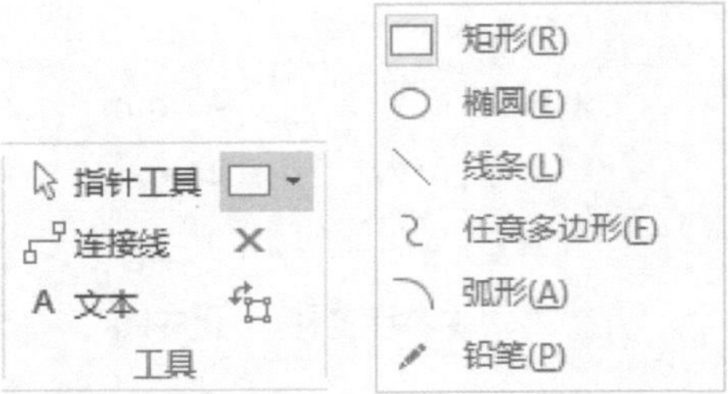

图 5-111　绘图工具下拉菜单

点击需要的绘图工具，在绘图页面上拖动以绘制形状。若要停止绘制，点击“工具”选项卡中的“指针工具”按钮返回常规编辑界面。

“连接线”工具：用来连接形状。点击“开始”菜单的“工具”选项卡，选择“连接线”工具，点击相应的形状（或将光标置于第一个形状的上方）直到该形状周围显示绿色方框，鼠标左键按住它的连接点并拖动到第二个形状的特定连接点处，第二个形状周围将出现一个绿色框，并且预览显示连接路径情况，松开鼠标，两个形状就被连接起来，点击“指针工具”按钮返回常规编辑。

在连接前，可以先使用“连接点”工具对连接点的位置进行调整；右键单击连接线，在弹出的快捷菜单中可以设置连接线类型：直角、直线或曲线；拖动连接线上的连接点可以调整连接线的形状。

“连接点”工具：点击“连接点”工具按钮，按住 Ctrl 键，在绘图页面的某位置处点击添加连接点；点击连接点（变为洋红色），可以拖动鼠标进行移动、按 Delete 键删除。形状连接时，连接线端点变为绿色。不能直接向连接点添加文本。

“自动连接”的调用和连接内容见 Visio 软件绘制流程图的相关部分。

“矩形”工具：不按住 Shift 键时，“矩形”工具绘制的是矩形，按住 Shift 键时绘制的是正方形。

“椭圆”工具：不按住 Shift 键时，“椭圆”工具绘制的是椭圆形，按住 Shift 键时绘制的是圆形。

“铅笔”工具：不按住 Shift 键“铅笔”工具可以绘制任意曲率的曲线（包括半圆弧和圆形，绘制半圆弧和圆形时先拉长直线再弯曲即可），按住 Shift 键绘制的是直线。

快速绘制对称性弧线的方法：先按住 Shift 键，利用“铅笔”工具绘制一条线段，然后用鼠标左键按住线段中间的选择点，拖离一段距离后松开，即可得到弧线。将上述几个图形叠加一起进行对比可以发现，类似吹泡泡一样，这条线段好比是“口”，随着拖离的距离增大，弧线所围的面积越大，如图 5-112 所示。

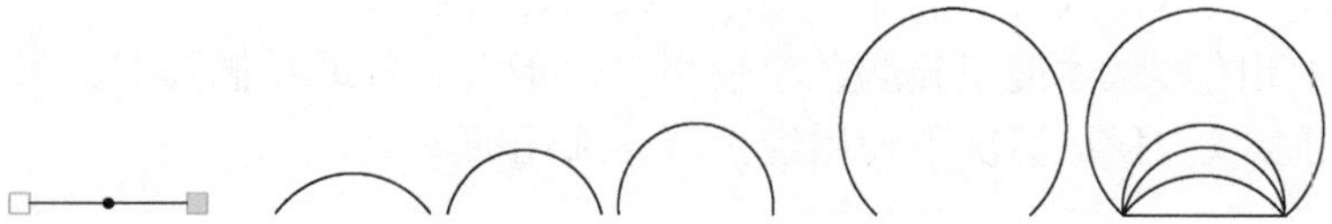

图 5-112　铅笔工具绘制对称性弧线的效果图

使用“铅笔”或“线条”工具绘制更长的线段或折线，必须首先点击线段显示如图 5-112 所示的端点图标时，才能按住末端点（或起始端点）位置处拖动以绘制下一条线段，否则画出的线段或折线不是一个整体，点击某一小段线段时就不能同时选中整条线。

对于“线条”或“铅笔”工具绘制的线段，点击“一笔”（不停顿）画成的线段，在“线条”工具状态下，会显示两个点（线段的端点）；在“铅笔”工具状态下，会显示三个点（线段的中点和两个端点）。点击多笔（拖动线段末端一次或多次）画成的线段，在“线条”工具状态下，按照两点确定一条线段的原则能查清整条线段被分割的段数，这也是实际绘制线段的条数；在“铅笔”工具状态下，考虑到重叠的点，两笔画成的显示 5 个点，三笔画成的 7 个点，依次类推。同时，点击图形时这些特征点的同时出现表示这几条线段是一个整体。例如，分别是用“一笔”“两笔”和“三笔”画成的三组线段，每一组的第一个图是“线条”工具下的显示状态，第二个图是在“铅笔”工具下的显示状态。

点击“指针工具”以返回常规编辑状态（退出“线条”或“铅笔”工具状态），点击绘制的线，“一笔”画成的线段不能旋转；“多笔”画成的线段（由多条线段组成）能旋转，如图 5-113 所示。

图 5-113　一笔和多笔画成的线段的旋转属性

在“线条”或“铅笔”工具状态下，拖动线段内的一点（即端点除外），该点能与周围两边对称点（包括端点）重新连接，把原来直线变为弧线或折线，以上述三组线段中的第一、二、三、四图为例，拉蓝色点，分别为（第一个图，拉第 2 点）、（第二个图，拉第 2 点）、（第三个图，拉第 3 点）、（第四个图，拉第 2、4 点）。

注意：使用“线条”“任意多边形”“弧形”“铅笔”等工具绘制图形有起始点和终止点之分，例如，在“铅笔”工具选中状态下点击线段，若显示为，其中白色选择手柄表示绘制的起点，灰色选择手柄表示绘制的终点，双击这类图形时可以输入文本，且文本的输入顺序与线的起终点方向一致。

只有封闭的形状才能填充颜色，使用“矩形”工具或“椭圆”工具，则将自动生成封闭形状。默认情况下使用纯色填充封闭的形状。

7. 联合、组合、拆分、相交、剪除、连接、修剪、偏移等工具

点击“文件”菜单的“选项”，弹出“Visio 选项”窗口，点击左边窗口的“高级”选项，然后在右边窗口将滚动条下滚至“常规”，勾选“以开发人员模式运行”，点击“确定”按钮。可以发现，绘图页面的菜单栏增加了“开发工具”菜单，点击其“形状设计”选项卡的“操作”选项，弹出的下拉菜单中有“联合”“组合”“拆分”“相交”“剪除”“连接”“修剪”“偏移”等工具，如图 5-114 所示。

下面通过案例来了解主要工具的功能和应用效果。

绘制图形：先将形状窗口中基本形状的圆形工具拖拽至绘图页中画出一个圆，然后点击“开始”菜单的“工具”选项卡，选择“形状工具”中的“线条”工具，在绘图页中画出两条直线。适度放大显示比例。按住 Shift 键不动，再按向上、向下、向左、向右的箭头键，将两直线细调至平分线的位置（通过观察直线与圆连接点的重合度判断），如图 5-115 所示。

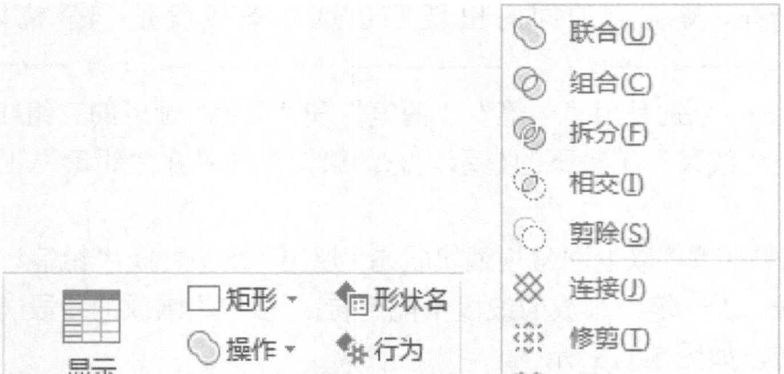

图 5-114　开发工具菜单的形状设计选项卡

或者点击“工具”选项卡中的“指针工具”以返回常规编辑。点击已绘制的圆形，出现一个外切方框后，按住 Shift 键不动，再按向上、向下、向左、向右的箭头键，将两直线细调至平分线的位置（通过观察线与圆外切方框中位线上选择手柄的重合度判断），如图 5-116 所示。

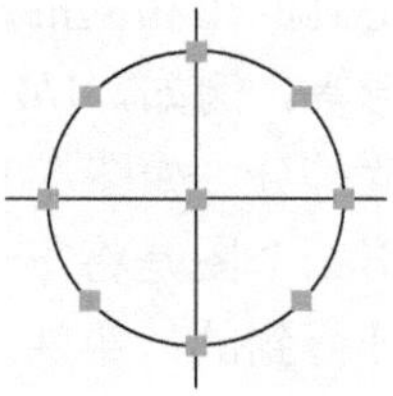

图 5-115　线条工具

组合工具：按住 Shift 键不动，点击圆形、两条直线将它们选中，组合（图 5-117）。

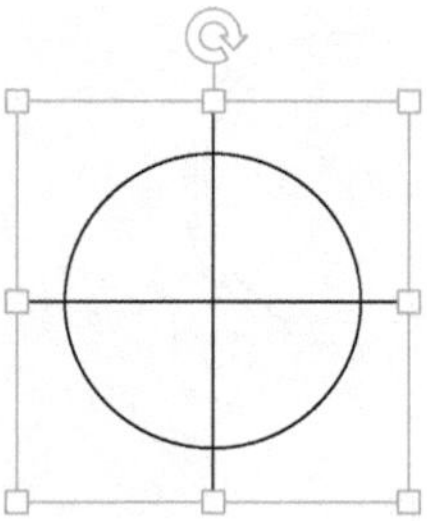

图 5-116　Shift 与箭头键联用精细调整形状位置

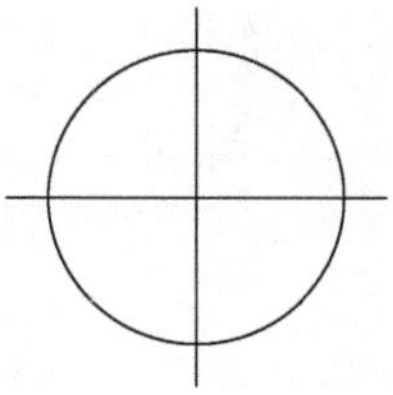

图 5-117　组合工具

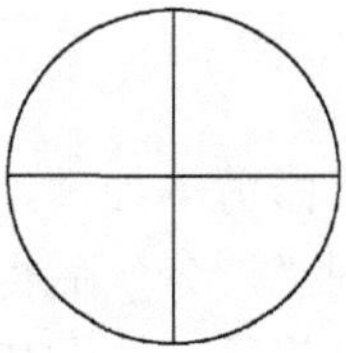

图 5-118　拆分工具

拆分工具：选中上述直线与圆的未组合或组合图形（图 5-113、图 5-115），点击“拆分”工具，结果如图 5-118 所示。

实际上，此时该圆已被均匀地分割为四个扇形，点击一个扇形、点击四个扇形和将四个扇形分别向外移动分离，这三个状态图如图 5-119 所示。

修剪工具：同样地，选中上述直线与圆的未组合或组合图形（图 5-115、5-117），点击“修剪”工具，得到的图形貌似与原图一样，实际上将图形的各部分分别向外移动分离，对比图如图 5-120 所示。

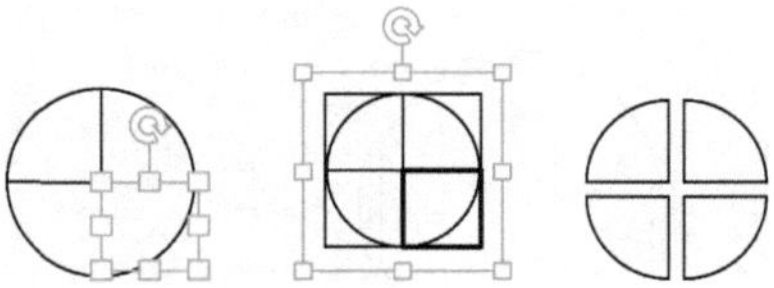

图 5-119　拆分效果

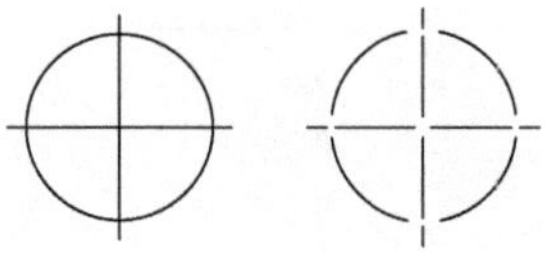

图 5-120　修剪效果

选中上述“拆分”得到的图形（图 5-119），点击“修剪”工具，得到的图形貌似与原图一样，实际上将图形的各部分分别向外移动分离，对比图如图 5-121 所示。

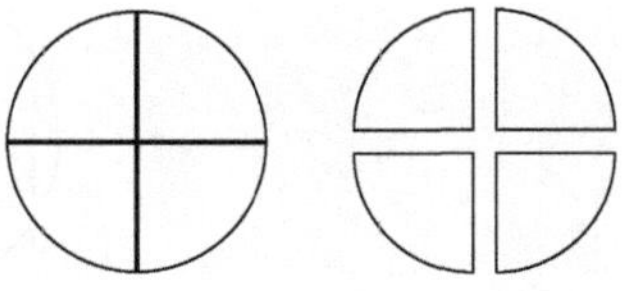

图 5-121　先拆分后修剪的效果

通过以上操作，可以将一个圆形四等分，从而得到四个相同的扇形、圆弧，在此基础上还可以进一步设置不同区域的颜色、线形等，例如，1/4 弧线是虚线、其余部分为实线的圆。按照这个思路，可以将圆任意等分，如图 5-122 所示，第一个图为圆形内接八边形，在四个边上再画上直线；第二个图是将第一个图“拆分”后得到的；第三个图是将第二个图各部分移动分开得到的；第四个图是将第一个图依次“拆分”“修剪”之后各部分移动分开得到的（不分开的话与第二个图的外形相同）；第五个图是将第一个图“修剪”后各部分移动分开得到的（不分开的话与第一个图的外形相同）。

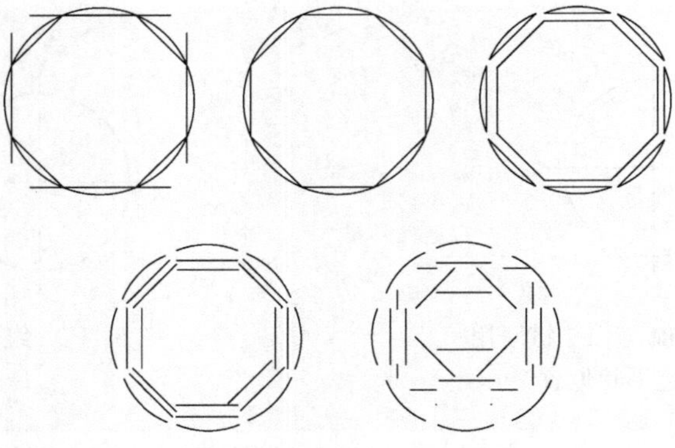

图 5-122　圆的弧线八等分方法（Ⅰ）

若将图 5-122 中第一个图的内接八边形去掉，然后进行拆分、修剪等处理，也可以得到均分的效果。如图 5-123 所示，第二个图是将第一个图“拆分”后得到的；第三个图是将第二个图各部分移动分开得到的；第四个图是将第一个图依次“拆分”“修剪”后各部分移动分开得到的（不分开的话与第二个图的原始图外形相同）；第五个图是将第一个图“修剪”后各部分移动分开得到的（不分开的话与第一个图的外形相同）。

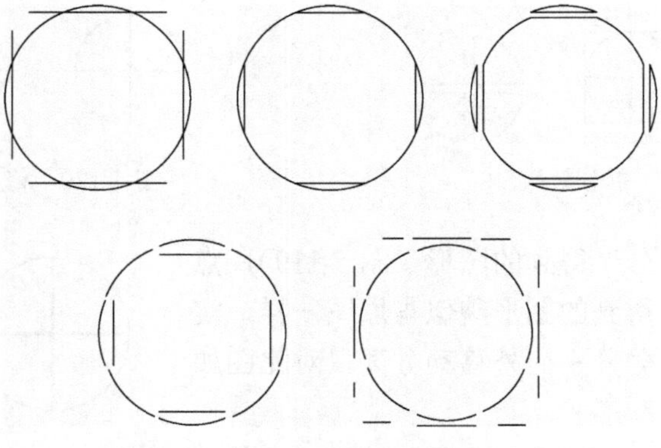

图 5-123　圆的弧线八等分方法（Ⅱ）

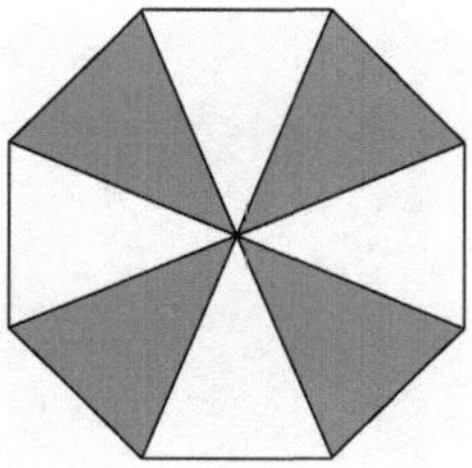

图 5-124　正八边形等分

同理，可以添加直线通过“拆分”将正八边形等分，效果如图 5-124 所示（填充颜色处理以区分）。

对于半圆弧和半圆，可以直接在网格界面下绘制，如图 5-125 所示。可以先画两条垂直平分线，用“铅笔”工具选中一条线的中心点（交点位置）拉至另一条线的端点即可画出半圆，然后把另一条直线删除即可。也可以按照上述方法画出一个圆形后添加一条平分线，然后经“修剪”得到。

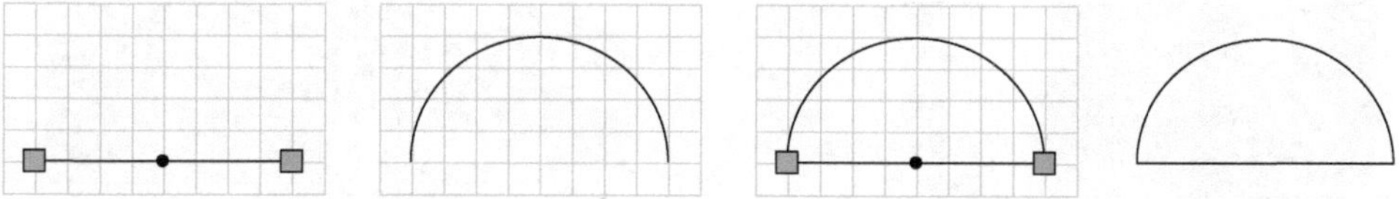

图 5-125　半圆弧和半圆的绘制

偏移工具：点击选中绘制的图形，然后点击偏移工具，弹出如图 5-126 所示的界面，输入距离值即可。

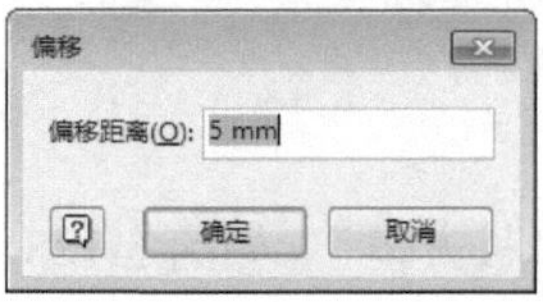

图 5-126　偏移工具

偏移工具的作用是在所选形状的两侧创建平行线。以线段、正方形为例，经过偏移操作，效果图为、。可以发现，对于本例而言，线的偏移是向上、向下在设定的距离处分别增加一条相同形状的线，正方形框的偏移是在内部和外部设定的距离处分别增加一个方框。

5.4.3　3ds Max

以基底上生长棒阵列、试瓶刷为绘制对象，利用 Autodesk 3ds Max（2009 版）软件学习本软件的基本功能及操作。通过练习，掌握 3ds Max 绘图的基本操作技能。

1. 绘制基底上生长的棒阵列

（1）启动 Autodesk 3ds Max 2009 软件，进入默认顶视图、前视图、左视图、透视图的主界面，如图 5-127 所示。

（2）在主界面下，选中顶视图作为活动视图，在英文输入状态下按字母 G 键（不分大、小写）关掉栅格线（再次按字母 G 键又会恢复栅格线），然后按下 Alt+W 复合键将当前视图最大化显示。此时只显示顶视图，再按复合键又会回到起始界面。按 T、B、F、P 可以切换到上视图（top）、底视图（bottom）、前视图（front）、透视图（perspective），按 R、C、U 键可以分别切换到右视图（right）、相机视图（camera）、用户视图（user）等视图，也可通过“视图”菜单的设置活动视图选择，或点击主界面右下角的最大化视图切换按钮。

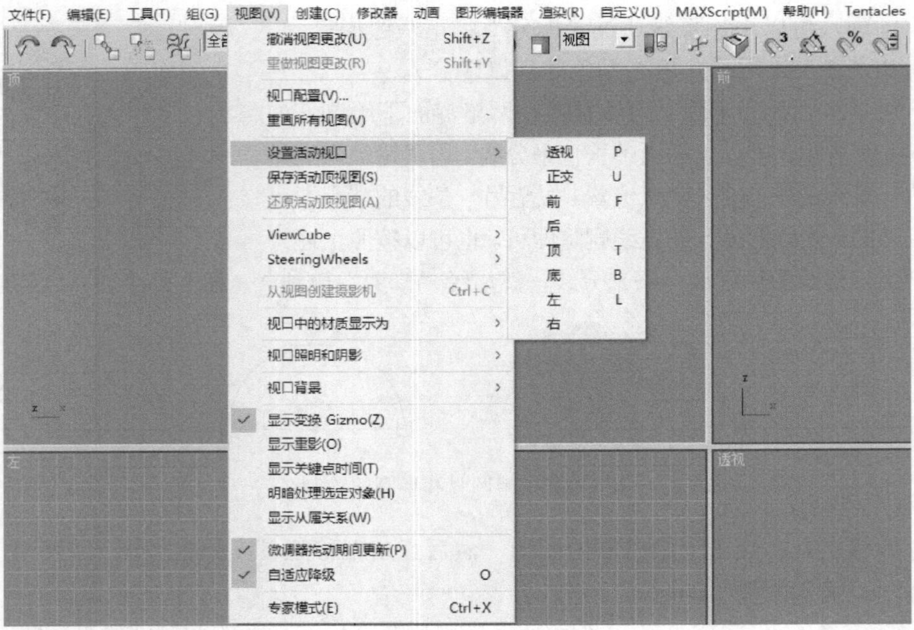

图 5-127　主界面

（3）点击“创建”菜单的“标准基本体”选项卡，选择“长方体”，如图 5-128 和图 5-129 所示。

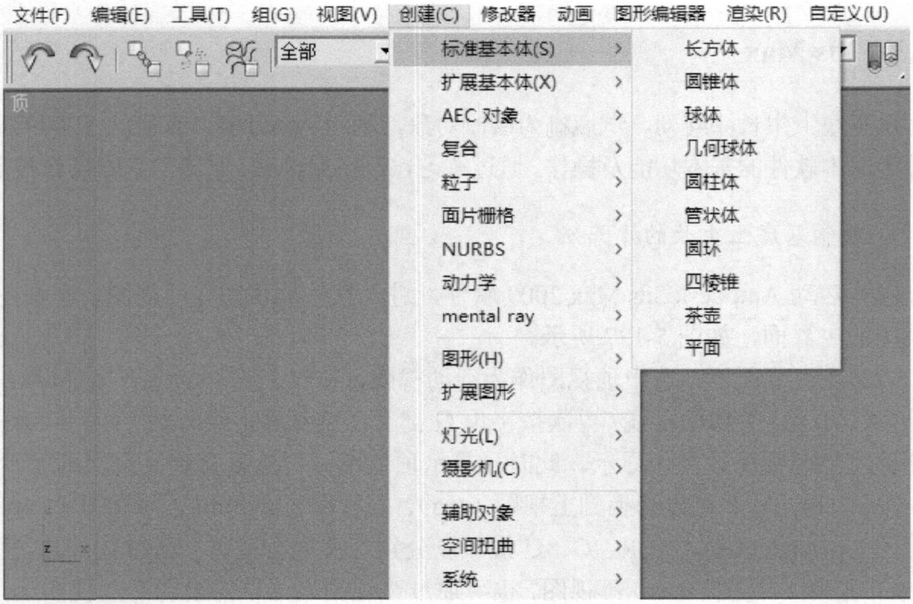

图 5-128　标准基本体选项卡

或者点击主界面右侧区域的“创建”按钮、“几何体”按钮，选择“标准基本体”“长方体”，弹出长方体参数设置界面，如图 5-130 所示。

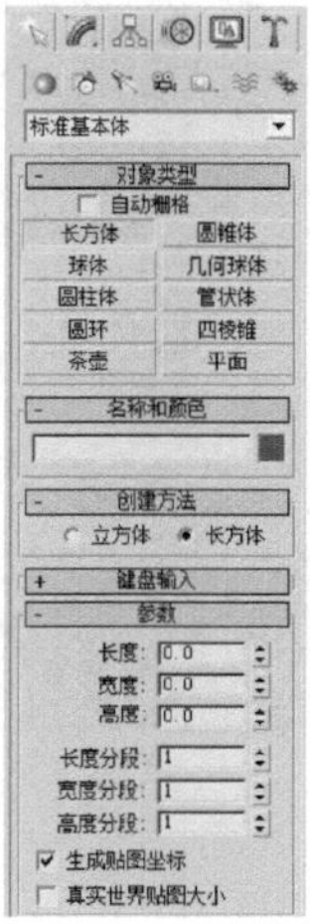

图 5-129　长方体选择与设置界面

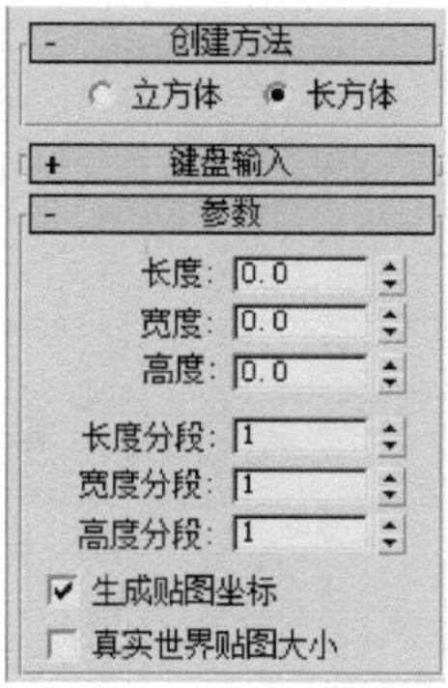

图 5-130　长方体参数设置界面

在视图中画出长方体，右侧区域调整长（如 40）、宽（如 60）、高（如 2）及其分段（默认 1）等参数，附上颜色，按移动键（W）结束，完成基底绘制。

或者点击菜单栏中“选择并移动”按钮，单击右侧区域中的修改图标，修改参数，长宽分段；使用空格键锁定目标；移动到对应位置；鼠标左键按住捕捉开关的三角符号，选择 2.5 按钮，二维转为三维；右击图形，点击“选项”，勾选“使用轴约束”，点击右上角关闭按钮×（图 5-131）。

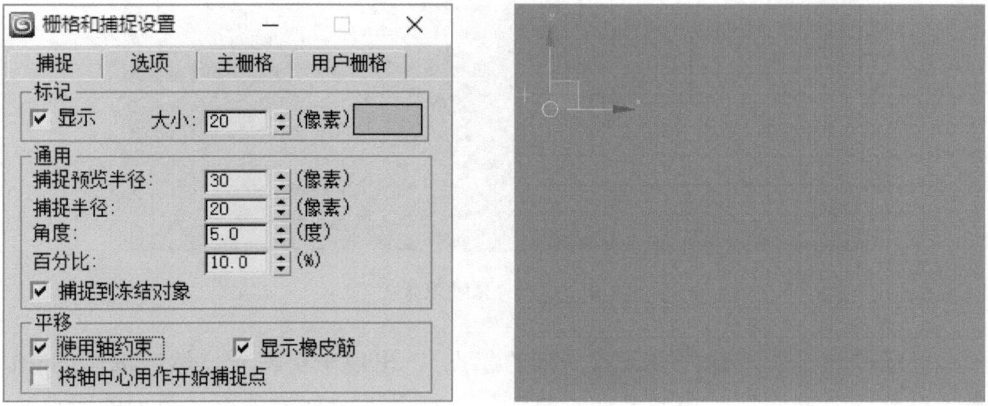

图 5-131　格栅和捕捉设置界面

光标移动到长方体的顶点，出现十字符号，然后按住 Shift 键，复制实例至下一行顶点松开鼠标，如图 5-132 所示。

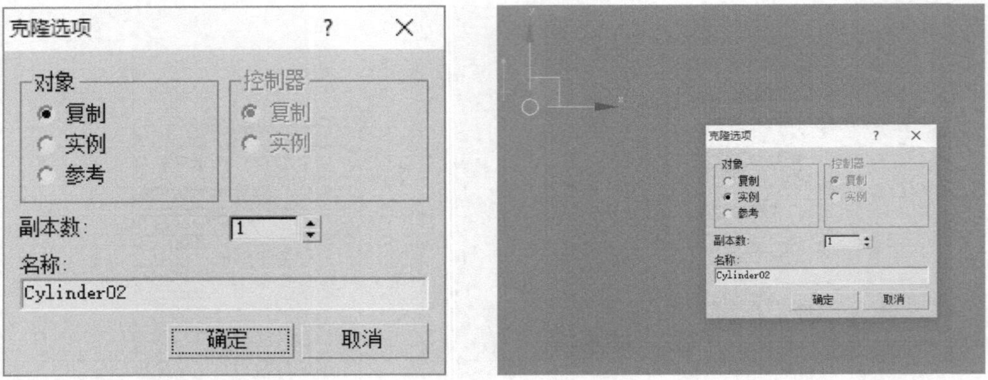

图 5-132　克隆

修改副本数为 9，其效果图见图 5-133。

用鼠标框住 10 个对象，按空格键锁定整体目标，点击“组”菜单的“成组”命令，点击“确定”按钮，弹出如图 5-134 所示界面。

图 5-133　克隆效果

鼠标移动到长方体的左顶点（列的起点），出现十字符号，然后按住 Shift 键，对象选“实例”，控制器选“复制”，拖至下一列的顶点（新列的起点）松开（图 5-135）。

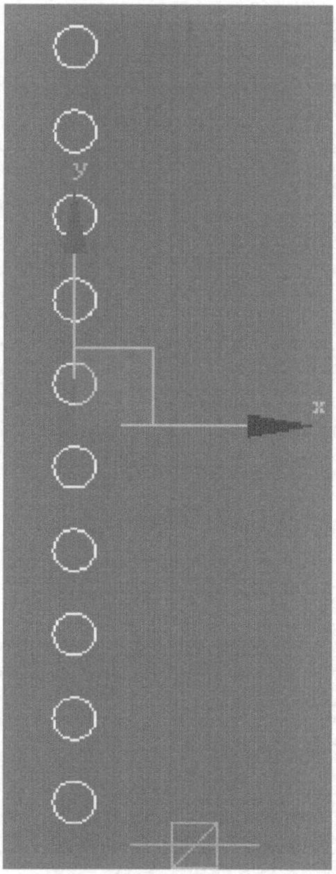

图 5-134　成组

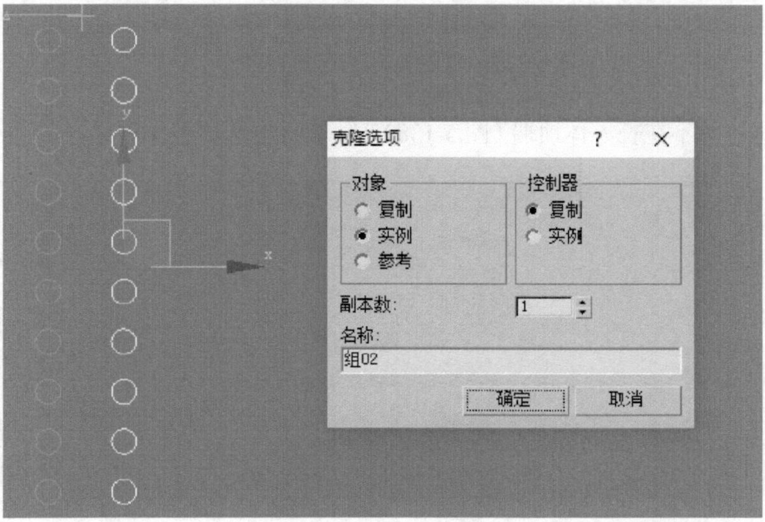

图 5-135　复制实例

修改副本数为 9，效果图见图 5-136。

图 5-136　复制实例效果

切换视图为前视图（图 5-137）。

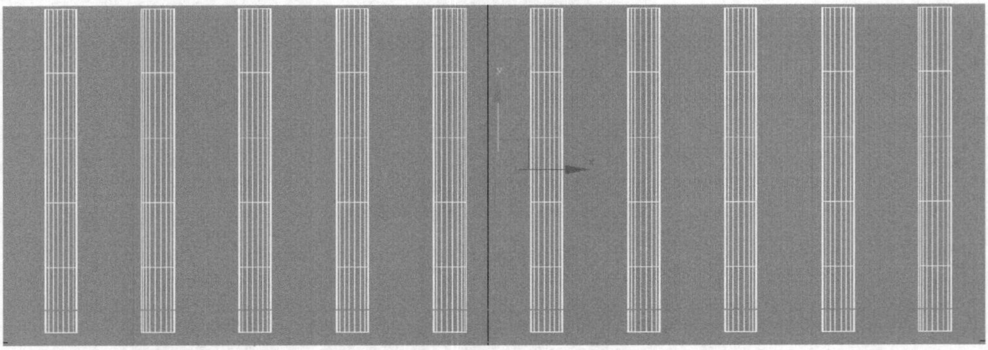

图 5-137　复制实例效果（前视图）

如果圆柱体不在长方体顶端（图 5-138）时，鼠标框选棒整体对象，按空格键锁定。

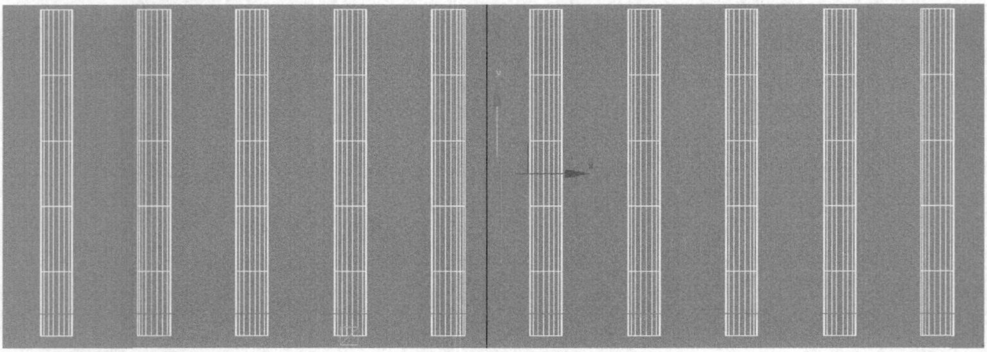

图 5-138　锁定效果

利用轴约束将整体移至长方体顶端（图 5-139）。

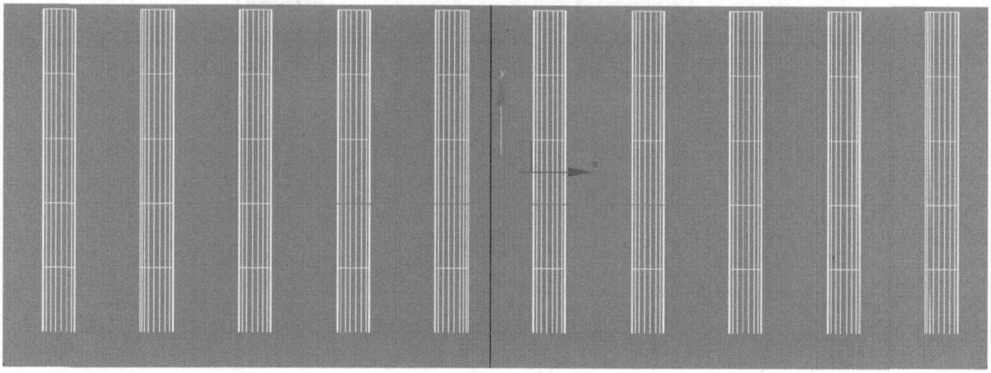

图 5-139　轴约束功能

（4）点击主界面右侧区域的“创建”“几何体”“圆柱体”，调半径（如 1）和高度（如 20），完成棒绘制。

（5）切换透视图（P），按复合键 Shift+F 显示输出效果（图 5-140）。

（a）点击右侧区域的环绕按钮，图像在与显示屏的平面内旋转至适合角度，按 W 键结束；Alt+鼠标滑轮使图像在与显示器垂直的平面内旋转至适合角度。

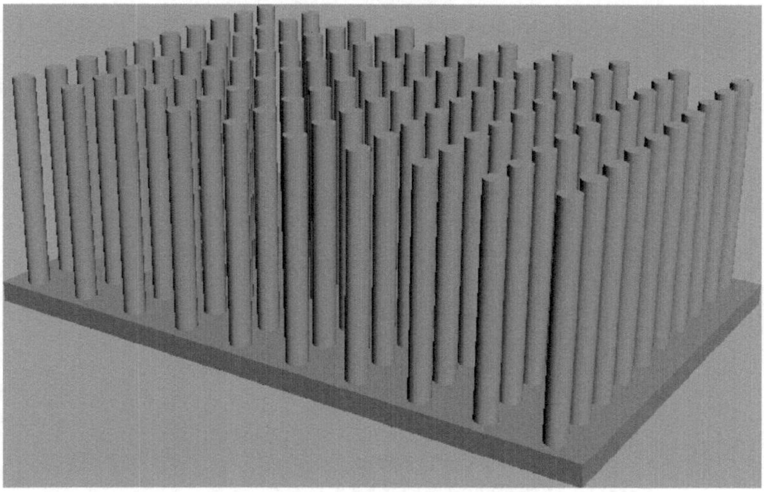

图 5-140　阵列初始效果图

（b）选择一组棒，修改高度、颜色，整体高度随之变化，其他组棒的颜色需要单独设置（图 5-141）。

（6）按钮分别为：渲染设置、渲染过的图、渲染。

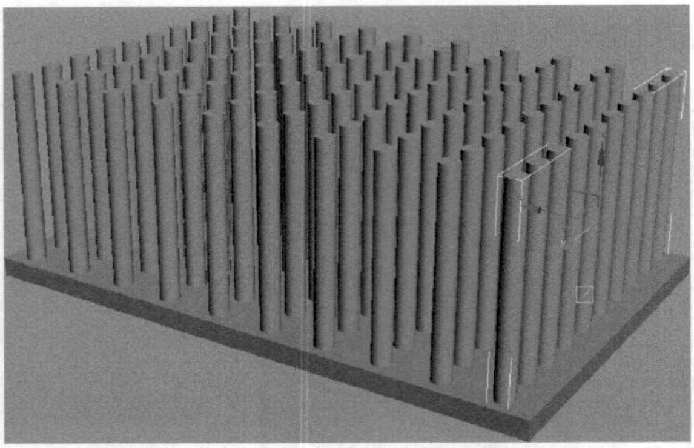

图 5-141　阵列高度、颜色调整

（a）点击“渲染设置”按钮或快捷键 F10，设置输出大小宽度与高度（按复合键 Shift+F 显示），默认图像纵横比。具体操作为：依次点击 320x240（像素越大，图片所占空间越大）、图像纵横比锁定，然后设定宽度（或高度）值，高度（或宽度）值随之变动，如图 5-142 所示。

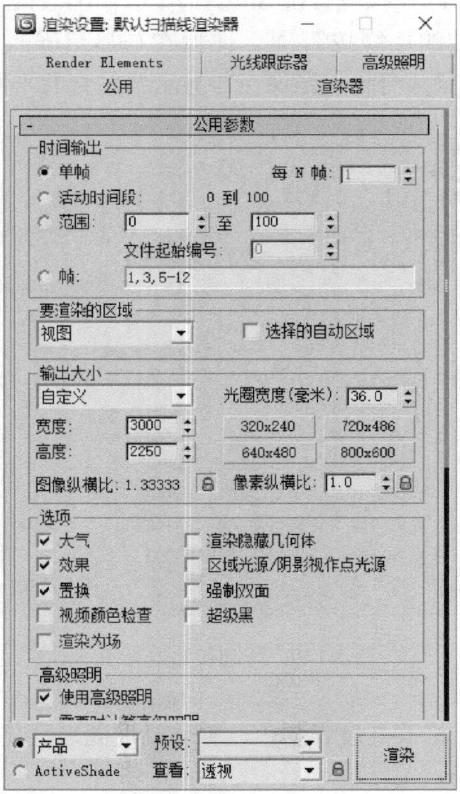

图 5-142　渲染设置

（b）单击菜单栏渲染图标或按复合键 Shift+Q，渲染。

（c）点击复合键 Shift+F 查看输出效果，若需要旋转、移动，则改动后必须重新渲染，直至满意为止（图 5-143）。

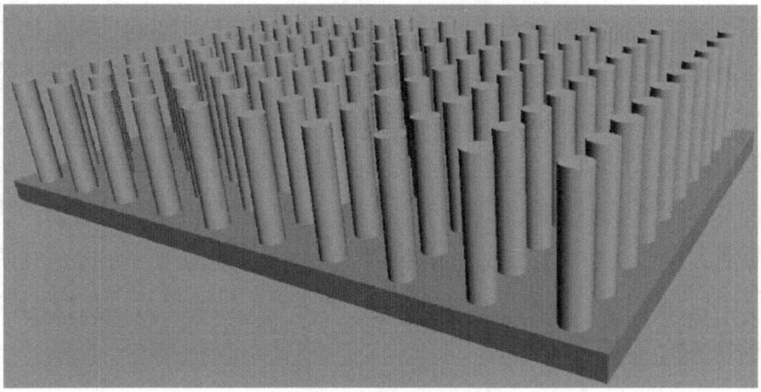

图 5-143　渲染效果图

（7）设置合适的像素、颜色，保存为 tif 格式图片（图 5-144）。

320×240，16位真彩色，450K

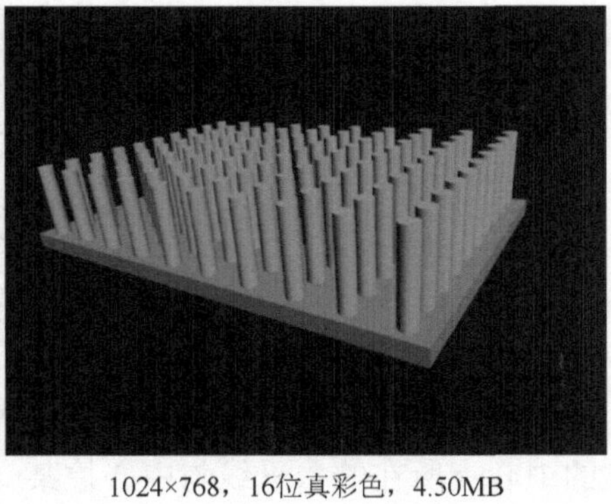

1024×768，16位真彩色，4.50MB

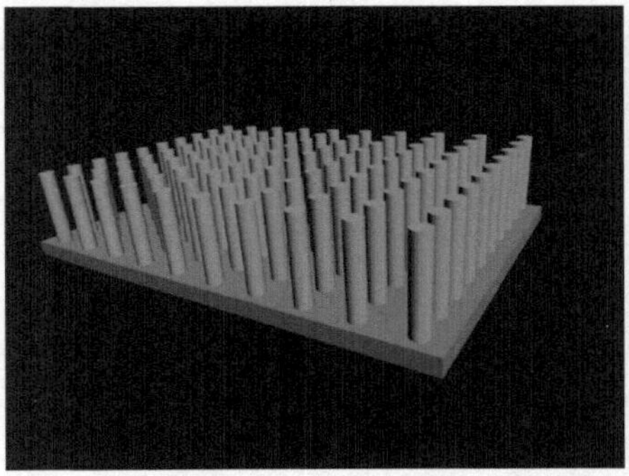

3200×2400，8位真彩色，21.9MB

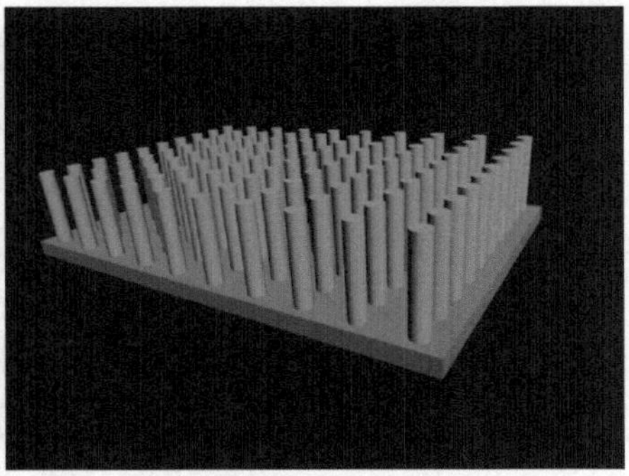

3200×2400，16位真彩色，43.9MB

图 5-144　不同像素、色彩位数保存的图像效果

2. 绘制瓶刷

（1）启动 Autodesk 3ds Max 2009 软件，进入默认顶视图、前视图、左视图、透视图的主界面，按字母键 G 关掉栅格线。

（2）在前视图（F）最大化显示视图 Alt+W。点击“创建”“几何体”，画出大圆柱体，点击菜单栏中选择并移动按钮，点击右侧区域中的修改图标，调参数半径（50）和高度（200）及边数（32）。

（3）切换到顶视图（T），点击主界面右侧区域的“创建”“几何体”，画出小圆柱体。单击菜单栏中选择并移动按钮，点击右侧区域中的修改图标，调参数半径和高度及边数（60）；按空格键锁定，按住捕捉开关的三角符号，选择 2.5 图标将二维转为三维；点击右键，选择“选项”，勾选使用轴约束，点击右上角关闭按钮☒（图 5-145）。

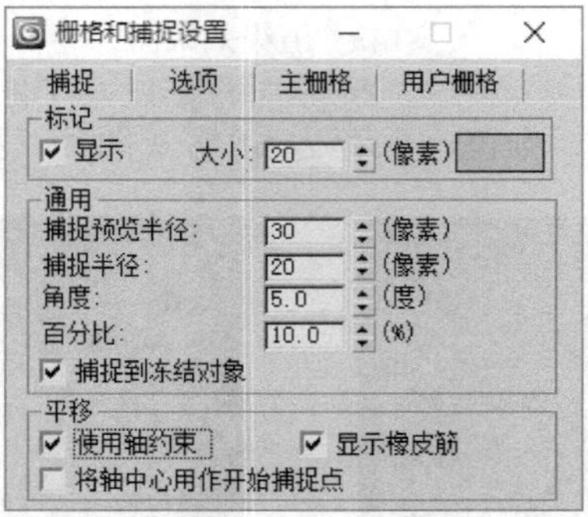

图 5-145　格栅和捕捉设置界面

按 F6 功能键上下移动、F5 功能键平行移动，移动到中心柱的中心点（小圆柱的中心点所在的水平线与中心柱某一水平线在同一条水平线上）。

（4）切换到前视图，如图 5-146 所示。

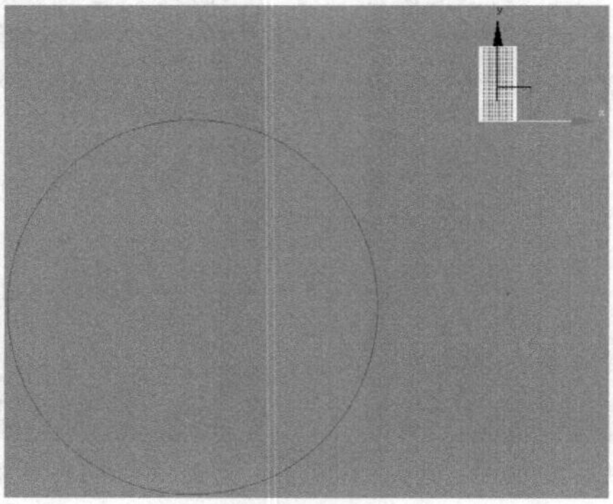

图 5-146　前视图

选中小圆柱的底部中心点（x 轴、y 轴的交点）拖到中心柱中部区域，捕捉到中心点（十字光标）后松开鼠标，如图 5-147 所示。

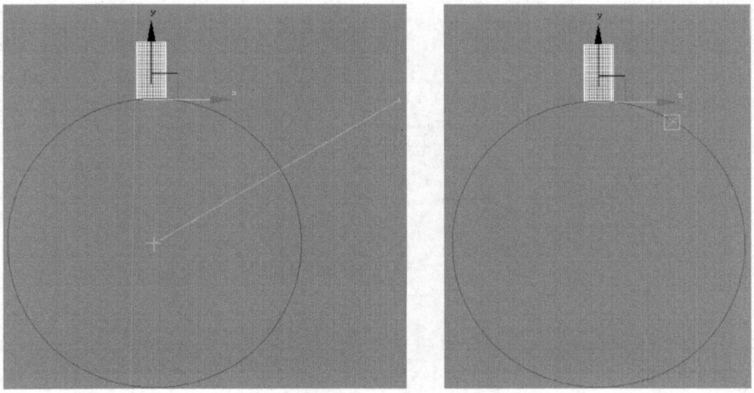

图 5-147　捕捉

前视图下，调整小圆柱的轴：点击“层次”按钮，然后点击“仅影响轴”，拖到大圆柱的中心点，再点击“关闭仅影响轴”，最后点击“工具”菜单的“阵列”命令（图 5-148）。

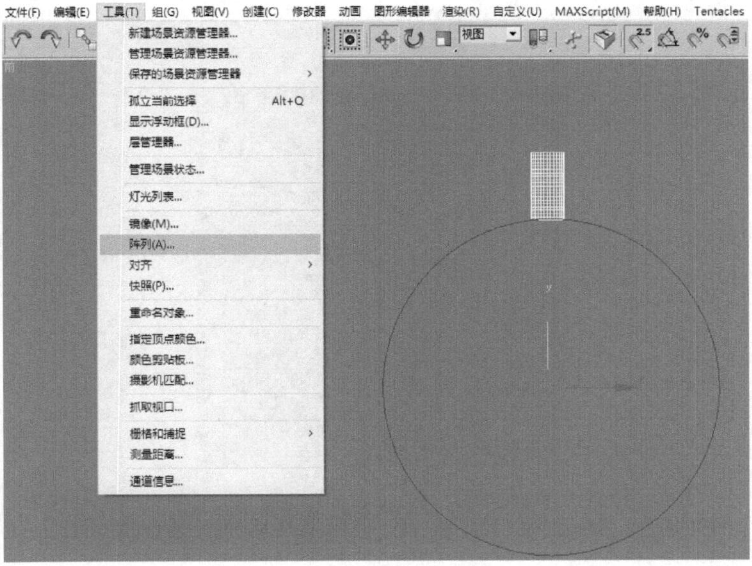

图 5-148　阵列命令

设置小圆柱体围绕大的圆柱体阵列一圈（数值）：点击“旋转”后的“〉”，Z 值设为 360，阵列维度 1D 设为 20，点击“预览”（图 5-149）。

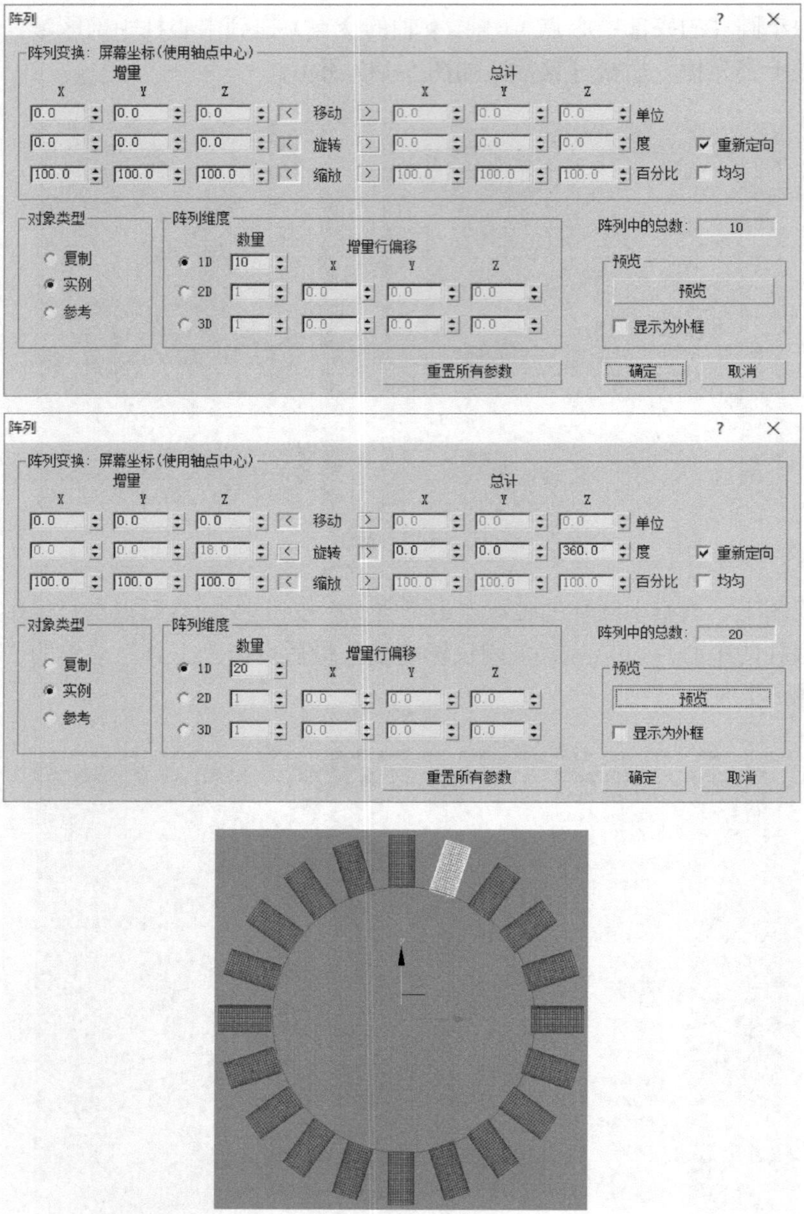

图 5-149　阵列参数设置界面

若不合适，改变 1D 值再“预览”，直至合适，点击“确定”。

（5）切换到左视图，查看效果（5-150）。

根据需要调整中心柱的颜色、长短；小圆柱的颜色、大小。修改小圆柱的半径为 3（图 5-151）。

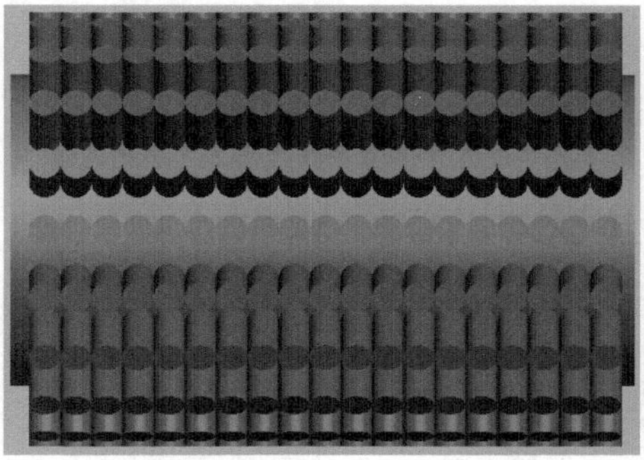

图 5-150　左视图

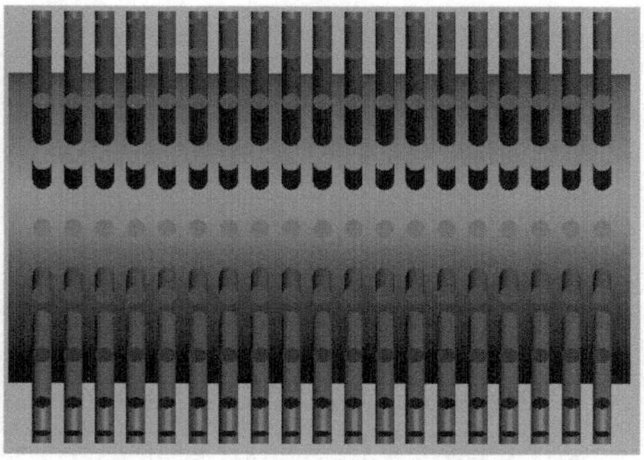

图 5-151　颜色、大小调整

（6）切换到前视图下，查看中心柱直径大小效果（图 5-152）。

若需整体缩小，全选，点击“组”菜单的“成组”命令，然后点击右键，选择并均匀缩放按钮，输入缩小比例。

若仍不理想，则需单独增加：切换到顶视图（或左视图），若需增大中心柱长度（即高度），选中中心柱（若中心柱与小圆柱成组需要先解组），设置高度为 300，按回车键确定。接着，增加小圆柱阵列：点击小圆柱的一组，按空格键锁定，点击菜单栏捕捉开关按钮，选择十字光标，放到起始位置，按住 Shift 键（图 5-153）。

鼠标移到终点位置，二者距离之差即为添加一组小圆柱组离最下端的小圆柱组的距离，副本数为添加的小圆柱组数。图 5-154 所示为克隆实例。

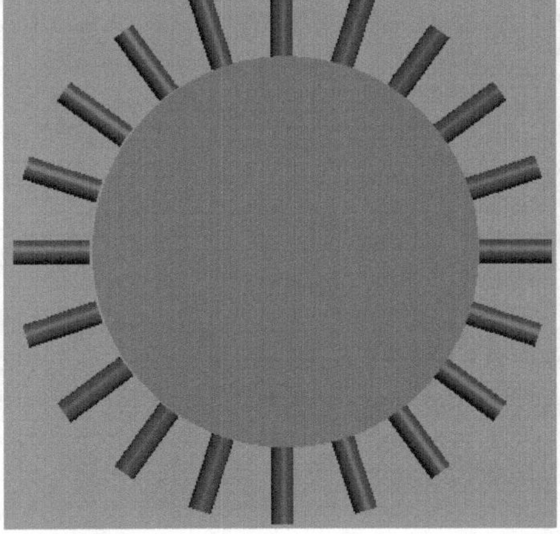

图 5-152　前视图

图 5-153　捕捉

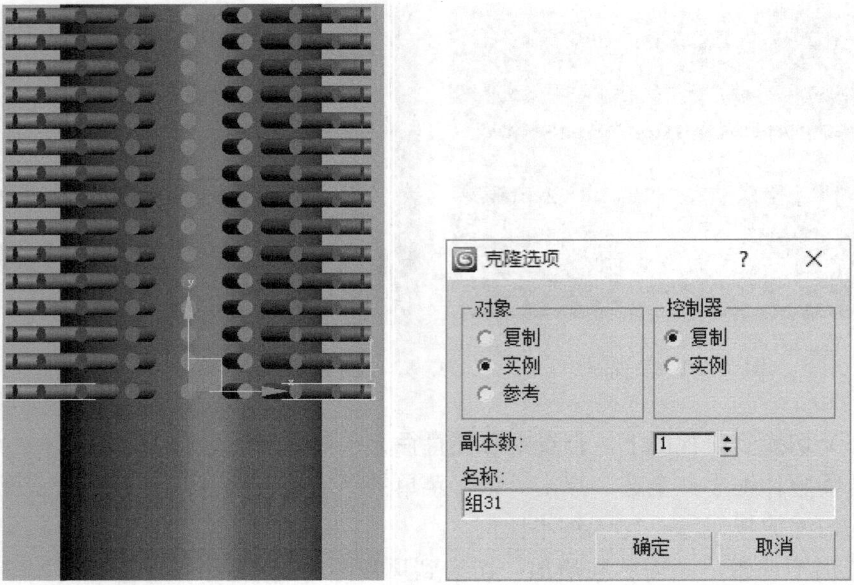

图 5-154　克隆实例

也可在顶视图下，框住全部小圆柱，点击“组”菜单的“成组”命令，进行类似的操作（图 5-155）。

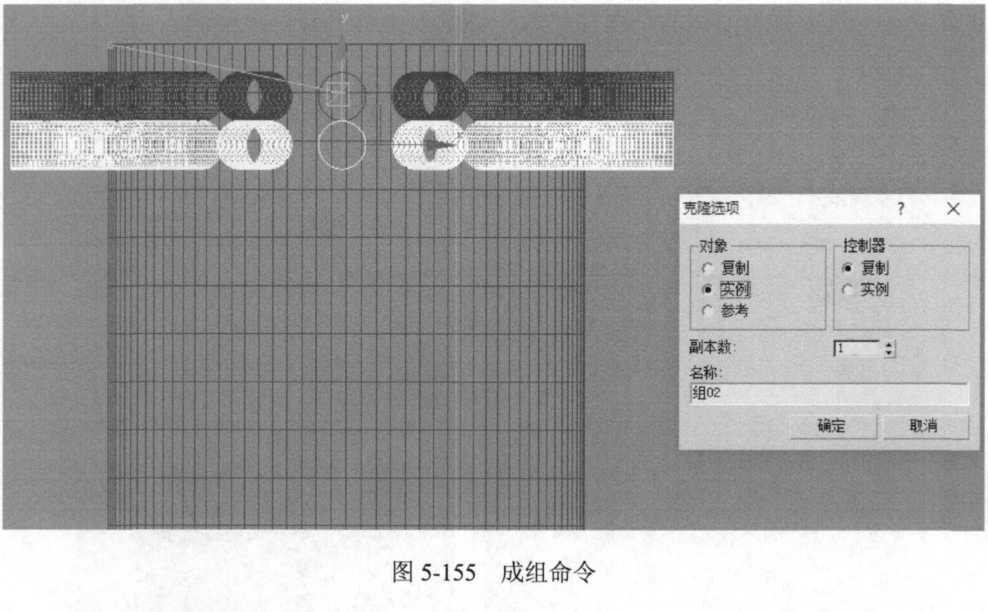

图 5-155　成组命令

（7）切换到透视图（P），点击复合键 Shift+F 显示输出效果，点击右下角区域的环绕图标，图像在与显示屏的平面内旋转至适合角度，按 W 键结束；Alt+鼠标滑轮使图像在与显示器垂直的平面内旋转至适合角度。

（8）图标分别为：渲染设置、渲染过的图、渲染。

（a）点击渲染设置图标或快捷键 F10，设置输出大小宽度与高度（按复合键 Shift+F 显示），默认图像纵横比。具体做法：依次点击 320x240 、“图像纵横比”锁定，则改变宽度或高度值，高度值或宽度值随之变动（图 5-156）。

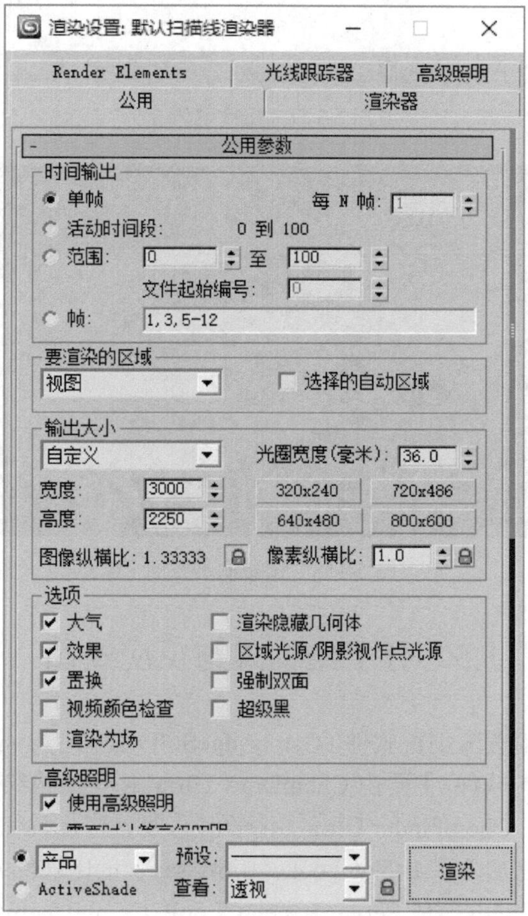

图 5-156　渲染

（b）点击菜单栏渲染图标或按复合键 Shift+Q，渲染。

（c）点击复合键 Shift+F 查看输出效果（图 5-157），若需要旋转、移动，则改动后必须重新渲染，直到满意为止。

（9）设置合适的像素、颜色，保存为 tif 格式图片（图 5-158）。

图 5-157 渲染效果

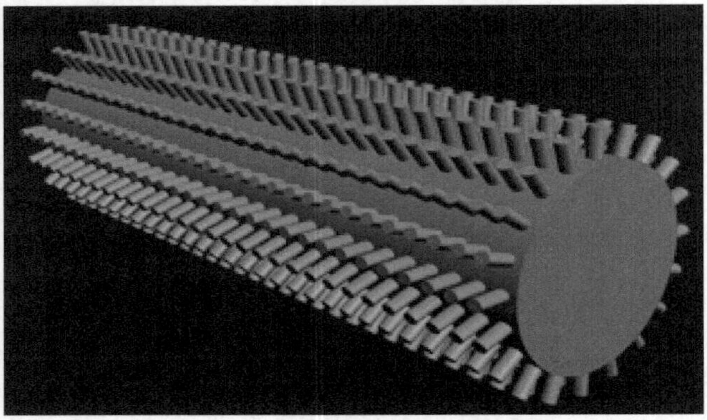

图 5-158 试瓶刷示意图

5.5 分子结构式与反应式图

Chemoffice 是由美国剑桥软件（CambridgeSoft）公司于 1985 年开发的集成化学和生物组件设计的软件，主要由 ChemDraw Ultra（化学结构绘图）、Chem3D Ultra（分子模型及仿真）、ChemFinder Ultra（化学信息搜寻整合系统）等模块组成。版本经过更新，目前已加入了 E-Notebook、BioAssay、量化软件 MOPAC、Gaussian 和 GAMESS 界面、ChemSAR、Server Excel、CLogP、CombiChem/Excel 及 ChemInfo 数据库，包括 ChemACX、ChemACX-SC、Merck 索引和 ChemMSDX 等，能够更加完美地结合化学和生物学。

ChemBioDraw 模块是生物绘图工具，可以绘制化学结构、反应式及生物通路图，进行数据库查询，同时从结构式生成化学名称并预测化合物的理化性质及光谱数据。

ChemBio3D 是专门为化学家与生物学家设计的分子与蛋白可视化桌面应用

模块，通过观察 3D 分子模拟图形，研究化合物的三维结构，预测化合物属性和特异性，在 ChemDraw 里搭建有机小分子、观察 3D 结构。

ChemFinder 模块是桌面版的化学信息管理软件，用来管理化合物及搜索、关联结构与性质信息并将这些数据转化为可视化的图表或者更容易识别的构效关系（图 5-159）。

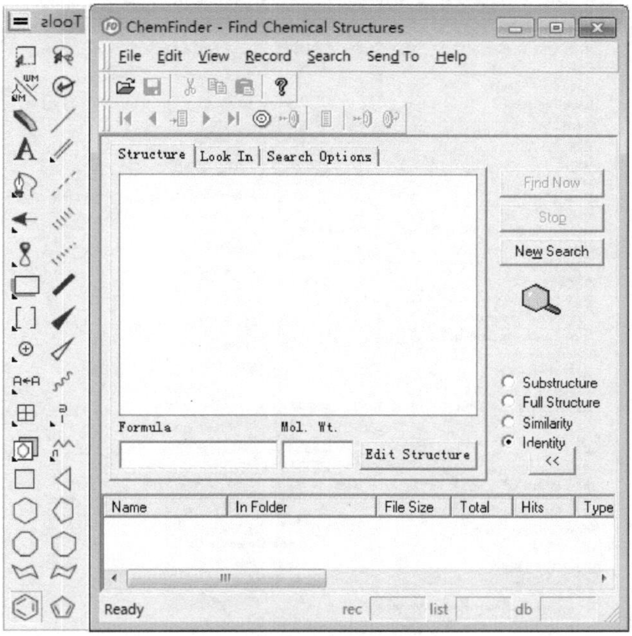

图 5-159　ChemFinder 编辑主界面

ChemBioDraw for Excel 模块可以在 Excel 中加载化学结构插件，对化合物信息进行分析、排序和组织，进一步对化合物数据进行管理或研究构效关系等。

ChemBioDraw 模块是目前世界上最受欢迎的一款专业的化学、生物结构绘图软件，能够对化学结构及其文本进行结构调整、原子标记和颜色处理等多样化的编辑。本节重点分析利用该模块绘制分子式（结构式）和反应式的工具应用。

5.5.1　菜单栏

ChemBioDraw 文档主窗口的菜单栏（图 5-160）由 File（“文件”）、Edit（“编辑”）、View（“视图”）、Object（“对象”）、Structure（“结构”）、Text（“文本”）、Curves（“曲线”）、Color（“颜色”）、Online（“在线”）、Window（“窗口”）、Help（“帮助”）等 11 个菜单组成，各菜单的具体情况如图 5-160 所示。

5.5.2　View 菜单——主工具栏

点击 View（“视图”）菜单，勾选 Show Main Toolbar（“显示主工具栏”）选项，主工具栏默认按列显示在主窗口中，而且可以移动，如图 5-161 所示。

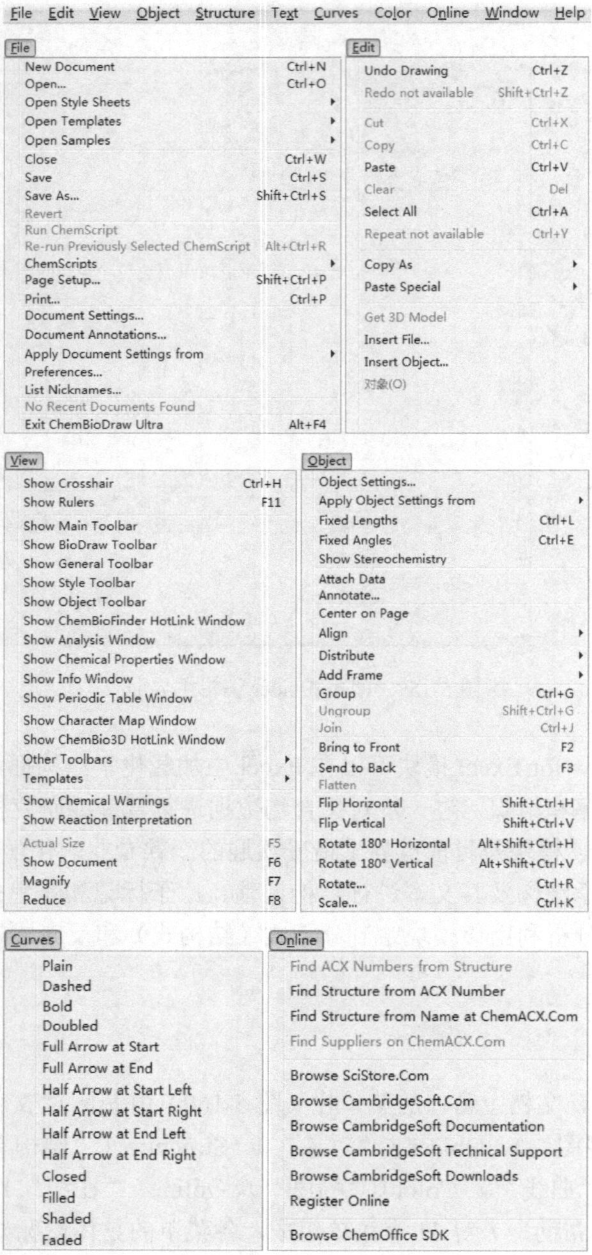

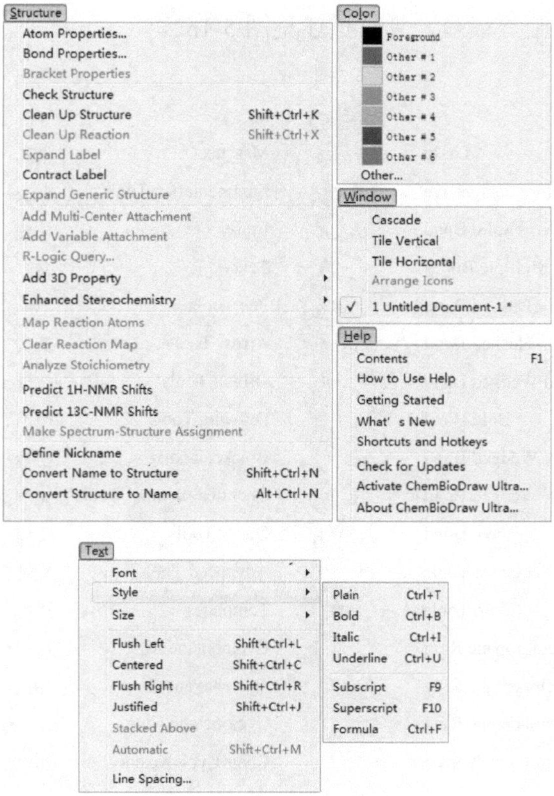

图 5-160　ChemBioDraw 菜单栏与菜单选项

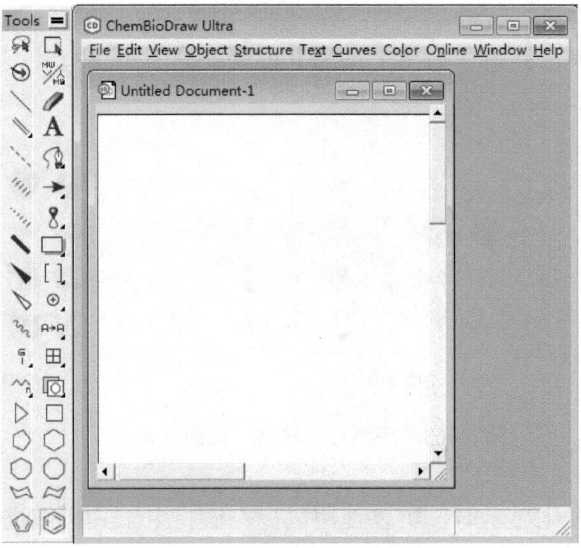

图 5-161　ChemBioDraw 编辑主界面中主工具栏的显示

主工具栏中的工具很多，具体描述见图 5-162。

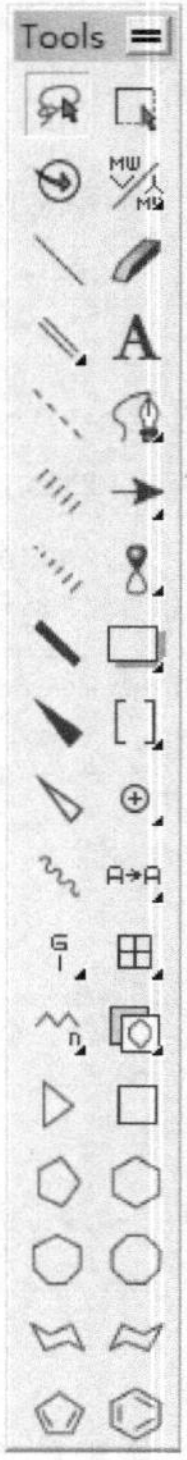

套索	Lasso	Marquee	框选
结构透视	Structure Perspective	Fragmentation Tools	分裂
实键	Solid Bond	Eraser	橡皮
多重键	Multiple Bonds	Text	文本
虚键	Dashed Bond	Pen Tools	笔
切割键	Hashed Bond	Arrow Tools	箭头
切割楔键	Hashed Wedged Bond	Orbital Tools	轨道
黑体键	Bold Bond	Drawing Tools	绘图
楔键	Wedged Bond	Bracket Tools	括号
空心楔键	Hollow Wedged Bond	Chemical Symbol Tools	化学符号（如离子、电子）
波浪键	Wavy Bond	Query Tools	疑问（如星号）
序列	Sequence Tools	Advanced Tools	高级工具
链	Chain Tools	Templates	模板
环丙烷环	Cyclopropane Ring	Cyclobutane Ring	环丁烷环
环戊烷环	Cyclopentane Ring	Cyclohexane Ring	环己烷环
环庚烷环	Cycloheptane Ring	Cyclooctane Ring	环辛烷环
环己烷椅式	Chair Cyclohexane	Chair Cyclohexane	环己烷椅式
环戊二烯	Cyclopentadiene	Benzene	苯

图 5-162　ChemBioDraw 主工具栏内容

其中，多重键、轨道、绘图工具的下拉菜单见图 5-163。

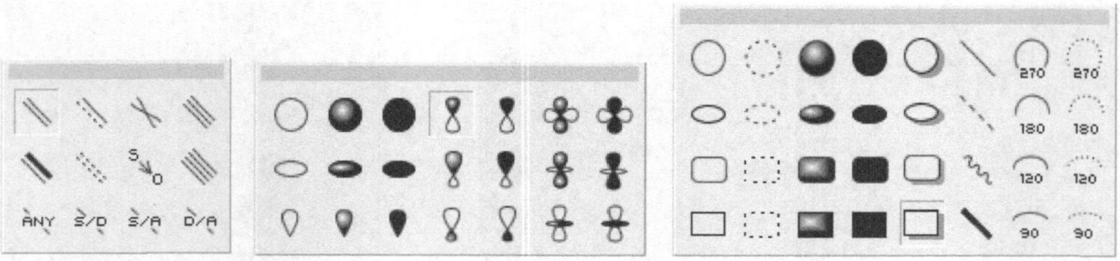

多重键工具　　轨道工具　　绘图工具

图 5-163　多重键、轨道、绘图工具选项

在主窗口最大化显示时，可以使用鼠标左键将主工具栏拖进菜单栏下面，内嵌在主窗口的左侧，如图 5-164 所示。

图 5-164　ChemBioDraw 编辑主界面主工具栏的显示位置

使用鼠标左键将主工具栏向上拖动出现水平框时松下鼠标，则可将主工具栏按行显示在主窗口中，如图 5-165 所示。

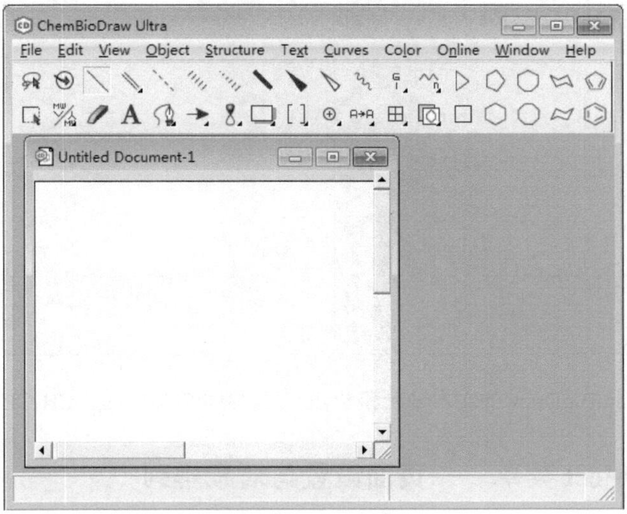

图 5-165　ChemBioDraw 编辑主界面主工具栏的显示位置

双击主工具栏中工具之间的空白区域，则可将主工具栏切换至原来的显示状态。View（“视图”）菜单中的 General Toolbar（“常规工具栏”）、Style Toolbar（“样式工具栏”)、Object Toolbar（“对象工具栏”）等工具栏也具有上述特点，本节不再详细说明。利用 View（“视图”）菜单的有关命令，可以将上述工具栏和 Analysis Window（“解析窗口”)、Chemical Properties（“性质窗口”)、Periodic Table Window（“元素周期表窗口”)、Character Map Window（“特殊符号库窗口”)、Other Toolbars（“其他工具栏”)、Templates（“样板”）等窗口化工具显示在主窗口。

输入分子式时，需要使用 Style（“样式”）工具：点击 View 菜单，勾选 Show Style Toolbar（“显示样式工具栏”）选项，如图 5-160 所示，则样式工具栏默认按行显示在主窗口中。

依次点击 Main Toolbar（“主工具栏”）中的 Text（“文本”）按钮（图标为 A，下沉即为选中，下同)、绘图区，此时会显示文本编辑框，框中的竖线为跳动的光标。在文本框中输入分子式的大写英文字母和数字时，可以先输入字母，然后选中并点击 Style Toolbar（“样式工具栏”）中的 Formula（“公式”）按钮（图标为 CH_2)，也可以先点击公式按钮（图标为 CH_2）再输入分子式的大写英文字母和数字，自动得到数字为下标的分子式，以苯（C_6H_6)、乙醇（CH_3CH_2OH）为例时的效果如图 5-166 所示。

图 5-166　ChemBioDraw 的文本输入和 Style 工具界面（以 C_6H_6、CH_3CH_2OH 为例）

5.5.3　File/Object 菜单——页面设置与对象排列

（1）页面设置（page setup)：包括页面大小、方向和边距。点击 File 菜单的 Page Setup（“页面设置”）命令，在弹出的对话框中根据需要选择页面尺寸。在“纸张”项下选择纸张大小，一般常用 A4、Letter、21×29.7（cm)；在“方向”项下选择横向或纵向；在“页边距”项下设置页面文字上下左右页边距（图 5-167)。

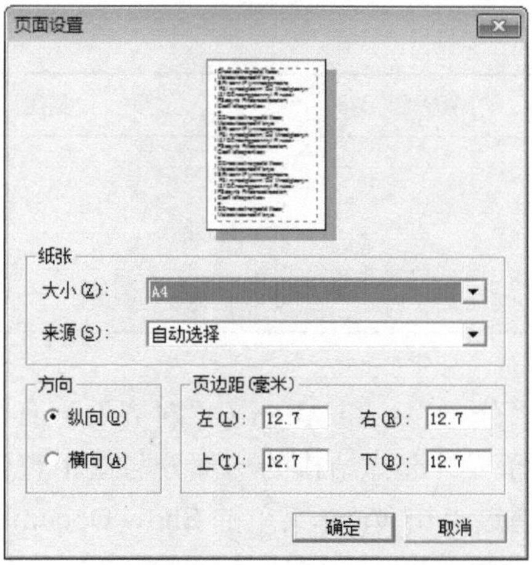

图 5-167　ChemBioDraw 页面设置对话框

注意：由于打印机类型的差异导致可用的纸张尺寸有所不同，因此，选择一个页面尺寸后，如果改变了打印机，应重新检查文档的页面设定。

（2）对象排列：在绘制分子结构图的过程中，一般需要设置对象在页面中如何分布，包括居中、水平、垂直、行/列对齐等，以便获得理想的效果图。

居中、水平、垂直排列：使用主工具栏中的选择工具选中一个或多个对象，点击 Object（“对象”）菜单的 Center on Page（“页面居中”）命令时，被选对象将会出现在文档页面的中心，多个对象时彼此间距相同；点击 Distribute（“分布”）命令（只适用于多个对象），其下拉菜单中的 Vertically（“垂直”）选项为垂直且等间距地排列已选对象，Horizontally（“水平”）选项为水平且等间距地排列已选对象。

行/列对齐：使用主工具栏中的选择工具选中多个对象，点击 Object 菜单的 Align（“对齐”）命令，其下拉菜单包含 6 项，其图标与对应的功能描述见表 5-11。按照需要选择一种对齐方式将所选对象对齐，而且各对象之间的间距相同，位于页面端部（最右边与最左边，或者最上面与最下面）的对象位置保持不变。

表 5-11　Align 选项

图标	描述	
	Left edges	靠左对齐
	L/R centers	水平居中
	Right edges	靠右对齐

续表

图标	描述	
	Top edges	靠上对齐
	T/B centers	垂直居中
	Bottom edges	靠下对齐

注意：Distribute（“分布”）和 Align（“对齐”）命令只对两个或两个以上的对象有作用；使用选择工具选择结构的一部分与选中整体得到的排列和对齐效果是相同的。我们可以通过点击 View 菜单的 Show Document（“显示文档”）命令将文档全页显示来观察设置效果。

5.5.4 File 菜单——文档与对象的属性设置

文档的属性设置包括所有文档的属性设置、激活文档的属性设置、文档中的具体对象属性设置。其中，所有文档和激活文档的属性设置在文档设置窗口中进行，前者又称为文档属性预设；对于文档某个对象的设置在对象设置窗口中进行，设置情况如下：

（1）文档属性预设：点击 File 菜单的 Preferences（“预设”）命令，弹出 Preferences 对话框，它包含 General、Building/Display、Warnings、Open/Save、Directions 等 5 个选项卡（图 5-168）。在完成设置后点击 Use Defaults（“默认值”）按钮载入定义，不仅当前打开的几个文档自动更新设置，而且还成为软件每次创建新文档的默认选项。

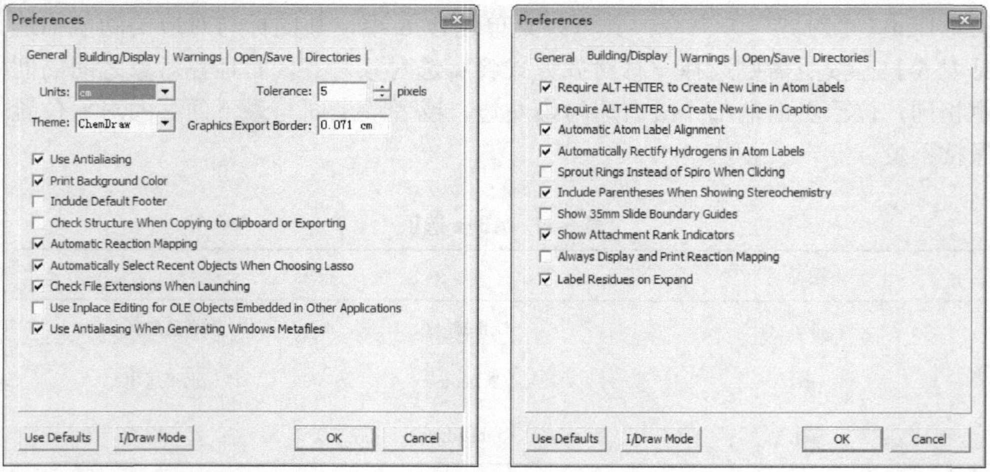

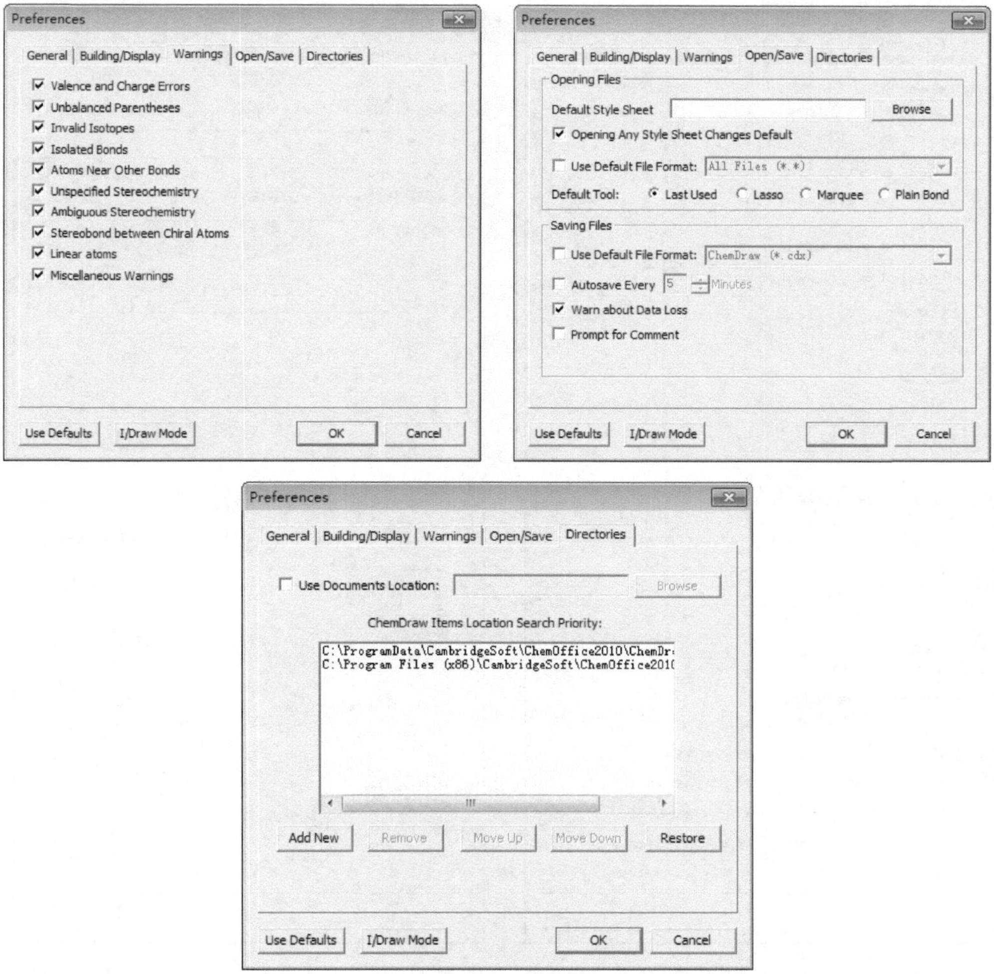

图 5-168　Preferences 对话框的不同选项卡界面

（2）激活文档的属性设置：点击 File 菜单的 Document Settings（“文档设置”）命令，弹出 Document Settings 对话框，它包含 Layout、Hdr/Ftr、Drawing、Auto-update、Captions、Atom Labels、Colors 7 个选项卡，所有设置只对当前激活的文档有效。例如，当我们需要将绘图设置应用于整个文档时，应选择 Document Settings 命令的 Drawing 选项卡设置。

其中，Layout 选项卡定义文档的类型（海报或者页面）、尺寸、页边距，如图 5-169 所示；Hdr/Ftr 选项卡（Hdr、Ftr 分别为 Header、Footer 的缩写）定义页首、页尾；Drawing 选项卡定义所绘结构的键长、键角等参数；Captions 选项卡定义所输入文字的字体和大小；Atom Labels 选项卡定义所输入原子符号的字体和大小；Colors 选项卡定义文档的背景、前景和其他颜色。各选项卡界面如图 5-169 所示。

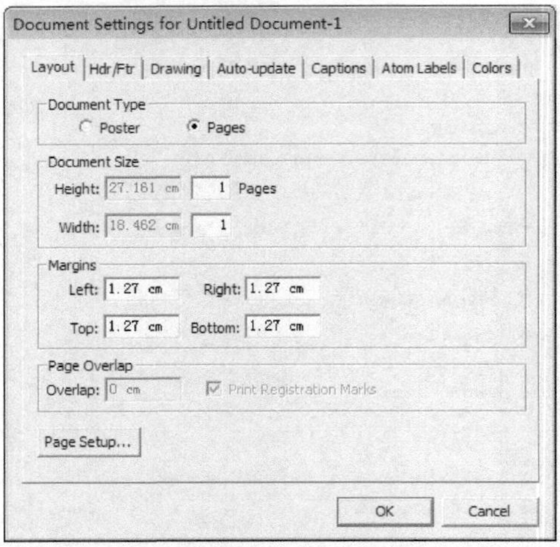
Document Settings for Untitled Document-1
Layout | Hdr/Ftr | Drawing | Auto-update | Captions | Atom Labels | Colors
Document Type
Poster
Pages
Document Size
Height: 27.161 cm 1 Pages
Width: 18.462 cm 1
Margins
Left: 1.27 cm Right: 1.27 cm
Top: 1.27 cm Bottom: 1.27 cm
Page Overlap
Overlap: 0 cm
Print Registration Marks
Page Setup...
OK
Cancel

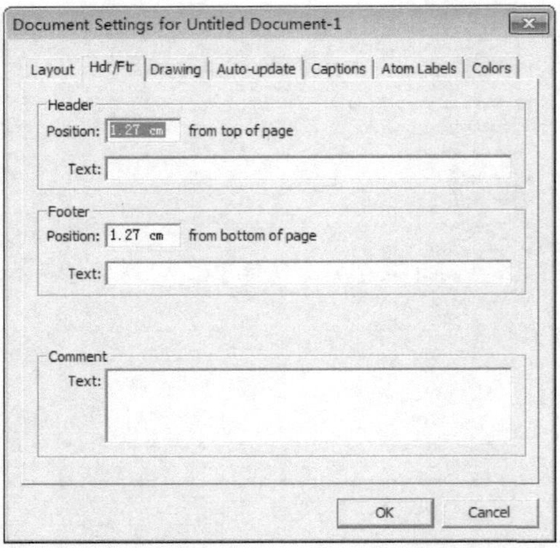
Document Settings for Untitled Document-1
Layout | Hdr/Ftr | Drawing | Auto-update | Captions | Atom Labels | Colors
Header
Position: 1.27 cm from top of page
Text:
Footer
Position: 1.27 cm from bottom of page
Text:
Comment
Text:
OK
Cancel

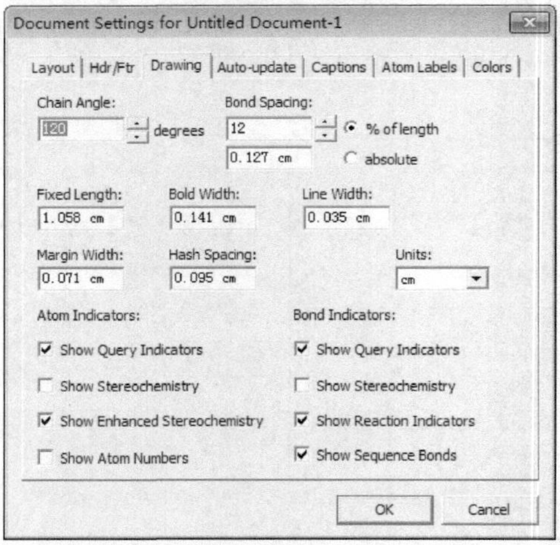
Document Settings for Untitled Document-1
Layout | Hdr/Ftr | Drawing | Auto-update | Captions | Atom Labels | Colors
Chain Angle:
120 degrees
Bond Spacing:
12 % of length
0.127 cm absolute
Fixed Length: 1.058 cm
Bold Width: 0.141 cm
Line Width: 0.035 cm
Margin Width: 0.071 cm
Hash Spacing: 0.095 cm
Units: cm
Atom Indicators:
Show Query Indicators
Show Stereochemistry
Show Enhanced Stereochemistry
Show Atom Numbers
Bond Indicators:
Show Query Indicators
Show Stereochemistry
Show Reaction Indicators
Show Sequence Bonds
OK
Cancel

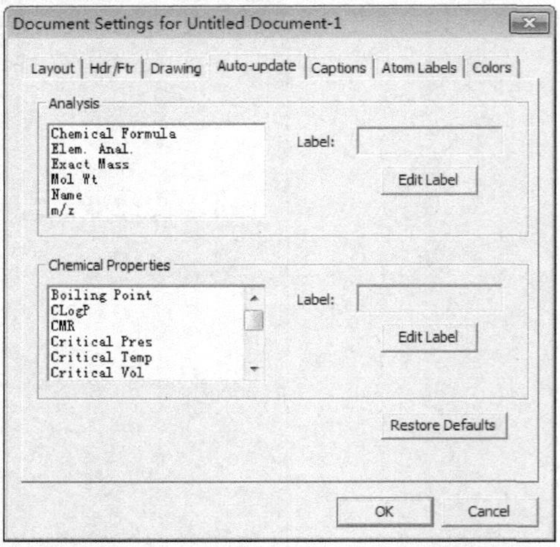
Document Settings for Untitled Document-1
Layout | Hdr/Ftr | Drawing | Auto-update | Captions | Atom Labels | Colors
Analysis
Chemical Formula
Elem. Anal.
Exact Mass
Mol Wt
Name
m/z
Label:
Edit Label
Chemical Properties
Boiling Point
CLogP
CMR
Critical Pres
Critical Temp
Critical Vol
Label:
Edit Label
Restore Defaults
OK
Cancel

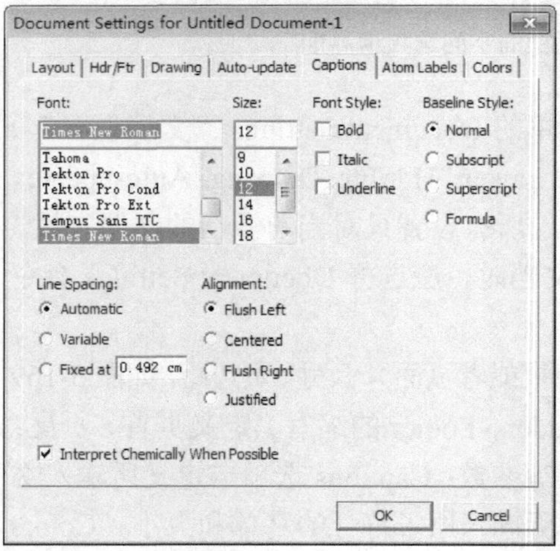
Document Settings for Untitled Document-1
Layout | Hdr/Ftr | Drawing | Auto-update | Captions | Atom Labels | Colors
Font:
Times New Roman
Tahoma
Tekton Pro
Tekton Pro Cond
Tekton Pro Ext
Tempus Sans ITC
Times New Roman
Size:
12
9
10
12
14
16
18
Font Style:
Bold
Italic
Underline
Baseline Style:
Normal
Subscript
Superscript
Formula
Line Spacing:
Automatic
Variable
Fixed at 0.492 cm
Alignment:
Flush Left
Centered
Flush Right
Justified
Interpret Chemically When Possible
OK
Cancel

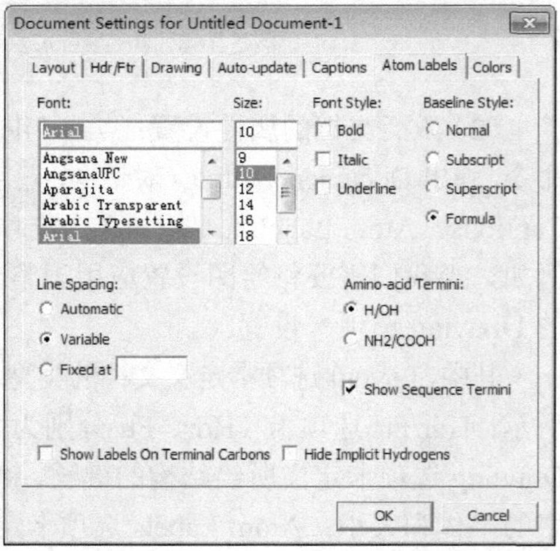
Document Settings for Untitled Document-1
Layout | Hdr/Ftr | Drawing | Auto-update | Captions | Atom Labels | Colors
Font:
Arial
Angsana New
AngsanaUPC
Aparajita
Arabic Transparent
Arabic Typesetting
Arial
Size:
10
9
10
12
14
16
18
Font Style:
Bold
Italic
Underline
Baseline Style:
Normal
Subscript
Superscript
Formula
Line Spacing:
Automatic
Variable
Fixed at
Amino-acid Termini:
H/OH
NH2/COOH
Show Sequence Termini
Show Labels On Terminal Carbons
Hide Implicit Hydrogens
OK
Cancel

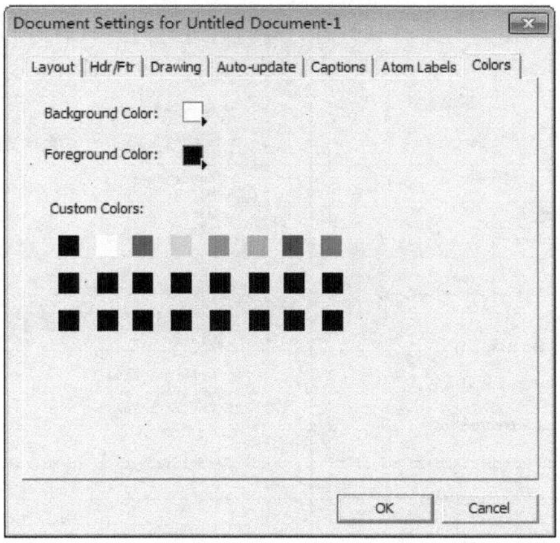

图 5-169　Document Settings 对话框的不同选项卡界面

（3）具体对象的属性设置：当我们需要对所选的具体对象进行绘图设置时，先选中要定义的对象，然后点击 Object 菜单下的 Object Settings 选项，如图 5-170 所示。

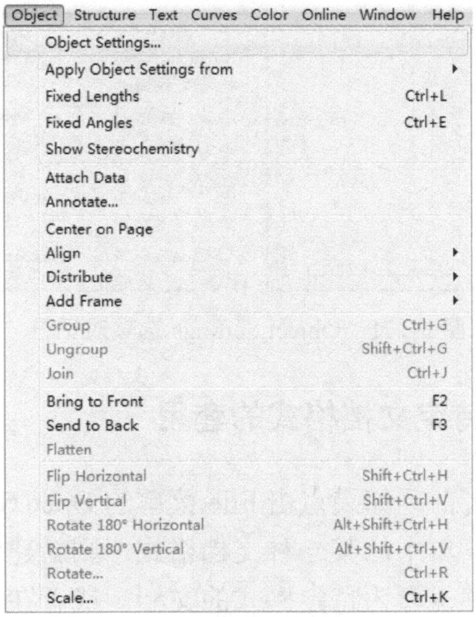

图 5-170　Object Settings 对话框

弹出 Object Settings 对话框，如图 5-171 所示，其中 Drawing 选项定义所绘结构默认的键长、键角等参数；Auto-up 选项定义自动更新物质信息（如分子式、分子量、核质比、熔沸点等）选项；Captions 选项定义所输入文字的字体和大小；Atom Labels 选项定义所输入原子符号的字体和大小。

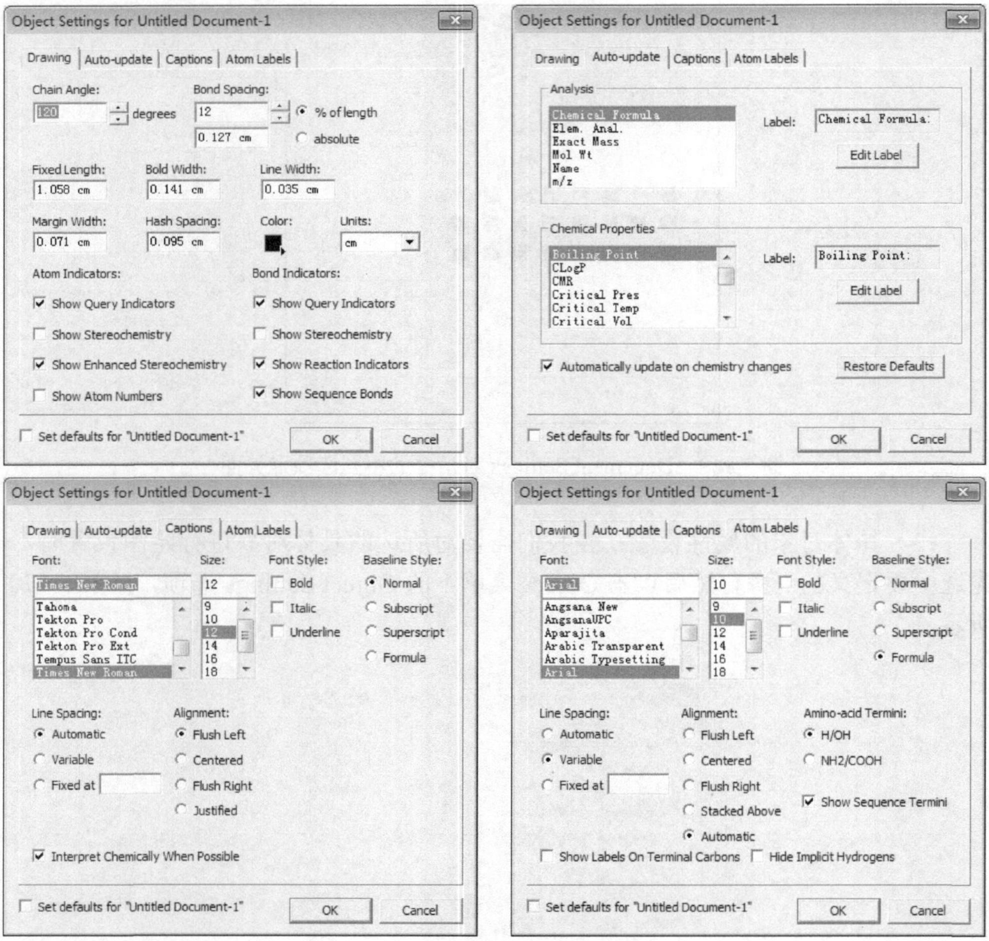

图 5-171　Object Settings 选项对话框

5.5.5　File 菜单——特定文档格式的套用

在绘制分子结构图之前，如果点击 File 菜单的 Open Style Sheets（“打开样式表”）命令，选择下拉菜单中的某一种文档格式，则新建的文档将会以此为默认格式，在绘制完成后能够保存为特定格式的文档。或者在完成分子结构图的绘制后，点击 File 菜单的 Apply Document Settings from（“应用于文档设置”）命令，然后选择一种文档格式，此操作界面下还可以选择 Other（“其他格式”）选项，选择自己创建的样式（自定义格式）。如图 5-172 所示，有十多种文档（包括国际期刊）格式可供选择，初学者一般推荐 ACS 格式。

其中，“ACS Document 1996 “中，ACS 是美国化学会数据库，文献从 1996 年开始；RSC 是英国皇家化学会数据库；*Adv. Synth. Catal.*期刊的全称为 *Advanced*

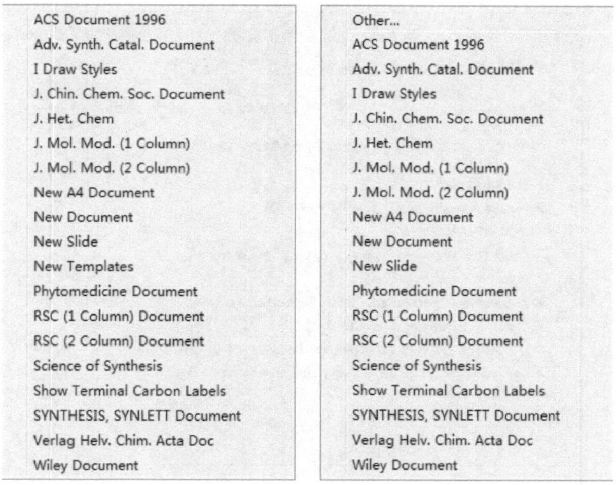

图 5-172　ChemBioDraw 特定文档格式选择菜单图

Synthesis & Catalysis（《先进合成与催化》），*J. Chin. Chem. Soc.*期刊的全称为 *Journal of the Chinese Chemical Society*（《中国化学会刊》），*J. Het. Chem* 期刊的全称为 *Journal of Heterocyclic Chemistry*（《杂环化学杂志》），均属于 Wiley 数据库；*J. Mol. Mod.*期刊的全称为 *Journal of Molecular Modeling*（《分子模型杂志》），属于 *Springer* 数据库，1 Column、2 Column 表示一栏、二栏样式的文档；《植物学》（*Phytomedicine*）期刊属于 Elsevier 数据库；书籍《合成科学》（*Science of Synthesis*）、期刊《合成》（*Synthesis*）与《合成有机化学快报》（*Synlett*）属于德国的 Thieme 数据库；Verlag Helv. Chin. Acta 的全称为 Verlag Helvetica Chimica Acta（也简称 VHCA），是瑞士一家出版社，其旗下有比较著名的化学期刊《瑞士化学学报》（*Helvetica Chimica Acta*）；New A4 Document 为新建 A4 文档；New Document 为新文档，是 ChemBioDraw 软件默认打开的格式；New Slide 为新幻灯片文档。

5.5.6　File 菜单——标尺与网格显示

ChemBioDraw 软件默认隐藏标尺和网格，若想在文档中利用标尺工具来近似确定与结构位置距参照点或已建立结构间的距离，需要显示标尺和网格。

点击 File 菜单下的 Preferences（“预设”）命令，在 General（“常规”）选项卡的 Units 选项中，可以修改标尺单位，有 Inches、cm、Points（点数）、Picas 四种单位可供选择，如图 5-173 所示。

显示标尺：点击 View 菜单，勾选 Show Rulers（“显示标尺”）命令（取消勾选则隐藏标尺），文档窗口的左侧和顶端将出现标尺，当移动鼠标箭头时，标尺指示线出现在每个标尺上，并随鼠标箭头的位置移动而移动。

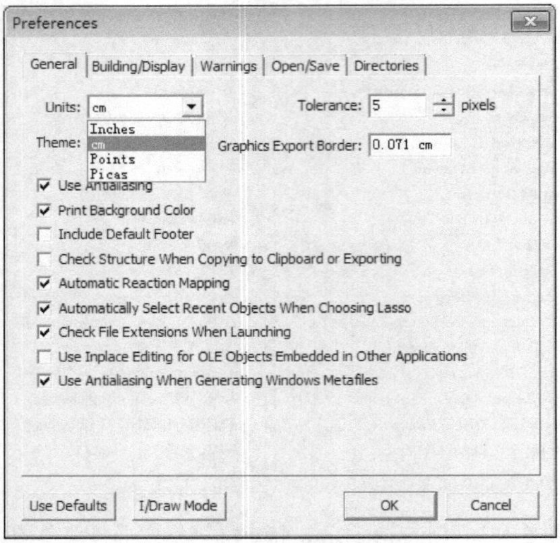

图 5-173　标尺单位的更改

显示网格：点击 View 菜单，勾选 Show Crosshair Toolbar（“显示网格”）命令（取消勾选则隐藏网格），文档的绘制区就具有网格了，如图 5-174 所示。

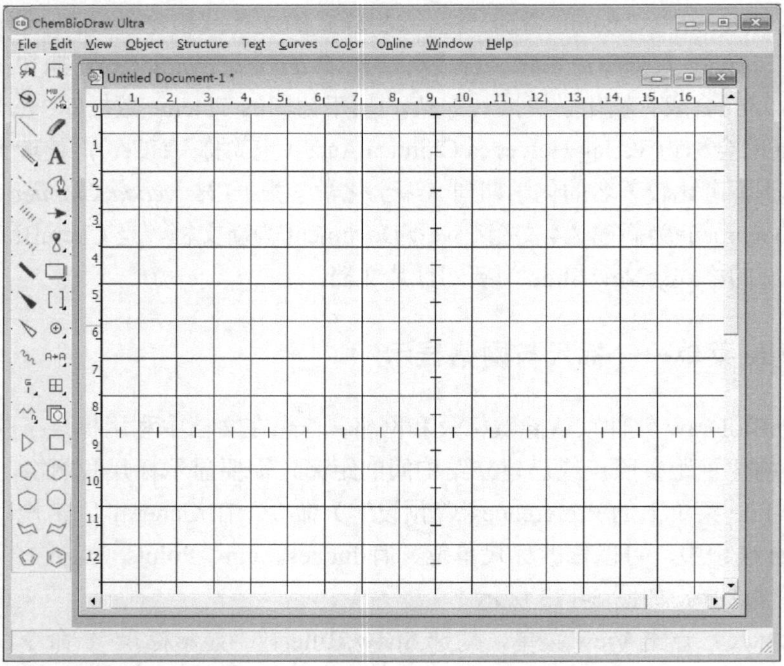

图 5-174　ChemBioDraw 菜单栏及菜单选项

5.5.7　File 菜单——脚注添加

脚注可以放置在页面的页尾左侧，含有文档名称、文档被修改的日期和时间等信息。文档的脚注内容是通过预设完成的，因此不可以被编辑。

点击 File 菜单的 Preferences（“预设”）命令，在弹出的对话框中勾选 General（“常规”）选项卡的 Include Default Footer（“默认包含脚注”）复选框，点击 OK 按钮（图 5-175）。注意此参数的改变对所有文档有效。

点击 File 菜单选择 Document Setting（“文档设置”）命令，在弹出的对话框中点击 Hdr/Ftr（“页首/页尾”）选项卡，在 Footer（“页尾”）栏的 Text（“文本”）空白处输入脚注内容（图 5-176）。

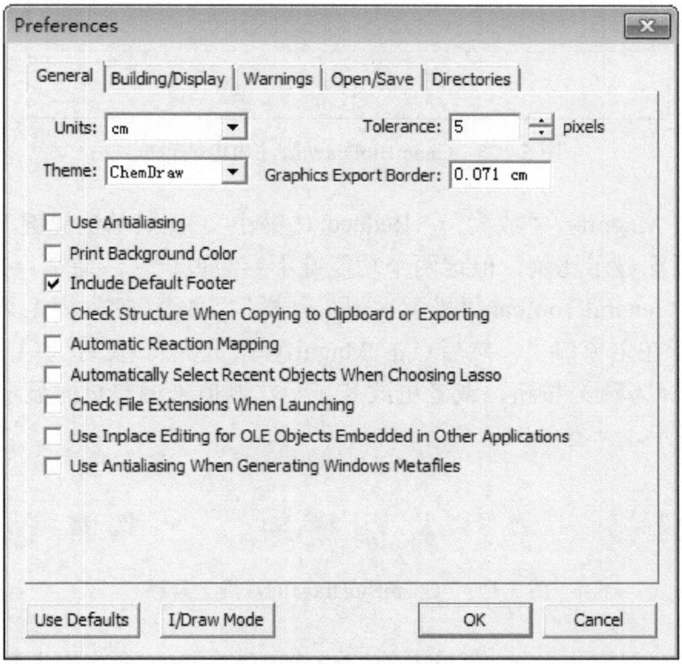

图 5-175　ChemDraw 添加脚注选项

5.5.8　View 菜单——显示比例调整

在绘制分子结构图时，有时需要放大局部以确定位置的正确性，有时还需要缩小视图以通览全貌，这些都可以通过调整显示比例的方法来实现。

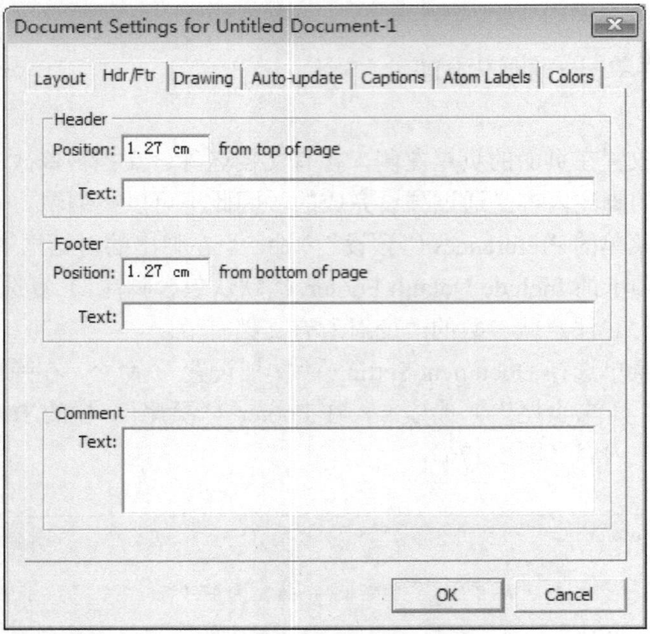

图 5-176　ChemBioDraw 脚注内容编辑框

虽然点击 Magnify（“放大”）、Reduce（“缩小”）工具的快捷键 F7、F8 可以快速地调整页面显示比例，但这两个功能键不容易被记住。通常，先勾选 View 菜单的 Show General Toolbar（“显示常规工具栏”）命令，使常规工具栏（General Toolbar）显示在主窗口上，然后点击 Magnify（“放大”，图标为）和 Reduce（“缩小”，图标为）按钮，或者更改其显示比例值来调整页面显示比例大小，如图 5-177 所示。

图 5-177　ChemBioDraw 的常规工具栏

当然，也可以点击 View 菜单中的 Magnify 和 Reduce 命令来调整页面显示比例，但需要多次操作时略显烦琐。

View 菜单中还有 Acutal Size（“实际尺寸”）命令，其快捷键为 F5，其作用是通览全页。

5.5.9　View 菜单——文本输入与着色

文本输入：点击 Main Toolbar（“主工具栏”）中的 Text（“文本”）工具

（图标为**A**）；在绘制区点击文本（说明文本或原子符号）放置的位置，弹出一个文本框，然后在框内输入文本。主工具栏未显示时，点击 View（“视图”）菜单的 Show Main Toolbar（“显示主工具栏”）选项即可。

字符一般设置为粗体。当输入的文本为中文时，输入后会显示乱码，此时需要选中文字，然后点击 Text（“文本”）菜单中的 Font（“字体”）选项卡，在其下拉菜单中选择宋体即可；当输入的是希腊字母、化学式分隔点等特殊字符时，点击 View 菜单的 Show Character Map Window（“显示字符库窗口”）选项，弹出 Character Map（“字符库”）对话框，选择符号类型（默认为 Symbol），在字符表中点击需要的字符即可（图 5-178）。

文本着色：点击 Color（“颜色”）菜单，弹出颜色面板，选择需要的颜色，然后输入文本（说明文本或原子符号）。也可以先输入文本，然后选中文本内容，调出颜色面板，选择需要的颜色。

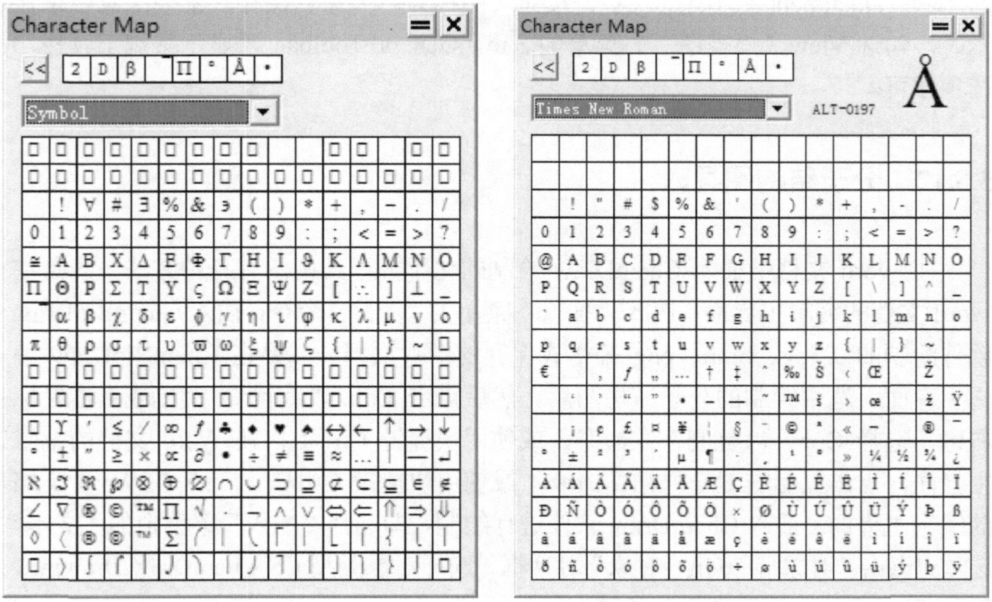

图 5-178　ChemBioDraw 的 Character Map 对话框

5.5.10　Object 菜单——对象连接与组合

将两个分开的结构片段连接起来成为一个片段，使用 Object（“对象”）菜单的 Join（“连接”）命令（快捷键为 Ctrl+J）。注意：只有当两片段的中心原子叠放在一起形成接触点后，Join 按钮才被激活；“连接”后整体少了一个接触点原子。

仅将两个片段“打包”成一个整体，目的是方便统一进行删除、复制等编辑操作，使用 Object（“对象”）菜单的 Group（“组合”）命令（快捷键为 Ctrl+G），组合后成为一个整体，统一位于一个矩形框中，组合前后各片段之间的相对位置、组成均没有变化。注意 Ungroup（“反向组合”，快捷键为 Shift+Ctrl+G）命令是用于反方向地选择组合，即对选择区域外的部分进行组合，不是取消组合。

5.5.11　File 菜单——文档保存

既可以点击 File 菜单的 Save 或 Save As 命令，命名保存文档（包含文字、图片等内容、页面设置等），也可以点击在主窗口中 General Toolbar（“常规工具栏”）的 Save Document（“保存文档”）按钮（图标为）命名保存。常规工具栏未显示时，勾选 View（“视图”）菜单的 Show General Toolbar（“显示常规工具栏”）选项即可。

5.5.12　分子结构图导入

在 Word 文档中插入 ChemDraw 绘制的化学分子结构图有三种方法，一是在 Word 文档的编辑主界面，选择“插入”菜单的“图片”命令，插入 ChemBioDraw 软件绘制的以 jpg、bmp、png 等格式保存的图片文档。二是在 ChemBioDraw 编辑主界面，选中绘制的分子结构图后，然后点击 Edit（“编辑”）菜单或点击鼠标右键，选择 Copy（“复制”）命令，或使用快捷键 Ctrl+C；在 Word 文档的编辑主界面，点击鼠标右键选择粘贴命令，或使用快捷键 Ctrl+V。三是在 Word 文档的编辑主界面，插入 ChemDraw 软件进行绘制，即选择“插入”菜单中的“文本”选项，点击“对象”，弹出“对象”对话框，选择对象类型 CS ChemDraw Drawing，打开 ChemDraw 软件进行分子结构图的绘制，最后点击 File 菜单中的 Close and Return to 命令结束（图 5-179）。

另外，如果要用 ChemBioDraw 文档的打印件或屏幕图像制作 35mm 幻灯片，需要把屏幕上的边界线限制在 7×10.5（in）的 2∶3 的比例关系来适应 35mm 幻灯片的格式，所以绘制区的页面至少是 7×10.5（in）。点击 File 菜单的 Preferences（“预设”）选项卡，勾选 Building/Display（“构建或显示”）下的 Show 35mm Slide Boundary Guides（“显示 35mm 边界线”）选项，点击 OK 按钮（图 5-180）。注意此参数的改变也对所有文档有效。

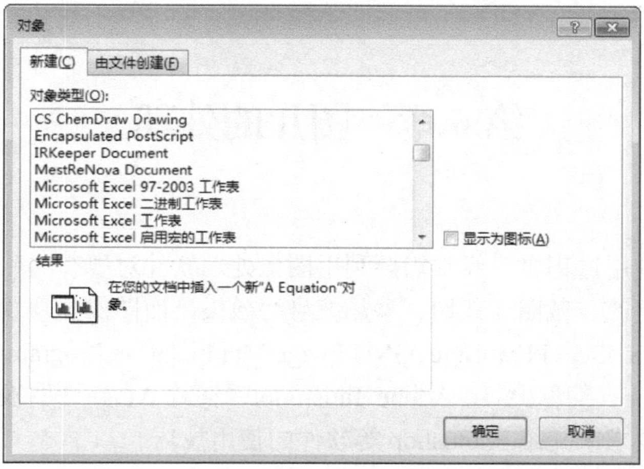

图 5-179　Word 文档中 ChemBioDraw 的调用

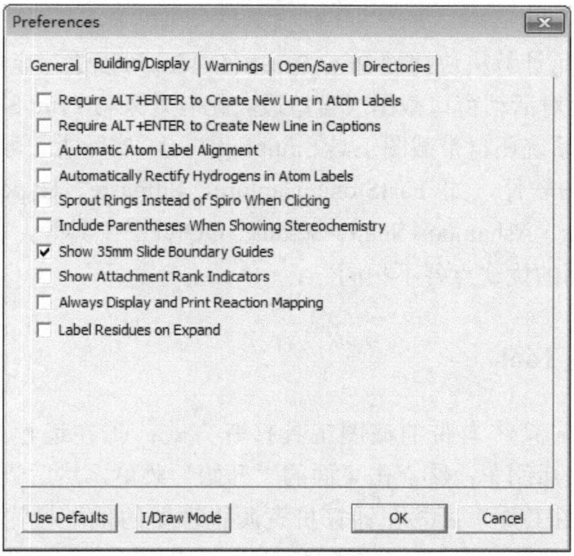

图 5-180　ChemBioDraw 显示 35mm 边界线复选框

练　习　题

（1）练习简单三线表、复杂三线表的绘制与排版美化操作。

（2）根据专业情况，选择性地练习数据图、流程图、示意图等绘图软件的绘图操作。

第6章　图片的处理

在计算机使用过程中，经常需要利用图像处理软件对现有的照片进行编辑处理，实现背景更改、截图、裁切、添加编号等效果。而图像处理软件有很多，如美图秀秀、Picasa、iSee、PhotoLine、GNU Image Manipulation Program（简称 GIMP）、Adobe Photoshop（简称 PS）、Adobe Illustrator（简称 AI）、画图板等。本章通过介绍图片处理要求来介绍 Photoshop 等软件的使用技巧。

6.1　屏 幕 截 图

众所周知，使用计算机快捷键 Print Screen SysRq 可以进行全屏截图，Alt+Print Screen SysRq 键则对活动窗口截图（窗口最大化时效果与 Print Screen SysRq 键的相同）；Windows 系统还自带截图工具 Snipping Tool。实际上，可以根据使用情况选择专业屏幕截图软件，如 FastStone Capture、Snipaste、HyperSnap、SnagIt、WinSnap、Pickpick、Ashampoo Snap、Setuna、QQ 截图工具等，它们在可操控性、分辨率大小等方面的优缺点各不相同。

6.1.1　Snipping Tool

（1）Windows 系统自带的截图工具打开方式：①在运行或搜索框中输入 Snipping Tool，然后回车；②点击桌面的“开始”菜单，然后依次点击“所有程序”“附件”“截图工具”；③在计算机资源管理器的地址栏输入 C:\Windows\System32\SnippingTool.exe，或按此路径一步一步找到 Snipping Tool 应用程序。

（2）操作方法：在截图工具的界面上点击“新建”设置按钮右边的小三角按钮，在弹出的下拉菜单中选择截图模式，有四种模式可供选择：任意格式图标、矩形截图、窗口截图和全屏幕截图，需要截图时点击“新建”按钮即可。

自带截图工具可以任意圈定范围进行截图，还可以在截图上面涂鸦。

6.1.2　Office 自带工具

2010 版和更高版本的 PowerPoint、Word、Excel 等 Office 办公软件均具有屏幕截图工具。这里以 PowerPoint 为例来说明。

在 PowerPoint 的编辑主界面，点击“插入”菜单，选择“图像”选项卡，点击屏幕截图工具按钮，弹出的下拉菜单含有“可用视窗”和“屏幕剪辑”两个选项。在“可用视窗”选项中显示所有当前打开的窗口，点击该窗口的缩略图即可在文档中插入该窗口整个屏幕的截图；点击“屏幕剪辑”命令，屏幕变半透明状，指针变成十字形，按住鼠标左键并拖动以选择想要捕获屏幕的区域，但此操作只默认对可用视窗中第一个窗口进行截屏。因此，如果有多个打开的窗口，在截图操作前，点击任务栏中需要截图的窗口，即可将该窗口调整为“可用视窗”的第一个窗口。窗口或屏幕所选的部分将自动添加到截图工具所在的文档。

PowerPoint、Word、Excel 的截屏工具功能单一，利用画图工具（MS Paint）可以对截屏图片进行裁剪处理，图像清晰度一般，因此对图片质量要求不高时可采用自带工具。

6.1.3　FastStone Capture

FastStone Capture（简称 FSCapture）软件是一款抓屏工具，5.3 版之后对用户不再免费使用，其官方网站为 https: //faststone-capture.en.softonic.com。

除了截屏功能外，FSCapture 还具有从扫描器获取图像、编辑、图像格式转换为 PDF 文档、屏幕录像等功能；支持包括 BMP、JPEG、GIF、PNG、TIFF 在内的所有主流图片格式，光滑和毛刺处理技术让图片更加清晰，提供缩放、旋转、剪切、颜色调整功能，支持拖放，可以直接从系统、浏览器或其他程序中导入图片，收藏夹功能方便收集更多的精彩图片。

根据当前要操作对象的形状，FSCapture 支持八种捕捉方式：捕捉活动窗口、捕捉窗口/对象、捕捉矩形区域、捕捉手绘区域、捕捉整个屏幕、捕捉滚动窗口、固定大小截图、屏幕录像。它还支持屏幕放大镜、拾取屏幕颜色、屏幕标尺等功能。图 6-1 为 Fast Stone Capture 软件菜单栏。

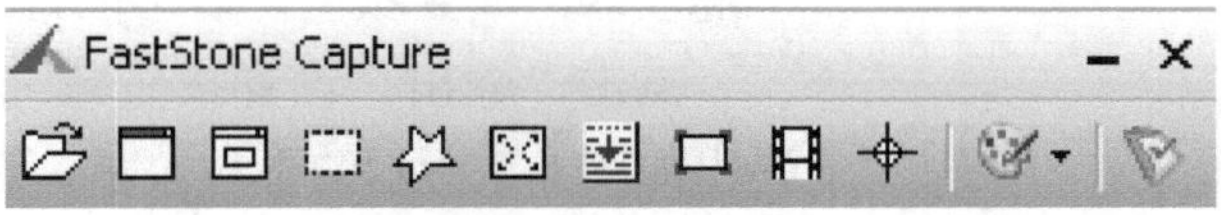

图 6-1　FastStone Capture 软件菜单栏

在编辑器打开文件按钮，也显示最近操作的文档。

点击活动窗口捕捉按钮，对当前所在的对话框内容进行截图。

窗口截图按钮，智能识别窗体范围，选择窗体后即可成功截图。

矩形截图按钮，拖拉矩形窗口区域，截取矩形区域的图片。

任意多边形截图按钮，截取自定义的任意不规则形状的图形。

屏幕截图按钮，截取整个屏幕。

滚屏截图按钮：点击 FSCapture 的滚动截屏，然后点击鼠标左键（自动滚屏模式，自动捕捉窗口全部页面）或按住 Ctrl 键点击右侧的滑块（手动模式），即可开始截图，直接跳转到截图完成的界面（手动模式需要按 Esc 键停止滚动）。

固定大小截图按钮，只能截取大小已设定好的图片。

屏幕录像按钮，可以选取区域进行录像，保存成视频（图 6-2）。

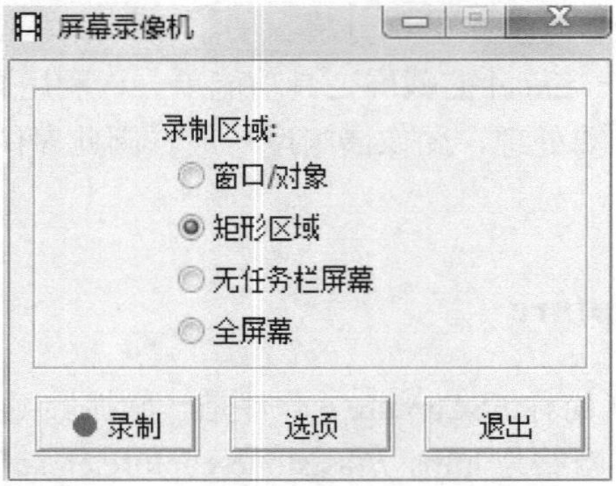

图 6-2　FastStone Capture 软件屏幕录像机对话框

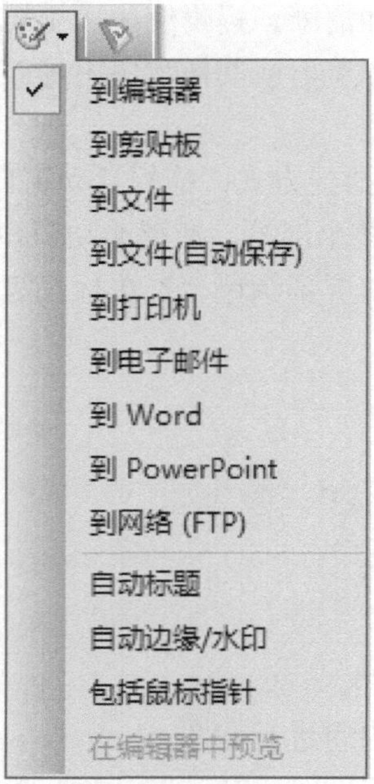

图 6-3　FastStone Capture 输出菜单下拉菜单

图片处理工具：截取图片成功后，使用任务栏中的图片处理工具和界面左侧的工具箱，可以对抓取的图像提供缩放、旋转、剪切、颜色调整、大小调整、边缘处理、文字编辑、划线、箭头、荧光笔、加水印、去水印、虚化、屏幕标尺、取色等功能。FastStone Capture 取色器的取色支持 RGB、Dec 和 Hex 三种格式的色值，而且还有一个混色器，取到颜色之后可以再编辑。

点击“输出”设置按钮（三角符号），弹出如图 6-3 所示的下拉菜单，选择存（或发）编辑器、剪贴板、文件、邮件、打印机、Word、PowerPoint、网络（FTP）等。选择保存文件时，通过文件名称模板自由定制文件名，可以保存为 BMP、JPG、TIF、PNG、PDF 格式，输出文件夹位置也可以自己设定。

点击设置快捷方式图标按钮，弹出的下拉菜单中有“设置”“并排合并图像”“从扫描器获取图像”等可供选择。点击“设置”工具栏，可以设置工具栏显示的按钮、截取时是否包括鼠标指针（捕捉）、快捷键、自动保存文件位置（自动保存）、编辑器等。

6.1.4　Snipaste

Snipaste 是一款功能超强的截图工具。

（1）强大的截图功能：智能识别截图区域，自动检测窗口及元素，方便快速地精确捕捉单一窗口上的一个按钮或者选项，甚至网页上的一张图片或一段文字；拖动外框时，会自动出现放大镜，点击截图框外的某一点可以迅速调整图框范围，使用键盘的方向键也可以方便、灵活地调整图框的位置。

（2）支持将截图作为窗口在桌面置顶显示（点击托盘图标或按下默认快捷键 F1 来开始截图，再按 F3，截图就置顶显示）。

（3）可以将剪贴板里的文字或者颜色信息转化为图片窗口，并且将它们进行缩放、旋转、翻转、设为半透明，甚至让鼠标能穿透它们。

（4）可以方便地标注图像。具有线条、箭头、铅笔、马克笔、文字等画图工具及马赛克、高斯模糊、橡皮擦等处理工具。

6.2　图 片 编 辑

美国 Adobe 系统公司（Adobe Systems Inc）创建于 1982 年，是世界上著名的图形设计、出版和成像软件设计公司。Photoshop 图形处理软件从最初的 Photoshop 版本升级为 Photoshop 2.0，然后不断升级至 7.0，到 8.0 时更名为 CS，自此不断升级，如 CS6、CC 等版本。创意软件套装（Creative Suite，CS）包括 Acrobat、Photoshop、Illustrator、InDesign、GoLive 等；CC 是 Creative Cloud（创意软件云）的缩写。这些套装能共享一些插件和功能，实现无缝连接。Adobe Illustrator 是 Adobe 系统公司推出的基于矢量的图形制作与处理软件，适用于印刷、Web、交互、视频和移动设备（如公交车）的徽标、图标、素描和复杂插图的创建，设计和排版。

6.2.1　区域裁剪

1. MS Paint

微软系统自带的画图工具 Paint 除了可以利用其画笔、点、线框及橡皮擦、喷枪、刷子等工具绘制简单的图形外，还可以裁切、挖补、旋转图片及添加文本等美化操作。

打开画图工具 Paint 的方法有三种，一是点击计算机屏幕左下角的“开始”图标，展开“所有程序”菜单，选择“附件”中的“画图”工具；二是点击桌面左下角的“开始”图标，直接运行 MS Paint 命令打开画图程序；三是在计算机桌面上点击右键，点开“新建”的下拉菜单，选择“图片文件”，然后对新建的“新建位图图像”编辑即可。下面以截图为例说明其裁切操作过程。

将计算机的截屏快捷键 Print Screen SysRq 或 Alt+Print Screen SysRq 得到的截图粘贴到画图工具的绘制区，然后进行下面的操作。

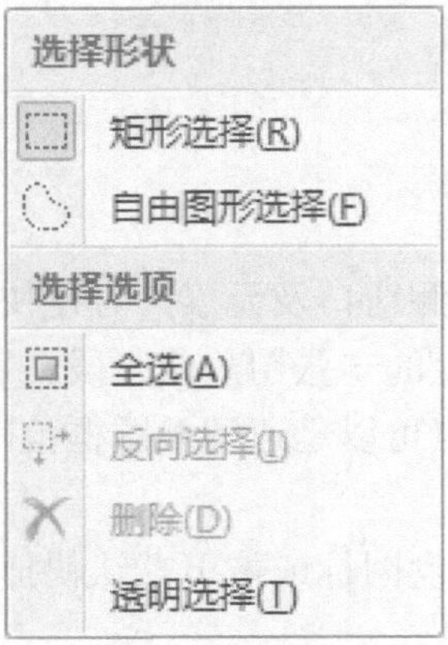

图 6-4　MS Paint 选择形状对话框

点击“主页”菜单、“图像”选项卡的“选择”设置按钮（三角图标），弹出“选择形状”对话框，有“矩形选择”和“自由图形选择”两种方式可供选择（默认“矩形选择”方式），如图 6-4 所示。

拖动鼠标左键选择截取区域，如图 6-5 所示矩形状虚线框内的区域。

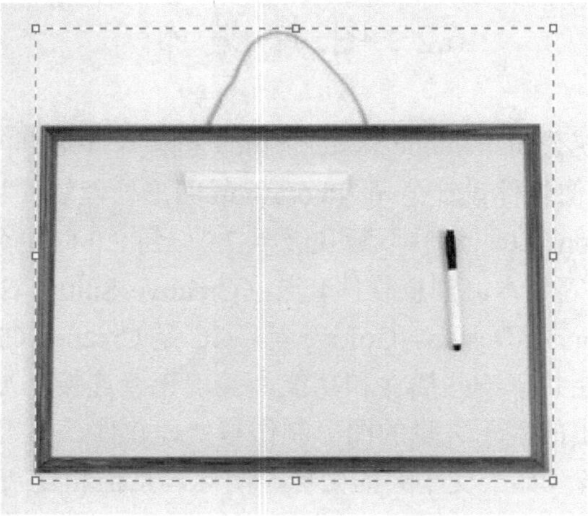

图 6-5　MS Paint 矩形选择工具框选效果图

然后点击右键选择“裁剪”，如图 6-6 所示。

点击主窗口的灰色区域，退出矩形框全选状态。此时，右侧、底部和右下角出现选择手柄，将指针放置于右端、下端、右下端，出现双箭头符号时，按住鼠标左键可以向左、向上、向左上方裁剪。

图 6-6　MS Paint 裁剪后的窗口界面

由于左端、上端没有选择手柄，不能对左端和上端的区域进行裁剪处理，因此，通过旋转原图，将上端、左端变成右端、下端后，裁剪后再通过旋转恢复至原来的视图角度。精细裁剪往往需要在高显示比例下进行。左端、上端的裁剪也可以尝试如下方法：先将主窗口最小化显示，然后全选图像，左键拖动图片至绘图区的左上角区域附近，使用方向键将图片移至裁剪位置处，隐去不需要的部分。

另外，裁剪、补缺等美化过程中，有时候难以选择边沿区域，可以通过向右、向下或向右下拖动手柄，将图片的画板变大，以方便选择目标区域，最后再裁剪边缘的空白区域。

将 Paint 编辑的图片拷贝到 Word 文档中拉大或缩小时，分辨率有时会严重降低，图像变得不清晰。为了避免这种现象，在使用画图工具编辑一些图片时，除了将文字大小设置合适外（没有经验的话需要多次操作对比），还可以通过区域遮盖的方式来实现图形的修补、放大和缩小：使用矩形选框选取图像中的某一块，然后按住 Ctrl 键不动，拖拽鼠标左键至另一个地方松开时，选块被复制过来并遮挡住同样大小的区域，但若按方向键来移动时，选块就像刷子一样，不仅选块被复制过来，而且尾部至起始点的区域全部变为与尾部一样的图像；若不按 Ctrl 键，直接按方向键移动，则选块被移到结束位置处的效果与直接用鼠标左键拖放一致。

虽然利用橡皮擦和铅笔工具可以将底色变为白色（图 6-7），但当遇到图形复杂、面积较大时，费时费力，此时利用 Photoshop 软件的抠图工具更便捷、有效。

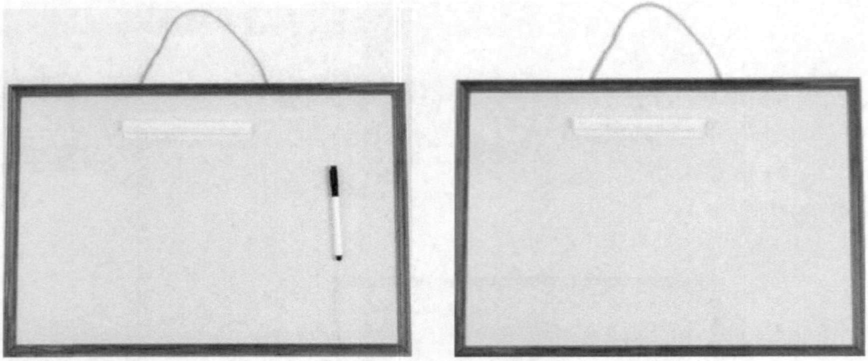

图 6-7　MS Paint 的遮盖、橡皮擦和铅笔工具使用效果前后对比

注意：点击“查看”菜单，勾选“显示或隐藏”选项卡的“状态栏”项，在主窗口的下端显示画板、选择区域（使用选择工具选择时）的长，宽尺寸，单位是像素（默认 BMP 格式）。

2. Adobe Photoshop

在 Photoshop 主窗口界面下，点击界面左侧工具箱（图 6-8（左））中的矩形选框工具，框选区域，然后，点击“图像”菜单的“裁切”命令（或者右键选择“裁切”命令，或者双击鼠标），即可完成裁取。也可以点击工具箱中的裁切工具直接选区域裁切，如图 6-8（右）所示。

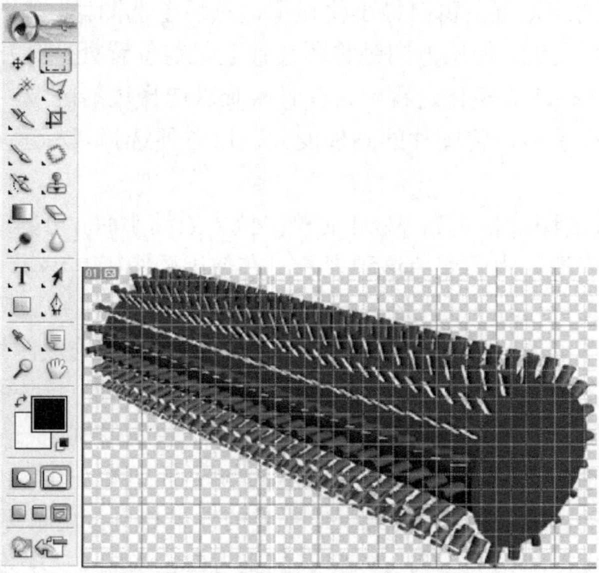

图 6-8　Photoshop 的工具箱与图像裁切效果

点击“文件”菜单的“存储为”命令，选择文件格式（如 tif 和 png 格式）保存为文档，或点击“文件”菜单的“存储为 Web 和设备所用格式”命令保存（图 6-9）。

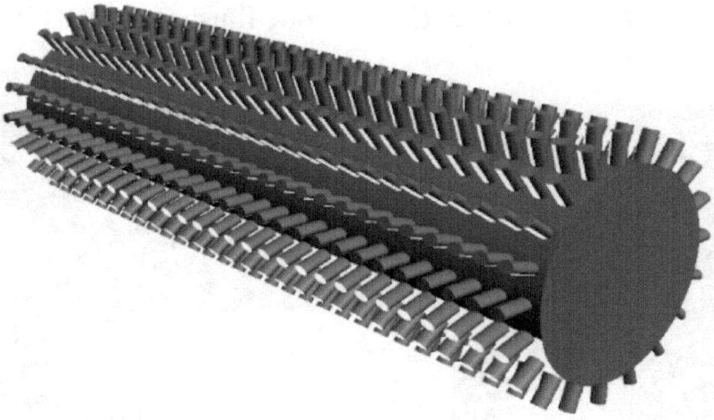

图 6-9　Photoshop 保存后的效果图

点击“编辑”菜单的“变换”命令，在下拉菜单中选择“旋转”“斜切”等选项，还可以将图像旋转，如图 6-10 所示。

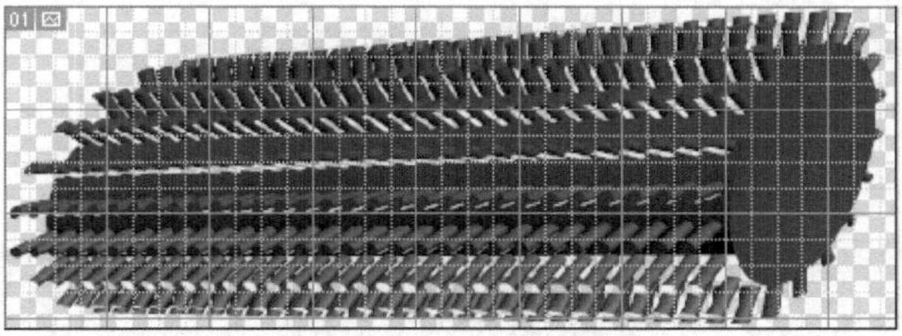

图 6-10　Photoshop 旋转命令效果图

保存图片后的效果如图 6-11 所示。

图 6-11　Photoshop 旋转保存后的效果图

3. Adobe Illustrator（AI）

以将下图的中心区域剪切为圆形状为例，说明 Adobe Illustrator（AI）软件裁剪图片的操作过程。图 6-12 和图 6-13 为 Adobe Illustrator 的窗口界面。

图 6-12　Adobe Illustrator 的窗口主界面和形状工具箱

图 6-13　Adobe Illustrator 导入图片后的窗口主界面

首先，在图片上面新建一个形状；选择工具箱中形状工具的椭圆形工具，按住 Shift 键不动，在画布中的雄鹰图上画出一个圆形（不按 Shift 键时为椭圆形），默认填充设置为无，描边设置为无；将圆形的不透明度设置为 0%，此时我们可以预览圆形区域图像，若不满意选择位置，可以按方向键移动（同按住 Shift 键时加速移动）来调整定位（图 6-14）。

图 6-14　Adobe Illustrator 的图形绘制与透明处理

然后，使用快捷键 Ctrl+A 同时选中新建的圆和雄鹰图片，或者点击画布的空白区域处或工具箱中的选择工具按钮图标取消画图状态，按住 Shift 键同时点击目标选中。注意：若看不见空白区则需要缩小画布显示比例；雄鹰图片边缘出现小方块状的选择手柄时表示被选中（图 6-15）。

图 6-15　Adobe Illustrator 主窗口中的图形被选中时的状态

若点击“对象”菜单的“剪切蒙版”选项的“建立”命令，或者点击右键、选择“建立剪切蒙版“(快捷键为 Ctrl+7)，便可得到剪切图像（图 6-16）。此方法称为剪切蒙版法，就是以一个图形为蒙版显示另一个图形的图案。注意前面的不透明度设置对于此法而言只是方便预览和调整位置而已，对剪切动作不影响。

图 6-16　Adobe Illustrator 主窗口中的图形被选中时的状态

若点击“对象”菜单的“拼合透明度”命令，弹出“拼合透明度”对话框，“格栅/矢量平衡”栏的矢量调为 100（图 6-17）；点击画布的空白区域处取消选择，点击“对象”菜单的“取消编组”命令取消编组；点击画布的空白区域处以取消选择，点击圆形外面的图像区域选中雄鹰图，然后按 Delete 键删除，只剩下圆内的图像。此方法称为拼合透明度法。注意前面的不透明度设置对于此法而言是不可缺少的前处理步骤。

图 6-17　Adobe Illustrator 主窗口中的图形被选中时的状态

待图像裁剪好后，点击“文件”的“导出”命令，然后选择图片的路径位置、图片格式进行保存。

6.2.2　白色背景

下面以 Photoshop 软件说明第 5 章中利用 3ds Max 绘制的试管刷为例，说明底色变为白色、透明的操作过程（图 6-18）。

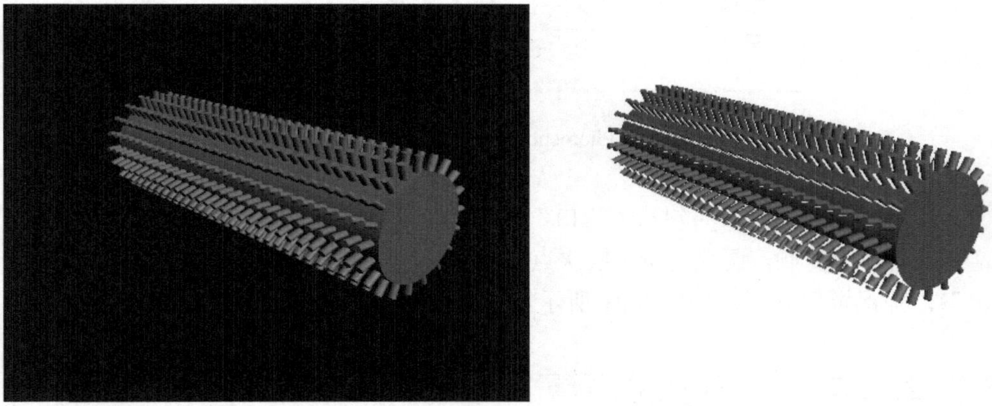

图 6-18　图片处理前后对比图案例

（1）打开 Photoshop 软件，点击“新建”菜单，创建一个空白文档，将“背景色”设置为“白色”（图 6-19）。

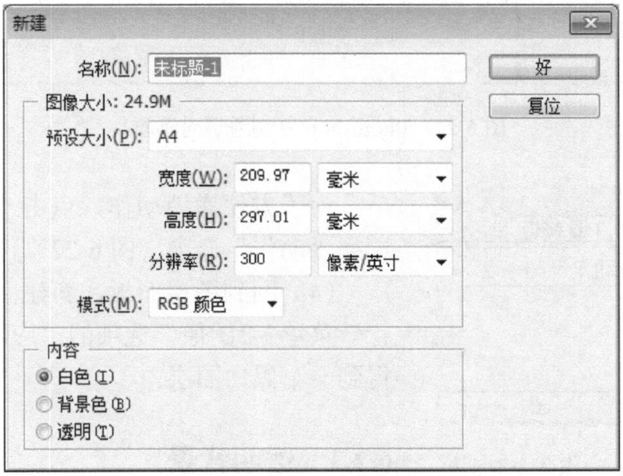

图 6-19　Photoshop 新建菜单对话框

（2）先打开图片，并复制原图：点击“图层”菜单的“复制图层”命令，在复制图层界面下，选择“文档”栏的下拉选项“新建”（图 6-20）。

图 6-20　Photoshop 复制图层命令对话框

（3）进入通道面板（勾选“窗口”菜单的“通道”选项），选择照片底色的通道，点击右键复制，调整色阶（依次点击“图层”“新建调整图层”“色阶”“确定”），确保黑白分明，如图 6-21 所示。

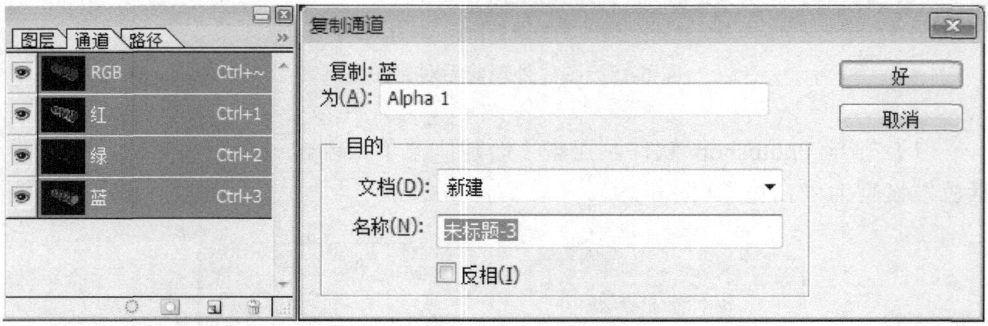

图 6-21　Photoshop 复制通道对话框

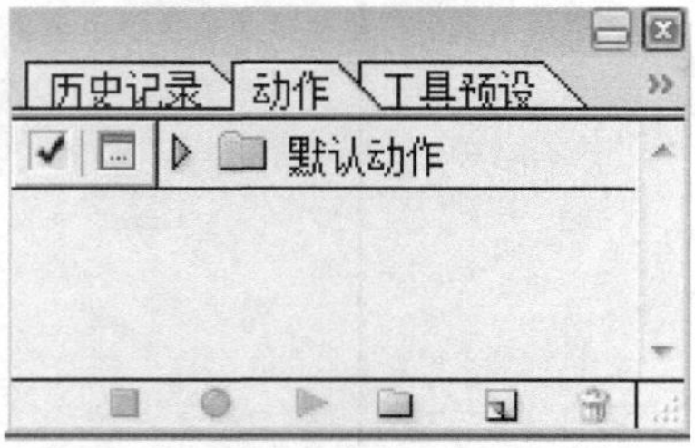

图 6-22　Photoshop 动作命令对话框

为了方便撤销动作，点击“窗口”菜单，选择“动作”选项（图 6-22）。

（4）回到图层面板，新建图层，点击“执行”菜单 “图像”选项的“应用图像”命令，得到一个黑白图层。

6.2.3　透明背景

利用 Photoshop 软件将图片的背景设置为透明，具体过程如下：

（1）图层复制：打开 Photoshop 软件，导入图片，点击“图层”菜单的“复制图层”命令，在复制图层界面下，选择“文档”栏的下拉选项“新建”。

（2）图层背景解锁：依次点击“窗口”“图层”，双击“背景”，解锁。

（3）点击“选择”菜单的“色彩范围”选项。

选择“选择范围”，使用吸管工具点击中心区域至背景白色，不满意时调节颜色容差至理想效果。查看效果图时若背景范围未选择全部，也可点击界面左侧工具箱中的魔法棒进行选择。

还可以选择“图像”，选区预览为“无”时吸管不起作用，不能直接预览效果，需要改变“选区预览”的选项为“灰度”“黑色杂边”“白色杂边”“快速蒙版”中的一个（图 6-23）。

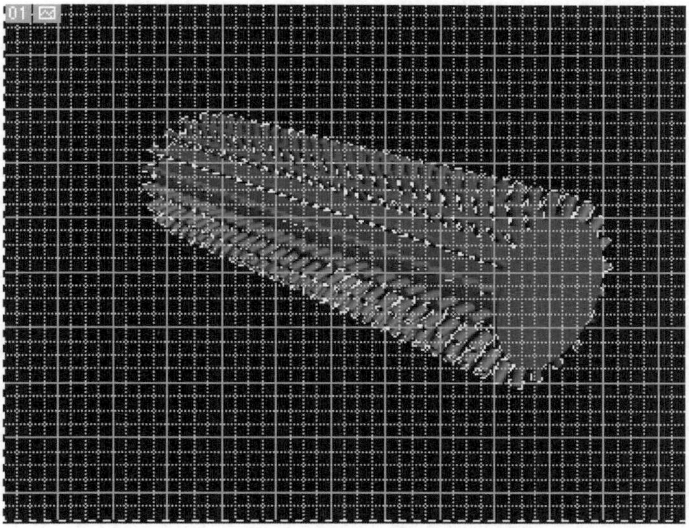

图 6-23　Photoshop 图层范围效果图

（4）点击“编辑”菜单的“清除”命令，或按键盘上的 Delete 键（图 6-24）。

（5）点击“文件”菜单的“存储为”命令，格式选择 png 保存。

此时，若在 Word 中导入图片，效果如图 6-25 所示。实际上页边距较大，即背底透明的图像周围有无空白区域对图片组合、插入彩色底板（如在 PowerPoint 中）是没有任何影响的；但当插入 Word 文档中，空白区域是要占据页面区域的。

6.2.4　标注与组合

Adobe Photoshop、Adobe Illustrator、MS Paint 等软件都有文本、橡皮擦、矩

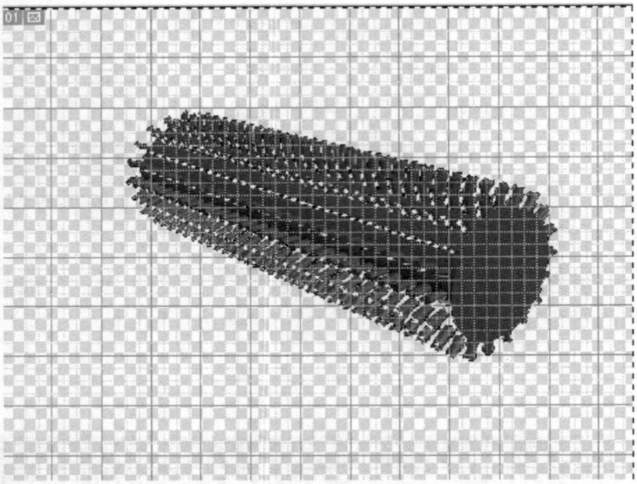

图 6-24 Photoshop 清除图层效果图

图 6-25 Photoshop 复制通道对话框

形形状、标尺、网格线等工具，其中 Illustrator 软件还具有参考线工具，均能对多个图形进行区分标注和组合排列，各有特点，我们可以根据使用要求进行选择。由于操作相对简单，本节不再举例详细说明，这里仅以 Illustrator 软件为例介绍其主界面图和工具调用情况，以供参考。

利用 Illustrator 软件导入图像后，从“视图”菜单中选择“显示网格”命令和“标尺”选项的“显示标尺”命令，以使整个页面显示网格线、页面左侧和上端显示尺寸；选择“文字”菜单中的“字体”“大小”选项，设置字体、大小；将图像的不透明度设置为 0%，方便查看和调整标注的位置、大小［如图 6-26 所示，蓝色的线框为雄鹰图的不透明度设置为 0%时的状态］。多个图形组合时，除了依靠网格线和尺寸外，还可以依靠参考线定位图形，该工具的调用操作为：从“视图”菜单中选择“参考线”选项的“显示参考线”命令，然后鼠标左键点击页面左侧的标尺，拖出即可生成垂直的参考线；点击页面上端的标尺，拖出即可生成水平的参考线，如图 6-27 所示的四条蓝色线。另外，除了参考线工具之外，“视图”菜单中的“智能参考线”也是一个为我们对齐图片提供参考的排版工具。图片、图注均可采用参考线水平、垂直方向定位、排版。

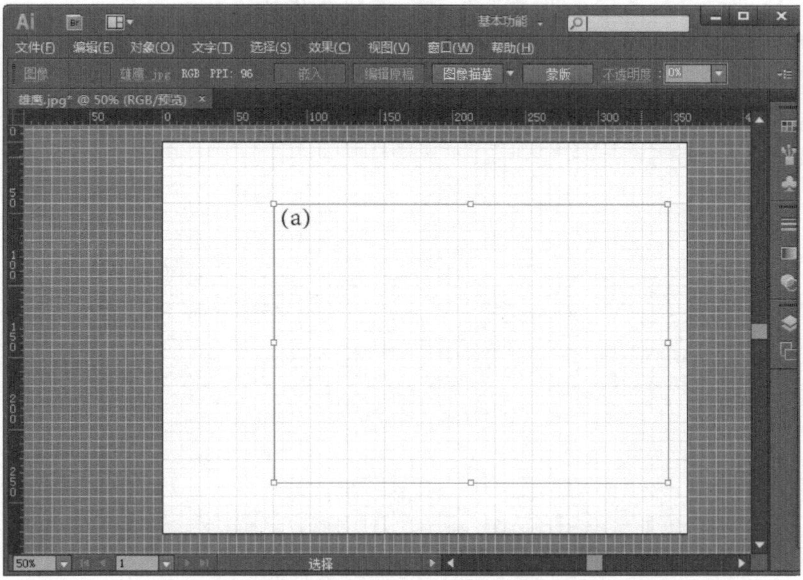

图 6-26　Adobe Illustrator 主窗口中图形标注的定位操作

图 6-27　Adobe Illustrator 主窗口的参考线

练 习 题

（1）练习黑色背景图片的背景变白、透明操作技巧。

（2）练习 MS Paint 截图操作技巧，对比不同工具截取的相同区域图片的分辨率差异情况。

（3）练习扫描电镜照片的区域截取与标尺、字母标注等操作及多图组合排版操作技术。